享受挑戰，贏得漂亮

戴爾電腦創辦人——麥克·戴爾——的領導者生存之戰

PLAY NICE
BUT WIN

Michael Dell

麥克·戴爾——著

陳珮榆——譯

CEO's Journey from Founder to Leader

獻給母親，感謝妳教會我永遠保持好奇心

獻給父親，創始人的創始人

還有 獻給蘇珊，妳是我畢生的摯愛

目 錄
CONTENT

第一部

上市公司私有化

公司是活生生的有機體，它必須不斷蛻去外皮，
必須改變方法，必須改變焦點，必須改變價值觀。
這些變化加總起來就是轉型。

──英特爾前總裁安迪‧葛羅夫（Andy Grove）

第一部

上市公司私有化

第 1 章

逆風

　　我與艾康夫婦坐在卡爾·艾康（Carl Icahn）家的餐桌前，吃著艾康夫人做的肉捲。

　　二〇一三年五月二十九日星期三，那是個愉快宜人的春日傍晚，而卡爾·艾康正試圖把我的公司從我身邊奪走。

　　從許多方面來看，那一刻就像夢境般離奇。

　　那個五月傍晚，幾乎正值這齣九個月之久的八點檔劇情演到一半的時候，我在一九八四年於德州大學新生宿舍創辦的個人電腦公司，這間有著我姓氏、歪斜的 E 與一切的公司，差點離我遠去。然後事情從此改變，我也跟著改變。

　　我想把這個故事說給你們聽，並分享一些其他的故事。

　　二〇〇五年對戴爾公司而言似乎是前景明亮的一年。除了五年前網路泡沫化造成的短暫衝擊，那次市場修正（correction）不只影響我們，也影響到所有科技公司；過去二十年來，戴爾在營收、利潤和現金流方面一直保持連續不間斷的成長。二〇〇五年

一月，我們的個人電腦市占率高達百分之十八・二。同年二月，《財星》（*Fortune*）雜誌將我們評為美國最受欽佩的公司。該內容寫道，戴爾「在一個嚴格來講可能稱得上美國最貧窮州份的產業中蓬勃發展。二〇〇四年，它的利潤在市場價格競爭激烈的情況下飆升百分之十五，戴爾公司讓這項壯舉顯得稀鬆平常。現在它是自一九八六年最早的『個人電腦』製造商 IBM 退出市場以來，第一間獲得美國最受欽佩的個人電腦製造商封號的公司。」

不過，到了九月，情況開始轉變，而且變化之大。儘管我們的利潤在第二季度成長百分之二十八，但總營收仍比預期少了幾億美元。《紐約時報》（*The New York Times*）報導，我們「正努力應對其他九〇年代成熟科技公司面臨到的同樣問題：在公司規模已經如此龐大的情況下，如何增加收入？」讓問題雪上加霜的是，占我們銷售比例約百分之六十的個人電腦和筆記型電腦，不再是過去利潤豐厚的重心。由於價格在這一年下跌，所以我們必須賣出更多個人電腦才能追上前一年的營收。

當時我們的執行長凱文・羅林斯（Kevin Rollins）接受《紐約時報》採訪，將這個營收差額怪罪在自己頭上。「坦白講，」他說，「我們在管理整體售價方面執行不力。」尤其是銷售給顧客的電腦設備方面。

是的，你沒看錯，這並不是排版錯誤。那年秋天，戴爾公司的執行長是凱文・羅林斯，不是我。我在二〇〇四年七月卸下該職位，由凱文接任，但「接任」的說法也不完全正確。我仍擔任董事長，我們兩人繼續共同經營公司，就像過去十年那樣。除了

頭銜改變，沒有什麼太大差別。

　　所以，若要為營收損失究責的話，我也有責任。但到二〇〇五年底，大家很快就發現業績表現不佳並非偶然的反常現象：戴爾公司開始遭遇嚴重阻礙。一方面，我們的競爭對手變得越來越聰明。諸如惠普（Hewlett-Packard）、宏碁（Acer）和聯想（Lenovo）這些我們過去總是靠接單生產（build-to-order）模式徹底打敗的公司，如今都回到自己的巢穴，並找出複製我們多項供應鏈創舉的方法。同時，隨著產業生態從桌機轉移到不易客製化的筆電，適用於桌上型電腦各式配備安裝組合的訂單生產模式，同樣失去了它本身的優勢。由於重要性從基本的用戶端產品（個人電腦與相關外部設備）轉向軟體、伺服器與數據中心，顧客也開始越來越關注服務與解決方案。

　　我們花了比預期還長的時間才弄懂這一切。

　　接下來，戴爾的優勢也不知不覺變成劣勢。幾年來，我們一直將利潤擺在發展與市占率前面，而一間成功的公司總是在三者之間取得平衡。二〇〇〇年代，我們的利潤豐厚，但市占率卻逐漸縮減，而且可能是止不住的滑坡效應。

　　我們需要培養新的能力，我們需要投資新的領域，我們必須趕快行動。

　　二〇〇七年，我回鍋重掌執行長一職，這既具象徵意義，也是有實際意義的舉動。我們展開重大併購計畫，首先以十四億美元收購資料儲存裝置製造商 EqualLogic。雖然二〇〇八年金融危機暫時打亂了節奏，但翌年我們重啟計畫，以三十九億美元買下服務供應商 Perot Systems，並且於二〇一〇年接二連三收購

Compellent、Boomi、InSite One、KACE、Ocarina Networks 以及 Scalent 等資料儲存、系統管理、雲端和軟體服務廠商。

二○一一年，為了讓企業能力更加完善，我們收購了 Secure-works、RNA Networks、Force10 Networks 等公司。接著二○一二年在軟體與安全保護領域進行更多重要的併購案，包含買下 Quest Software、SonicWALL、Credant Technologies 廠商。在二○一二年會計年度，戴爾公司的營收、盈餘、營業利益（operating income）、現金流以及每股盈餘創下歷史新高紀錄。

也許這是暴風雨前的寧靜。

但與此同時，戴爾公司的情況並不樂觀。我們曾試圖打進智慧型手機與平板電腦的市場，卻沒有成功。我們甚至推出當時所謂的「平板手機」（phablet），名為「Streak」（閃電的意思）的五吋 Android 系統行動裝置，但這款產品沒有像閃電般劃過天際（一方面是因為大部分利潤都進到 Google 口袋）。

到二○一二年，我們的個人電腦銷售出現兩位數跌幅，我們的市占率也持續下滑。直到年底，受 Windows 8 作業系統失敗的拖累，市占率降至百分之十・五，利潤也不斷下降。我們的市值跌破兩百億美元。

二○一二年底，我們的股價幾乎跌入水餃股（penny-stock）範圍：不到九美元，從二○○九年到一一年的十五至十七美元股價區間大跳水。各界在網路、財經媒體 CNBC 及其他媒體管道散布的普遍觀點認為，個人電腦注定失敗，所以戴爾也差不多玩完了。

我們的股東很不開心，包括我在內。

儘管我們多年來取得驚人成就，只要是一開始就買下戴爾股票並長期持有的人，其投資收益上漲百分之一萬三千五百，比同期標普 500 指數百分之五百的投報率高出二十七倍；但股東們依然憂心公司的未來。儘管如此，我仍獲得股東們的全力支持，他們在二○一二年七月以超過百分之九十六的票數再次選我擔任戴爾公司的執行長兼董事長。

　　我試著安撫大家。二○一二年七月，我在《財星》雜誌舉辦於亞斯本的科技腦力激盪會議（Brainstorm Tech conference）上，對總編輯安迪・塞威爾（Andy Serwer）說：「我們真的不再只是一間個人電腦公司了。」但安迪不是好說服的人。他問我：「你是指你們現在真的不只是個人電腦公司，還是說你們未來**不想**只是個人電腦公司？」

　　我提醒他，我們過去五年齊心合力改變業務型態，努力朝向用戶端點對點 IT 解決方案邁進：提供客戶一套完整的功能，從資料中心到顧客系統，再到安全保障、軟體系統管理、儲存、伺服器與網絡。

　　我告訴安迪，戴爾公司現階段實際從事四項業務。

　　首先是用戶端業務，隨著移動性與用戶端虛擬化的發展，用戶端業務本身也產生變化，反而又帶來安全方面的新需求。

　　再來是企業資料中心。我提醒安迪，在所有併購案的推波助瀾之下（過去三、四年裡收購約二十五家公司），我們已經建立起龐大的儲存與網絡業務。我再次重申，以防有人忘記，北美約有三分之一的伺服器由戴爾公司製造。雲端和虛擬基礎設施對我們來說已經變得相當重要。

接著是我們的軟體服務，以系統管理和資訊科技安全為主。我說我們每天會發現兩百九十億起資安事件，我們正在為世界各大銀行和金融服務機構保護數兆美元的資產。

我讓安迪注意到這項事實：戴爾公司的十一萬名員工當中，有將近一半（整整四萬五千人）的員工從事我們的第四項業務，也就是服務，幫助各個企業行號從所有資訊科技需求中獲取價值。

「所以我們正忙於應付一些棘手的挑戰。」我告訴安迪，「如何將舊的應用程式連結到雲端應用程式？如何確保資訊科技環境的安全性與現代化，並將它們從大型主機（mainframes）導入 X86 平台？把它們放入戴爾雲端服務，更有效進行操作。」

我自豪地表示，戴爾公司與四五年前相比已經大不相同了。

安迪看起來有點困惑。「是我自己沒聽到？還是你一句話都沒提到個人電腦？」他問。

看來，即使是聰明人也在這個主題上糾結。

隨後，安迪在我們身後螢幕上秀出一則民調：「去年，桌上型電腦和筆記型電腦占戴爾營收的百分之五十，低於二〇〇八年的百分之六十一。五年後戴爾公司的個人電腦業務會占多少比例？」

可能的答案有：(A) 百分之五十至五十四（和現在差不多）；(B) 百分之四十至五十；(C) 百分之三十九或更低。截至目前為止，C 選項得到最多票數。

正確答案是 A 選項。

我告訴安迪，我對他的民調結果沒有冒犯之意，但從營收與

利潤角度來考量我們公司的個人電腦與其他業務項目會比較好。假設（我說）你售出十億美元的個人電腦，與賣出十億美元的軟體相比：從自由現金流和利潤角度來看，這兩種交易有截然不同的特徵。那就是單從營收角度判斷戴爾公司所存在的一些難處。我反覆強調，我們公司的業務型態確實在改變。

希望有人能理解這番話。

我對於在亞斯本和安迪所說的一切深信不疑。但接下來的幾天、幾週、幾個月以來，商業媒體不斷炒作戴爾等於個人電腦，而個人電腦即將告終的說法。

我們的股價也持續走低。

我可以坦率承認，看到我們股價如此低迷，我心裡確實不太好受。這間公司印著我的姓氏，對我來說意義重大，僅次於家人。但我的先見之明看出了這間公司的機會。二〇一〇年，我在公開市場大量買進戴爾股票，確信股價會上漲。像我這樣的內部人士可以在何時與如何買賣我們的股票有非常嚴格的規定：在公布季度盈餘報告後不久，也不能太早。不用說，我當然是遵守所有規定。然而，我也想到，如果我（當然是在其他人的協助下）能夠買回所有的股票，我們公司的轉型就可以在沒有季度盈餘報告的束縛和滴答作響不停的時間壓力下進行。私有化下市可能大幅加快公司的發展速度，讓我們對世界產生更大的影響。

其他人也有同樣的看法。

二〇一〇年，在桑福德伯恩斯坦（Sanford Bernstein）會議上，一位名叫托尼·薩科納吉（Toni Sacconaghi）的分析師問我是否考慮退市轉私有化。

「是。」我回答。話音未落，室內出現些許笑聲。

薩科納吉面帶笑意。「這個回答比我想像得簡潔有力，」他說，「什麼事促使你更認真地考慮了它呢？」

「無可奉告。」我說，並且覺得自己可能說得太多了，只好微笑以對。

時間快轉兩年。二〇一二年五月，亞斯本會議舉行的前一個半月，我在我們德州圓石城（Round Rock）總部與東南資產管理公司（Southeastern Asset Management）的幾位管理高層有場會議，這間位於田納西州曼菲斯的投資公司是戴爾股票僅次於我和我妻子蘇珊（Susan）的第二大股東，約持有一億三千萬股。我們公布季度盈餘後都會定期召開會議，但這次會議不同，因為在關於數據與預測的例行性討論過程中，東南資產管理公司的投資長史丹利・凱茲（Staley Cates）告訴我，他覺得我們應該將公司私有化。

「可以再跟我多講講嗎？」我問他。

「我晚點回覆你。」凱茲說。

坦白說，這讓我很緊張。我擔心的不是私有化這個想法本身，而是我們的第二大股東提出了這個想法。我不知道凱茲在打什麼算盤，顯然他應該會想增加自家股票價值，但他的意思是想要我買斷他的股份嗎？還是說他想幫我將公司私有化？他的用意何在？我走到建築物的另一側，與我們的法務長杜建善（Larry Tu）和財務長布萊恩・格萊登（Brian Gladden）討論，我問他們：「現在我們該怎麼做？」

「問他怎麼進行，」布萊恩說，「看看他是不是有想分享的

財務模式。」

於是我問了，凱茲寄來一份簡易的電子試算表概述他的想法。我把試算表發給格萊登，他轉寄給認識在大型投資銀行工作的銀行家。那位銀行家分析完告訴我們，這個想法行不通。「太複雜、債務太多了，不可能辦到的。」對方說：「死了這條心吧。」

所以我們便放棄了這個想法。後來，非常有趣的事發生了。

我在亞斯本問答環節的後台摘掉麥克風，一位比我年輕幾歲、外表精實的男子走過來介紹自己。他說他的名字是伊根·杜爾班（Egon Durban），任職於銀湖合夥私募基金（Silver Lake Partners）。

「嗨，我希望與你聊聊我的想法。」他說：「我在夏威夷有棟房子，離你家不遠。我們能找個時間碰面嗎？」

當時經常會有人來跟我攀談，我也會禮貌回應，可是……人們會不斷湧過來。如果這位伊根·杜爾班來自哪間名不見經傳的公司，我會回覆他：「當然，打電話到我辦公室約時間吧。」然後兩人就不會再有進一步對話。但銀湖是大型私募股權公司，過去業績表現優異，科技產業的專業知識深厚（而且銀湖一九九九年成立時，我曾投資它的第一支基金），所以我把自己的電子郵件地址給了杜爾班。我在搜尋他的資料時，發現他是銀湖四位經營合夥人之一。

那是二〇一二年七月十六日的事了。當天快傍晚的時候，杜爾班發電郵來，再次提出與我在夏威夷碰面的要求，我把郵件轉

寄給我的長期助理史蒂芬妮・杜蘭特（Stephanie Durante），請她安排我和伊根・杜爾班八月十日的會面行程，地點在夏威夷大島上我家附近的一間濱海咖啡館。

我不知道杜爾班為什麼想見面。也許銀湖想收購我們其中一項業務？或者把他們其中一項業務賣給我們？還是他們想要我投資他們的新基金？任何事情都有可能。

八月十日星期五，在夏威夷是風和日麗的一天。好吧，其實夏威夷的天氣永遠四季如春，但我當時在那裡特別開心。我喜歡開玩笑地說，在我老家德州奧斯汀的八月就像收音機裡的 FM 廣播頻段為八十八到一〇八。* 那天早晨在大島，一陣涼爽的微風從海上吹來，溫度是完美的華氏七十九度。杜爾班和我是可以坐在咖啡館裡談事情，但那樣的天氣誰想坐在室內呢？所以我說：「到外面走走吧。」散步有助於我的思考，周圍環境一點也不礙事。那裡有條沿著海岸的小徑，海灘那頭的浪花拍打著，淡淡的藍綠色像玻璃一樣清澈。

我們起身出發時，我問杜爾班：「所以有什麼事嗎？」

「我們研究過你的公司，我們認為你應該考慮私有化。」他告訴我。

「嗯？」我回，彷彿是第一次浮現這個念頭。事實上，我早已想過很多次了，尤其是在二〇〇〇年網路泡沫化後，全球儲蓄過剩導致利率下降，對於以借貸進行收購的企業方來說總是加

---

* 譯註：奧斯汀夏季非常熱，這裡是形容氣溫從華氏八十八到一〇八度，約攝氏三十一到四十二度。

分。

「我們認為，我們也許能夠助你一臂之力。」他說。

我臉上流露出希望他再多說一點的神情。我裝做單純無知的樣子，因為如果他有什麼計畫，我希望由他口中說出來。

「嗯，」我又說了一遍，「真的嗎？」

「真的。」他回應。

「好，」我說，「說看看為什麼你覺得這是個好主意。」

我們邊走邊談了一個小時。透過蘇格拉底式一來一往的對談，我提出許多關於這個想法怎麼運作（和可能出現狀況）的問題，伊根的回答明確且坦率，徹底檢視每種可能性。我立刻喜歡上這個人，他給我非常聰明、主動積極且大膽無懼的印象。他知道為什麼要找我談，他對這個想法充滿信心，但沒有試圖向我兜售任何東西，沒有說什麼「我們銀湖已經準備好投入這筆交易」之類的話。他們已經假設了杜爾班和我會一起探討這個問題。

他說的第一件事是，銀湖基金根據我在《財星》雜誌腦力激盪會議的談話內容，加上其公司僅利用公開訊息所做的分析，便敏銳察覺到戴爾公司的轉型戰略。他們理解我們為什麼收購那些公司。杜爾班表示，他和他的合夥人完全不相信桌機注定滅亡。他們認為，即使我們朝新方向拓展業務，桌上型電腦與周邊設備仍可繼續成為我們收入來源的重要組成，而且他們對這些新發展方向抱持信心。

「因此，」伊根說，「我們覺得戴爾公司被嚴重低估了。」

「我也這麼認為。」我回。我本來想說更多。實情是鑑於我

們過去五年為改造公司所做的和我們一直在談論的一切，我覺得自己遭公眾股東拋棄了。但那只是情緒化的反應，所以我暫且擱在心裡沒說出口。

杜爾班接著說，而且戴爾公司的資產負債表上持有大量現金。當然，我很清楚這一點，也很明白其不利之處。往好的方面看，業界普遍不喜歡負債過高的科技公司。擁有大量現金部位似乎是正確做法，我們也是如此。

然而，從資本結構融資的角度來看，如果企業持有大量現金，股東權益就不能增值那麼多，因為某程度上企業會被現金拖垮。現金不會增值。相反的，如果使用現金購回股票，股票會增值許多。現在這麼做會有風險，因為股票價格總是會因為各種意想不到的理由下跌。但如果你的企業持續產生大量的現金流，股票回購可能是一件非常好的事情。

所以杜爾班表示，收購可能是一件非常、非常好的事情，尤其是在戴爾股價處於歷史低點的情況下。

再者，錦上添花的是，當時利率碰巧偏低。戴爾公司的獲利能力將使銀行迫不及待融資給我們（突然間杜爾班開始講「我們」），而且低利率讓借貸變得不痛不癢。

但若要買回戴爾公司的所有股票，仍是一筆不小的數目，大約需要兩百五十億美元。儘管如此，伊根表示，他相信在我和銀湖基金之間或許還有其他幾家感興趣的公司，我們應該可以輕易籌集所需的全部資金，其餘資金缺口也可以輕鬆借貸。融資收購（leveraged buyout，又稱槓桿收購）會更好，因為參與各方不會出到太多錢，而且考量到戴爾經證實的獲利能力，能夠迅速償還

債務。

我問他認為債務與股東權益（debt-equity）的占比大概會有多少，他給了我一個粗略的概念。然後我想起了一件事。「老天，」我說，「這可是一宗龐大的交易，你們處理過這麼大的案子嗎？」

杜爾班說沒有，但他們完全有信心提高自己的能耐。一間大型私募股權公司想出這種做法讓我很好奇。我知道，如果要轉為私有化，不會由投資銀行家發起，而是由像銀湖基金這樣的公司、由像伊根‧杜爾班這樣的人發起。投資銀行家基本上是牽線搭橋的媒合者。諸如黑石集團（Blackstone）、阿波羅基金（Apollo）、TPG 資本公司、KKR 以及銀湖基金之類的私募股權業者，都是用自家的錢進行投資。但杜爾班說的是提高銀湖自己的資本，而且是大量的資本，他之所以想這麼做，是因為他認為他們公司將獲得可觀的回報。

這就是資本主義最純粹的一面。

我覺得杜爾班說的都很合理。我喜歡他，也喜歡銀湖，我的直覺告訴我，是時候邁出一大步了。但利益攸關重大，採取任何行動（或說任何話）都太過魯莽。我必須調查所有可能的辦法，確認進行私有化是最後經過深思熟慮的決策。我想伊根也不期望我衝動做出回應，所以當我告訴他，我會考慮他所說的內容再給他答覆時，他表示完全能理解。我們握完手，各自去享受剩下的美好時光。

我在夏威夷還有一個鄰居，從我家能看到他的房子：喬治‧

羅伯茲（George Roberts），他就是全球投資公司 KKR（Kohlberg Kravis Roberts）裡面的「R」。喬治與他的共同執行長亨利·克拉維斯（Henry Kravis）是從小一起長大的第一表親，他們是私募股權業界的元老級人物。他們或多或少創造了現代的私募股權公司，是融資收購的兩位先驅。他們是雷諾菸草公司（RJR Nabisco）收購事件的核心人物，後來被寫進《門口的野蠻人》（*Barbarians at the Gate*）一書並拍成電影。

我帶著自己的筆電去見喬治。打開電腦，我給他看了一些關於戴爾公司的情況和數據，全部都是公開資訊，沒有預測或專屬資料。「根據這些來看，你認為我們有可能進行私有化嗎？」我問道。

喬治看了看資料，然後提了幾個問題。「可以，我認為非常可行，」他說，「事實上，我們願意協助你辦到。」

嗯，有意思，我心想。所以，現在有兩位私募股權業界的重要人物告訴我，私有化不僅可行，而且非常可行。他們只是我在夏威夷的鄰居！我甚至還沒聯繫其他人，還沒和黑石集團的蘇世民（Steve Schwarzman）、凱雷集團（Carlyle）的大衛·魯班斯坦（David Rubinstein）或 TPG 資本公司的大衛·邦德曼（David Bonderman）談過。

但我馬上意識到，我需要先談的人是杜建善。

八月十四日，我飛回奧斯汀與杜建善會面。他表情嚴肅地告訴我，如果我準備嘗試進行公司私有化程序，需要做到幾件事情。第一，我必須聘請自己的律師。基於原則問題，公司不能代表我的立場從事一項可能改變戴爾公司本質的工作，一項戴爾公

司董事會或股東或兩方可能同意或不同意的工作。

第二，毫無疑問，我必須告訴董事會我的計畫。立刻。

關於第一點，我打電話給馬提・李普頓（Marty Lipton），他是 WLRK（Wachtell, Lipton, Rosen & Katz）律師事務所的創始合夥人，也是全球處理複雜企業交易的專家之一。「我該怎麼做？」我問。

「你該做的第一件事，」馬提說，「就是跟董事會談談。」

「好的，明白了。」我說。

「接下來，你必須完全按照規矩行事。」他說，「我介紹你去聯繫公司的史蒂芬・羅森布魯姆（Steve Rosenblum），他對於這方面程序瞭若指掌。」

接著我打給亞歷克斯・曼德爾（Alex Mandl），他是數位安全領域巨擘荷商金雅拓（Gemalto）的董事長、戴爾公司董事會的首席獨立董事，並且向他說明我的想法。我講到史丹利・凱茲六月的提議，還有與杜爾班、羅伯茲會面的事。我說我仍處於探討階段，還沒決定是否開始進行，但如果我決定進行，我願意與任何能提供股東最佳交易的一方合作。我告訴亞歷克斯，為了深入研究戴爾公司私有化的可行性，我需要取得公司專屬資訊。亞歷克斯說關於這一切他必須詢問董事會。

事情開始飛快進展。短時間內要把全部十二名董事會成員（包括我）召集起來，進行現場面對面開會是不可能的事，他們都是經營大企業的人，遍布世界各地。所以八月十七日，董事會透過電話召開會議，史蒂芬・羅森布魯姆已替我做好充分準備，我把告訴亞歷克斯的所有事情都講給董事會成員聽，並進行

更多說明：

- 我希望仔細研究收購公司的提議，其根本原因是我認為戴爾作為私人公司可以得到更好的管理，沒有上市公司的短期業績壓力和其他上市的不利因素。（改變與發展一項業務〔企業轉型〕是一個不確定、涉及財務波動的過程，而公開市場投資人不喜歡不確定性或波動。）
- 我分別與 KKR 的喬治‧羅伯茲和銀湖的杜爾班初步交談過。我說，完全基於市場公開資訊，他們兩人都認為提出對公司和股東皆具吸引力的收購要約應該可行。
- 幾星期前，我與東南資產管理公司的史丹利‧凱茲交談時，他也表示他們公司可能有意與我一起研究收購公司的提議。
- 我沒有與銀湖、KKR 或東南資產管理公司簽訂任何協議或約定，我是單獨與他們交談，不是一起，也沒有提供任何機密資訊。
- 我沒有聘請投資銀行家，聘請前會告知董事會。
- 針對此事，我已經請 WLRK 律師事務所擔任我的個人顧問。
- 在董事會完全知情、同意我深入討論並利用公司資訊研究提議可行性之前，我不會繼續。
- 我明白任何交易都必須以公平的價格和股東可以合理獲得的最高價格進行，而且這個價格最終將受到市場的檢驗。

- 我接受我的任何提議都將由獨立董事或獨立董事組成的特別委員會進行審查和協商，並且必須經其批准，任何程序都將由獨立董事或獨立董事組成的特別委員會決定，而且獨立董事或獨立董事組成的特別委員會將聘請獨立法律顧問和獨立銀行家。
- 在董事會允許的情況下，我接下來將與顧問和潛在夥伴合作，討論向董事會提出收購要約一事。
- 杜建善將就保密性、交易和其他法律事務向董事會提供建議。

我說過，除非獨立董事同意，否則我不會進一步與外界任何一方討論。亞歷克斯表示，董事會需要討論這些事情，而且需要我先行迴避。

我便離開電話會議。

曼德爾在會議結束後打給我，告訴我董事會準備考慮轉為私有化或者任何戰略性替代方案的可能性，可以幫助戴爾公司擺脫困境。而且為此目的，他們同意我針對可行的私有化要約進行討論。我打電話給伊根·杜爾班和喬治·羅伯茲，告訴他們。個別告知。他們兩人都不知道我已經和對方談過。

我沒有打給史丹利·凱茲。

關於投資人與公司所有人能做和不能做的事情有非常具體的規定。如果一間公司的主要投資人獨自走進室內，然後說：「嗯，我們也許該把這間公司私有化。」那麼這個人只是在自言自語。但如果是我這個戴爾公司最大股東，與第二大股東東南資

產管理公司開會討論這件事，我們可能被視為同夥，需要向美國證券交易委員會（SEC）提出申報文件。這份申報文件就會成為公開資訊，而潛在交易的消息也會在公領域曝光。一般情況下，如果這些事情在簽訂和宣布前公開，實際達成的機會就變得更小。

銀湖和 KKR（根據定義屬於私募股權公司）均未持有戴爾公司的上市股票。

我們（當時的「我們」只有我和我在 WLRK 事務所的法務團隊）一致認為，如果能夠走到簽訂並宣布私有化交易的地步，我們會試圖聯繫東南資產管理公司，看他們是否仍有意願。

八月二十日，董事會又召開一次電話會議，這次我沒有參加。開會期間，在亞歷克斯·曼德爾的建議下，董事會成立了一個四人特別委員會來考慮戴爾公司的所有可能性。該委員會由亞歷克斯和其他三名獨立董事組成：專業服務公司簡伯特（Genpact）的董事蘿拉·康尼吉利亞羅（Laura Conigliaro）、馬拉松石油公司（Marathon Oil Corporation）的財務長珍娜·克拉克（Janet Clark）、雷根政府時期的白宮前幕僚長肯·杜波斯坦（Ken Duberstein）。

根據戴爾公司最終交給美國證交委員會的股東會說明書（proxy statement），「本董事會委派特別委員會全權處理：(i) 考慮任何涉及戴爾先生收購本公司的提案，並考慮任何他方之任何替代方案；(ii) 聘請特別委員會的獨立法務與財務顧問；(iii) 就任何此類擬定交易向董事會提供建議；(iv) 評估、審查並考慮本公司可能採用的其他潛在戰略性替代方案。本董事會決定，在特

別委員會沒有事前提出有利建議的情況下，不建議進行任何私有化交易或此類交易的替代方案。特別委員會隨後任命曼德爾先生為主席。」

隔天，八月二十一日，我們二〇一三財年第二季的數據出爐（我們公司的財政年度截止日為一月底，所以二〇一三財年大部分時間落在二〇一二曆年）。財報數據不是很好看。戴爾第二季的營收為一百四十五億美元，比我們七月初預測的少約三億美元，比六月初的預測少約八億美元。因此我們將二〇一三財年每股盈餘「指引」（「預測」的花俏說詞）從二‧一三美元下修至一‧七美元。我們將前景預測的下修歸咎於不確定的經濟環境、與其他公司的競爭動態，以及終端用戶運算（End User Computing, EUC）業務如桌機、筆電、顯示器和其他周邊設備需求的下降。

你可以猜到我們的股價會怎麼反應。有趣的是，營收報告發布的第二天，我們與東南資產管理公司召開每季例行性會議，史丹利‧凱茲完全沒有提到私有化的主意，我對此困惑了好一陣子。

與此同時，董事會與特別委員會都開始舉行閉門會議，而且很多次。閉門會議代表兩件事：第一，公眾（包含戴爾的股東們）不知道會議內容；第二，這些會議把我拒於門外。創始人和執行長不得參加，彷彿董事會會議室門口掛了個牌子寫著：麥克，請勿進入。我知道這些會議正在召開，但我不知道什麼時候召開或開會內容是什麼。我只是一直納悶到底怎麼回事，為什麼每件事都得花這麼久時間。當時有兩間大型私募股權公司希望和我達成這筆交易，我確定其他人也如此希望。那麼這究竟是會有多複雜？

第 2 章

去不同的地方

　　事情剛開始時都比較簡單，不是嗎？也許現在回想起來總是如此。但實際上，早在一九八三年秋天，我成立不久的電腦公司差點還沒開始就結束，差點就死在我的新生宿舍：德州大學奧斯汀校區的杜比二七一三室（Dobie 2713）。或者更準確地說，是在奧斯汀凱悅酒店的某間房內。不過，我講得太快了。

　　先來點背景介紹。我很自豪自己是土生土長的德州人，在休士頓出生長大。我人生的前面十四年都和我的家人，即我的父母親、兄弟史蒂芬（Steven）與亞當（Adam）住在梅爾蘭社區（Meyerland）葡萄街五六一九號的簡樸平房，這間平房位於休士頓西南部一個猶太人為主的街區。後來在一九七九年，父母賺了點錢，我們便搬到休士頓一個叫做「紀念區」（Memorial）的更高級地段。

　　我的雙親艾力克斯（Alex）與洛琳（Lorraine）都是滿懷抱負的人。他們於一九六〇年代從紐約市來到休士頓，因為我父親聽說這個德州第一大城多采多姿，居民熱情友好，而且充滿機

會。他沒聽錯，當時的休士頓正處蓬勃發展之際。在六〇年代，如果你是個醫生並且出現在那裡，情況基本上就是：「好，我們會借點錢給你，這是你的房子，去發展吧。」父親非常努力創辦他的診所，而且他很聰明，選擇一間在猶太教堂即貝絲‧耶舒倫會堂（Congregation Beth Yeshurun）隔壁大樓的辦公室開業。如果你的齒列不整，又是猶太人，那我父親很可能矯正過你的牙齒。

除了我父親，還有許多專業人士的辦公室在猶太教堂隔壁那棟大樓裡，有牙醫師、眼科醫生以及其他人士，而且大多是猶太人。很快地，我的父母就想出要怎麼買下整棟大樓的絕大部分樓層，然後將辦公室出租給別人。在那之後沒多久，父親又在休士頓各地開設了幾家診所，最後成為這座城市最成功的齒顎矯正醫師，主要是因為他比其他任何人都還要投入工作。他總是在盤算要在哪裡設立辦公室、哪天要到哪個據點、怎麼做會更有效率。這間辦公室能再放把椅子嗎？那間需要再一位助理嗎？讓年輕醫師加入看診好嗎？

而我母親在全職照顧我和另外兩兄弟的期間，同時兼職從事房地產經紀人。

他們都是充滿抱負的人。

我和兄弟們外出打街頭籃球時，父母有一句名言：「享受比賽，贏得漂亮。」

母親是個聰明絕頂的女人，在數學和金融方面具有特殊才能。我想，她把自己一小部分的天資與好奇心傳承給我了。她是家中真正的理財專家。她和父親來到休士頓不久便開始投資股票

與房地產，而且把投資做得很好，甚至好到她在我上國中時取得證券執照，並成為股票經紀人。她先是在證券經紀商赫頓公司（E. F. Hutton）工作，後來到普惠投資公司（Paine Webber）任職。

我是家中次子。史蒂芬大我兩歲，他傑出又優秀，勤奮好學而且認真，後來成為奧斯汀一名非常成功的眼睛外科醫師。亞當小我五歲，他在史蒂芬和我都離家之後算是獨子，是家裡的談判專家。他同樣非常聰明，今日也有不凡的成就。從法學院畢業之後，他進入風險投資領域，創立了一兩家公司，然後幾年前開發一款個人理財應用程式，最後被高盛集團（Goldman Sachs）收購，並在收購過程讓他成為合夥人。

簡短分享一下戴爾三兄弟的故事。休士頓有一所很棒的私立學校叫聖約翰（St. John's），招生非常嚴格。史蒂芬申請進入聖約翰學校讀七年級，並順利被錄取；亞當是自幼兒園便開始就讀；而我是四年級時申請，但沒有被錄取。我對此耿耿於懷了一陣子，我記得當時在想：「我猜我可能不夠好。」不過實際上這件事沒有讓我困擾太久，我就只是繼續做好自己的本分。

而且我是個忙碌好動的孩子，閒不下來。我母親在我和蘇珊的婚禮彩排晚宴上發表了一段感言，開頭提到：「當麥克的母親並不容易。」她講到這裡笑了，現場賓客也笑了，但她是說真的。她過去常常喜歡講我三歲的故事，雖然我已經不記得這件事，不過她信誓旦旦說是真的。她說我偷拿父親的皮夾，然後去雜貨店買糖果。原本下場可能會很慘，但當時母親的一位友人看見我在那裡吃糖果，便問：「你媽媽呢？」我回答：「不知道。」

於是她帶我回家，我想我可能做錯事了，所以就把錢包埋藏在花園。錢包一週後才被園丁發現。

我六歲時，有次因為某件事興奮不已，在屋子裡跑來跑去，結果直接撞上一扇玻璃窗，造成腿部嚴重刮傷，四處都是血。我記得當時還問母親，我是不是闖禍了。父親當時不在家，所以是由一位當醫生的鄰居開車送我去醫院，母親和我坐在後座，她扶著我的腿，叫我保持清醒。後來我有一個月不得不坐著輪椅上學。

另一則故事是，二十年前的某天，我正在辦公室忙碌工作，助理走進來說有位自稱是我一年級老師的女人要見我。很遺憾，當時（現在依然如此）有很多騙子和品性讓人難以恭維的人試圖攀任何關係要和我見面，聲稱昨天和我在某個我根本沒去過的地方講過話，絕大多數人都是唬爛大師。順道一提，這招沒用。

總之，我請助理去問那位女人叫什麼名字。她回來後說：「華森女士。」的確是我一年級老師的名字，所以我們安排了一次會面。華森女士問能不能帶上一位朋友前往，我說當然可以。於是，我那時住在奧斯汀安養中心的一年級老師便和她的友人一起到辦公室找我。她們大概都八十歲了。我們回憶起當年在伍德蘭霍爾學校（Woodland Hall School）的事，但三十多年後再次聽到她的聲音，我只記得：「麥克，坐下！麥克，坐下！」我不忍心告訴她這些。

我小時候精力旺盛，到處跑來跑去，一刻不得閒。升上二、三年級後，父母送我去兒童精神科醫師佩西柯夫（Dr. Pesikoff）

那裡檢查。我記得和他一起打桌球、玩拼圖。後來我問爸媽為什麼送我去那裡，他們說因為他們無法理解我。我也有講話結巴的問題，母親差不多也在同個時期送我到一位語言教練那裡去。佩西柯夫醫師的報告是「這孩子沒問題」，他更擔心的是我父母是否能滿足我所有的好奇心。

我擁有極度強烈的好奇心，也許是家中最好奇的人。這是我父母真正鼓勵我們所有人盡情發揮的特點。其他孩子所做的可能被懲罰的行為，他們只是一笑置之。我和我的兄弟們總是會把家裡的東西拆解，看看裡面怎麼運作。我的專長是任何電子產品，包含電話、電視、收音機，大部分時候我會將它們重組起來。

我父母對運動並不感興趣，所以我們週末不會坐下來看比賽。母親和父親交談時，講的並不是八卦或閒話家常，他們會一直討論經濟問題，譬如聯準會在幹嘛？油價、利率、貨幣和股市情況如何？我們家有《富比世》（*Forbes*）、《財星》和《巴倫週刊》（*Barron's*）等刊物，我們以前也喜歡觀看路易斯・魯凱瑟（Louis Rukeyser）主持的《每週華爾街》（*Wall Street Week*）節目。早在我母親開始從事股票經紀人之前，她就已經有一大堆關於價值線的書籍，裡面有一頁頁關於各個公司的資訊。我完全沉浸在這些書中。

休士頓在一九七〇年代是座新興都市，隨處可見高樓大廈。偶爾我和家人開車沿著環城六一〇公路行駛時，我會看著窗外閃閃發光的嶄新建築，前方樹立旗杆，心想某天我將擁有一家公司，成為負責人，公司大樓前方有旗杆。我不知道會是怎麼樣的

公司，但那是我夢寐以求的。

你可能想像得到，我不是運動型的孩子。我蒐集郵票和棒球卡。漢克・阿倫（Hank Aaron）是我早期的偶像，但我的偶像很快就變成商人，尤其是那些挑戰現狀、白手起家的創業家，例如查爾斯・史瓦布（Charles Schwab）、聯邦快遞的佛萊德・史密斯（Fred Smith）、泰德・特納（Ted Turner）以及 MCI 通訊的威廉・麥克高恩（William Mc-Gowan）。那些我在商業雜誌上讀到的人物的股票飆漲時，我一直在關注著。

我真正的愛好是商業、科學與數學。我最早的記憶之一就是迷上父親的舊式勝利牌加法計算機（Victor adding machine），那種有手動曲柄的機器。我喜歡轉動曲柄時發出的清脆金屬聲，然後在小小捲紙上印出一列數字。我升上三年級時得到一台國家半導體（National Semiconductor）出的電子計算機，比勝利牌更高級。這台小機器可以處理複雜問題的性能讓我深受吸引。到了七年級，我進入進階數學班，並對這門科目很拿手，好到老師戴比女士（Mrs. Darby）邀請我加入專屬特定人士的數感社團（Number Sense Club）。一天，社團聚會的教室裡出現一台新型機種：電腦式電傳終端機（computer-teletype terminal）。

它其實不是電腦，裡頭沒有中央處理器（CPU），也沒有顯示器，只有一組鍵盤。但數感社團的其他孩童和我都發現，可以在這台終端機上輸入數學方程式或非常基本的程式，接著發送到某台主機，然後答案就會自動回傳。這是我見過最酷的東西。

我通常是騎自行車上學，從我家到學校途中會經過當地的電子產品零售店「無線電屋」（RadioShack）。這個現已不復見的全

國連鎖商店不僅販售警用無線電、遙控模型飛機以及有警報器的安全帽，製造和銷售的個人電腦也比世界上任何其他公司還多。TRS-80 是他們的開創性電子儀器。以前放學回家路上，我經常在那間店裡逗留，只為了玩看看他們陳列的模型。我會一直待到他們把我趕走為止。

那是微型處理器即將來臨之際，我自然渴望擁有自己的電腦。在戴比女士的課堂上，我接觸到了《Byte 月刊》（*Byte*），這是一本內容關於微電腦和微型處理器的雜誌。我訂閱了，每期都從頭到尾讀完，然後再讀一遍。《Byte 月刊》有一期刊登蘋果共同創辦人史帝夫・沃茲尼克（Steve Wozniak）發表的文章，他介紹了該公司第二款即將進軍個人電腦市場的產品：Apple II。「在我看來，個人電腦應該精巧、可靠、使用便利而且經濟實惠。」

他吸引了我所有的注意。

接下來的文章包含 Apple II 的技術細節敘述。不同於 TRS-80（以及全新個人電腦市場的第三個主要產品 Commodore PET 2001），蘋果這款新機型將配備彩色顯示器。沃茲尼克接著說，與 Apple I 的差異在於，Apple II 將擁有「更大的記憶體容量、內建於唯讀記憶體（ROM）的 BASIC 編譯器、彩色視訊圖形、點圖形和字元圖形，以及擴充系統軟體。」更不用說還有（選配）遊戲搖桿了。

我必須擁有一台。

我懇求、拜託、勸說父母讓我買一台。當時的定價高達一千兩百九十八美元，以現今價格計算相當於五千美元，不過好消息是，（我提醒他們）我可以用自己的積蓄來支付。

一個十三歲的孩子怎麼會有那麼多錢？

創業精神是我們一家人呼吸的空氣。我很早就發現我喜歡賺錢，我認為賺錢很有趣！於是我從小就開始工作。暑假沒去夏令營的期間，我會到父親的齒顎矯正診所工作。我每天消毒儀器，幫忙所有病患準備診所。我喜歡和父親一起工作，看他幫助了多少病患，其中有些病例很具挑戰性。他對待工作極度嚴謹，就好比實驗中的科學家，他會進行計算、規劃、確認，以確保每位病患都得到最好的成果。

參加威斯康辛州拉瑪營（Camp Ramah in Wisconsin，那是我十歲和十一歲的事）期間，我發現營地圖書館有訂閱《華爾街日報》（*The Wall Street Journal*）。於是我經常在那裡出沒，翻看《華爾街日報》，查看我投資的股票價格，還有我投機押注的黃金、白銀及貨幣。

沒在開玩笑。

十二歲時，我在當地一家名為「四季」（Four Seasons）中式餐館找到一份工作（與連鎖酒店集團沒有半點關係）。一開始是當洗碗工，後來晉升為茶水小弟，幫客人倒水。我猜可能是我在這方面做得夠好，後來才會獲得提拔成為領班助理，他們要我穿上一套花俏的服裝來為客人帶位。我忘記我賺了多少錢，大概一小時一、兩塊美元，這在當時看來很多。

然後，我對天發誓，附近一家墨西哥餐廳 Los Tios 真的跑來挖角我。我猜是那個餐廳的某個人在某天晚上來四季餐館吃飯，覺得我把領班工作做得很好。他們提供我更高的時薪，所以我就跳槽了。

我記得有次在 Los Tios 工作時，一輛車開過來，是移民警察。然後我所有同事都消失無蹤，以你想像得到的速度從後門溜走，只剩下我一人。於是幾個人走進來，我說：「先生們午安，幫你們安排座位好嗎？」

　　「不必了，我們想看看有誰在這裡工作。」他們回道，語氣非常嚴肅。

　　「嗯，現在只有我在這裡工作。」我告訴他們。

　　他們盯著我看，「真的假的？你是這裡唯一的員工？」其中一個警察走到餐廳的後場查看，什麼人都沒有。

　　「對，只有我。」我說。「你們要點什麼？」提醒你，當時我才十二歲。

　　我身上的衣物會將餐廳裡刺鼻的氣味帶回家，有時母親會叫我在車道上脫掉外衣，這樣她才能在我進屋前先用水管幫我沖洗一下。

　　我也找了一份在錢幣珠寶店的工作，負責與上門買賣金幣的人議價，老闆會給我每筆成交的分潤。而且我不只蒐集郵票，還會拿到我兒時經常參加的郵票拍賣會上出售，我以前經常參加，直到我後來意識到拍賣師會從拍賣所得中抽成。（我心想）何不跳過中間人呢？我說服幾位朋友把託售的郵票交給我，然後在打字機上用一指神功敲出一份十二頁的型錄，列出他們和我的郵票。接著我在《林氏集郵新聞》（Linn's Stamp News）買廣告宣傳「戴爾郵票」，並將複印的商品型錄寄給每位回覆者。就這樣賣出了一堆郵票，賺了不少錢。

　　所以我擁有一些資金。這段期間，我一直懇求、拜託、勸說

父母，最後他們終於讓步。為了慶祝我的十四歲生日，我獲准從銀行領出將近一千三百美元的辛苦積蓄，訂購一台 Apple II。我激動不已地等待它的到來，連日的等待像過了好幾星期。後來有天我接到快遞業者優比速（UPS）的電話，他們說電腦已經到貨，可是出於某些原因仍卡在當地倉庫，送達還需要一段時間，但卻沒說會延後多久。我無法接受這個說法，於是請父親載我到那裡取貨。等我們到家時，車子還沒停妥，我就跳下車，小心翼翼地拎著寶貴的貨物到我的房間，打開精美電腦的外盒（它甚至聞起來都很香），然後馬上拆開它，想看看它是怎麼運作的。

我父母嚇壞了，並且大發雷霆。但是（我心想而沒說出口），如果不拆開來看，又怎麼能瞭解它的內部構造呢？無論是組裝好的還是拆卸下來的，Apple II 都是個美麗的藝術品。它的一大亮點在於它的開放式架構設計：每條電路都封裝在自己單獨的晶片上，所以你可以進去開始玩電路設計並修改電路布線。你可以對 BIOS（基本輸入輸出系統：存放主機板晶片的程式，操控電腦內部的所有裝置）重新編程和升級。

太神奇了，我心想，我可以替自己的電腦設計程式。

不只如此。回到網路誕生之前、在網路服務供應商 CompuServe 或 Prodigy 或美國線上（AOL）問世以前，有一種叫做電腦電子布告欄系統（Computerized Bulletin Board System, CBBS）的東西。它使用海斯數據機（Hayes modem，當時的一項嶄新發明），可以透過電話撥接的方式與全國各地的人們交流，不管是學習、社交，還是玩遊戲。這激起了我的強烈興趣，

於是我買了一台數據機架設自己的電子布告欄。不過若是我父母拿起電話聽到數據機撥接而非電話撥號聲音，那肯定行不通，所以我打電話給德州西南貝爾電信公司（Southwestern Bell），請他們來家裡安裝另一條電話線。

幸好，我父母對這件事沒有生氣，反而感覺好笑。

我精通電腦的消息在左鄰右舍傳開了。不久，我開始教附近孩子們如何善用他們的 Apple II。這項活動變成一項商機蓬勃的副業。我還加入休士頓地區的蘋果用戶社團（Houston-Area Apple User Group, HAAUG）：數百位科技迷每個月會在當地圖書館聚會一兩次，討論升級事宜、交換零件、經驗交流等。我和這群傢伙（幾乎全部都是男生）聚在一起，獲取各種關於如何修改我的 Apple II 的想法。HAAUG 也會定期寄送一份點陣式印表機列印的通訊月刊，內容提供的重要資訊如下：

APPLE II 最經濟實惠的配件之一（也因此出乎意料地鮮少宣傳）是「程式設計員輔助工具一號」（Programmer's Aid #1）。PA#1 是容量 2K-byte（2KB）唯讀記憶體的單晶片，可以插入你蘋果電腦的 D0 插槽。它內含 Integer BASIC，是編譯器使用者經常需要卻不易取得的常式「程式庫」……

我對這一切十分熱衷，也在社團聚會上認識了一位二、三十歲的電腦工程師，他是個非常聰明的技術人員。我想著，好，我要跟著這個傢伙，看看我能學到什麼。

我們一起想出很酷的東西。

當時，開發人員正在替 Apple II 撰寫軟體，問題在於他們只

賣出一套軟體，然後其他人都用複寫的，這樣開發人員永遠賺不到錢。只需要兩台磁碟機，把正版軟體放進其中一台，空白磁碟片放進另一台，然後輸入「複寫」指令就完成了。教育工作者是最嚴重的違法者之一，因為他們覺得「嗯，我們是教育從業人員，應該不用真的付費購買軟體」。

所以我和我的工程師夥伴發明了一種防複寫的保護方法。每張磁碟片都有固定數量的磁軌，應該是三十五個吧。我們找到一種編寫軟體的方法，它可以在磁軌間的半軌上寫入一些資料：當你進行複寫程序時，可以複寫磁軌資料但無法複寫半軌的資料，因此能夠防範盜版。接著我們把這個方法賣給一些撰寫教育軟體的公司，有一陣子變成一門小生意，銷售的狀況很好。

後來我聽說史帝夫・賈伯斯（Steve Jobs）要來休士頓和我們用戶社團演講。

那是一九八〇年的春天。我很迷賈伯斯，因為他不僅是一位電腦先驅，還是一位創業家。我在商業雜誌上讀過關於他的報導，如同閱讀佛萊德・史密斯、查爾斯・史瓦布、泰德・特納以及威廉・麥克高恩的報導，我也對他充滿欽佩之情。與這些人一樣，賈伯斯初始時只有一個想法，還有將其付諸實現的強烈動力。而且與他們一樣，他成功改變了美國的商業。賈伯斯當時才二十五歲，他和沃茲尼克成立的公司在一九八〇年看來準備步入軌道，正處於首次公開發行股票和即將推出 Apple III 之際，承諾 Apple III 對 Apple II 的影響，就像 Apple II 對 Apple I 的影響。

賈伯斯本人甚至比報導上的他更有魅力。他一走進我們聚會

房間，彷彿水面分開了。他熱情地談論個人電腦，**他的**個人電腦會怎樣徹底改變世界。他用誇張的比喻：「現在用一輛載客列車的資本投資就能買下一千輛福斯汽車。」他說：「不同的是，這一千人有去哪裡、什麼時候去、怎麼去、和誰一起去的自由。」他說，擁有個人電腦，擁有**他的**個人電腦，人們將有能力完成難以想像的事情。

那時我十五歲，聽得目不轉睛。我無法想像五年後，賈伯斯不僅是我的同事，我們兩人還成為朋友。

我們家從葡萄街搬到紀念區附近一棟更高級房子的時候，適逢我剛上高一。正如你可能想像得到的，高級學區會有非常好的高中，紀念高中（Memorial High School）也沒有讓人失望，校內甚至有一間電腦實驗室，這個在當時很少見。當然，我選修了電腦課，老師是海恩斯先生（Mr. Haynes）。

海恩斯先生負責教我們程式設計，這是我已經非常瞭解的主題。正值青春期的我並不羞於炫耀自己的聰明才智，老實說，我當時有點自以為是。

有一天，海恩斯先生語氣有點興奮地告訴全班，他要用 BASIC 程式語言編寫程式來產生正弦波，我們可以看他怎麼操作並且從中學習。但是這對我來說不是什麼新鮮事，我早就學會怎麼使用機器語言編程，就像直接與微處理器對話，而這是相當複雜的過程。正因為不容易（我現在已經做不到了），所以我對自己精通該項技術感到自豪。

所以當海恩斯先生向全班同學講述他的計畫之後，我馬上開

口回應。我說，有一種比用 BASIC 程式語言產生正弦波更好的方法。可以使用機器語言來做，而且速度快很多。

海恩斯先生對我投來鄙夷的目光。「好啊，」他說，「那你用機器語言寫，我用 BASIC 語言寫，我們下週二再來看看誰比較快。」

下週二我們回到課堂上。他跑他的程式。滴、滴。滴、滴、滴。滴、滴、滴。跑出正弦波。

然後我跑我的程式。一下子，正弦波就出來了。

從那天起，海恩斯先生開始討厭我，遺憾的是我並不介意。

一九八一年八月十二日，IBM 推出個人電腦，型號 5150，米灰色的水平式主機，上方是米灰色箱型顯示器。重量只有約十一公斤，中央處理器採用 4.77MHz 的英特爾 8088（Intel 8088），內含兩萬九千顆電晶體。卸下外殼，這台桌機的隨存記憶體（RAM）只有 16KB，沒有資料儲存裝置，裸機售價僅一千五百六十五美元（現今折合約三千九百美元）。如果選擇標準版，則有 64KB 的隨存記憶體（可擴充至 256KB）和一組兩個五‧二五吋的磁碟機，售價躍升至兩千八百八十美元（現今折合約七千一百五十美元）。可用軟體包含 VisiCalc 電子試算表、EasyWriter 1.0 文字處理器以及「Adventure」，這是由一家鬥志旺盛、位於華盛頓州雷孟（Redmond）的小公司開發的首款遊戲，當時該公司才成立六年，名叫微軟（Microsoft）。

沒錯，Apple II 有很多遊戲，但 IBM 5150 不僅比蘋果的電腦更強大，而且更好。IBM 進軍個人電腦市場是一件大事。藍

色巨人（Big Blue）多年來在科技領域的主導地位是其他公司所無法企及，一九八〇年代期間，IBM 是美國最成功、最有價值的公司。而且，5150 的軟體專為商業用戶量身打造，事實證明，商界許多人都選用 5150。正如《連線》（WIRED）雜誌後來所寫，藍色巨人踏入個人電腦市場，「大力橫掃競爭對手，並在短時間內實際稱霸該領域。」（記住那三個字「短時間」。）IBM 透過連鎖通路 ComputerLand、Sears 以及 Roebuck 以零售方式銷售 5150，四個月內賣出六萬五千台個人電腦，聖誕節前接到十萬筆訂單。無意冒犯魅力十足的史帝夫·賈伯斯，但其中一筆訂單是我下的，在一九八一年八月十二日那天。

我馬上變成 IBM 的忠實信徒。我相信，作為商用機器的個人電腦（畢竟 IBM 的名字裡面就有兩字是商用機器）是未來趨勢。當我把我的 5150 拆開時（當然是一拿到就拆了），我發現一些驚人的東西。首先，就像 Apple II，5150 的架構是開放式，你可以知道每個晶片在做什麼。

我拆卸 IBM 電腦發現的另一件事是，裡面沒有任何 IBM 的產品！全都是其他公司製造的零組件。中央處理器來自英特爾，每個晶片都標示製造商的名字，我可以直接走進無線電屋或其他地方的電子材料行買到我需要的晶片。而且這款電腦的操作系統 MS-DOS 並非由 IBM 研發，而是那間鬥志高昂的微軟小公司所研發。

這個「由他廠製造」的罕見主題只有一個例外，只有一項東西是這款電腦所獨有，即基本輸入／輸出系統 BIOS（basic input/output system）。但我覺得所有零組件都採取外包很奇怪。

後來才發現，IBM 出於權宜之計而用現成零件迅速組裝出個人電腦，因為他們私下擔心蘋果電腦會大舉進入消費者和教育市場，所以他們選擇微軟的 DOS 系統和英特爾的 8088 處理器，而不是自己研發操作系統和自行開發處理器（他們當然知道怎麼做）。他們是規模實力如此龐大雄厚的公司，這樣一間美國企業完全是「電腦」的同義詞，我想他們不認為有人會挑戰他們。

我讀紀念高中二年級升三年級的那年夏天發生了許多事情，不只是因為那台電腦。一方面是我拿到汽車駕照，大幅拓展了自己的視野。我過去經常靠自行車騎遍休士頓，騎去郵票店，騎去做各式各樣的工作，騎去參加蘋果用戶社團聚會，有時候一路騎上二、三十英里到城鎮的另一邊。但這樣騎真的很累，偶爾還會碰到下雨。現在我真的可以去任何地方了，父親讓我開舊款的家庭房車，一輛大型、淺藍色、一九七五年出廠的 Oldsmobile Cutlass。「就算真的撞到，你可能也不會有事，」我父親說，「這輛可是坦克。」

開車也明顯擴大了我的經濟機會。那年夏天我找到一份新工作：與其他數百名青少年一起推銷訂閱《休士頓郵報》（*Houston Post*，現已停刊），隨機撥電話給民眾，試圖說服他們訂購這份報紙。生性好勝的我想要盡量拉到越多訂戶越好。我幾乎立刻觀察到三件事：第一，如果你的聲音聽起來像你打算推銷的訂閱戶，他們越有可能和你訂購。我會以濃重的德州口音與我的潛在客戶交談，打開他們的話匣子。訂單便經常隨之而來。

第二，我注意到剛搬新家的人比較可能訂閱報紙。然後我觀

察到的第三件事，也可以說是第二件事的推論，就是準備結婚的人更有可能訂閱，也許是出於對安頓下來、展開成年生活的某種興奮感。

我突然想到一個計畫。

在德州，如果要拿到結婚證書就必須去郡法院申請，並提供結婚證書的收件地址。然後我發現，根據《資訊自由法》（Freedom of Information Act, FOIA）的規定，我，身為德州公民，有權去州內任何一間郡法院說：「我想看看你們過去一年收到的所有結婚證書申請。」我記得很清楚，第一次是在休士頓市中心的哈里斯郡法院（Harris County courthouse）這麼做。櫃台另一邊的承辦人員看著我。「我的天啊！」他說，「你確定嗎？」然後他消失了一個小時，回來時捧著這些厚重的登記冊。

我心想，中頭獎了。

一下子我就從漫無目的陌生電話開發變成挖到一座金礦，裡頭這些人更有可能訂閱報紙。

起初我不得不坐在那裡寫下每個人的姓名和地址，但後來我想到可以把我可靠的 Apple II 帶來（它比 IBM PC 輕多了），插上電源，然後輸入所有資料。

我突然又想到，休士頓周圍有十六個郡，每個郡都有法院，而每個法院都有結婚申請紀錄。頭獎乘上十六。

現在我有四輪，有電腦，有一群朋友。所以我雇用高中好友去法院取得這些資料（他們有些人有自己的 Apple II 可以帶去存資料，或者有時候借用我的），接著我進行一場大規模的 DM 廣告直接郵寄活動，把訂閱優惠寄給龐大名單上的新婚夫婦。

休士頓建案熱潮的一部分是因為大型公寓和共管式大樓正在興起，我會到這些地方說：「我是《休士頓郵報》的員工，我們現在有個很棒的方案，只要填好這張小表格，所有新住戶都可以享有兩週的免費報紙。」

　　那年夏天，我靠著所有新婚夫妻和新公寓住戶賺到了一萬八千多美元。

　　講個小故事。

　　我在讀紀念高中三年級時，選修了一門叫「政府與經濟」（Government and Economics）的課程。老師是米勒女士（Mrs. Miller），和海恩斯先生一樣，她也討厭我。為什麼？很遺憾，我給了她一個討厭我的好理由。從我上她的課第一天起，我的習慣就是走進教室，走到最後一排，坐下，開始看電腦雜誌。我會這樣並不是我自以為了不起，主要是因為我覺得很無聊。米勒女士講的基本經濟學和政治學我幾乎都懂了，但她不知道，她只看到我明顯在偷懶，所以就生氣了。她氣到打電話給我父親。

　　「喂，您兒子上課不專心，」她說：「您能叫他安份點嗎？」

　　「您讓他做過任何測驗了嗎？」父親問，米勒女士說沒有。

　　「為什麼不給他來個測驗呢？如果他考不好再打給我。」父親說。

　　所以她讓我做了測驗，結果我答得很好。測驗結果沒有讓她對我產生好感，更糟糕的還在後頭。

　　幾個月後，米勒女士出了一份作業給全班同學：填寫自己一九八一年的聯邦所得稅申報表。我填完並在截止日前交出去。下一堂課，她把評分作業發回來，然後朝我走來。我仍坐在教室最

後一排，看著我的《Byte 月刊》和《電腦雜誌》(*PC Magazine*)。她停了下來，拿著我的納稅單輕蔑地笑著，「看來麥克的納稅單犯了一個大錯。」

班上每個人突然都興致來了。

她看著納稅單。「麥克，上面寫你去年賺了一萬八千多美元！我的天啊！如果是真的，你去年的收入比我的還多耶！」

教室頓時非常安靜。接著我說：「是啊，其實那就是我的納稅單。」

如果有人比海恩斯先生更討厭我，那個人絕對是米勒女士。

其實在我打開我的新 IBM 電腦、探看裡面配備的那一刻，我就在想，要怎麼樣強化這台的性能呢？由於定期接收《Byte 月刊》和《電腦雜誌》的資訊，我產生了許多想法。我真的好想把這台電腦的性能發揮到極致。這時候內部數據機還是個全新的東西，我必須安裝一個數據機。而且個人電腦沒有硬碟，所以我必須裝上一顆硬碟，還有擴充記憶體。

我新加入的 IBM 用戶社團給了我更多想法。Apple 社團過去多是精通電腦的科技迷，而且走古怪路線，但一切都打著 Apple 所謂叛逆藝術精神的旗幟，所以街機遊戲和幻想遊戲如「巫師與軍閥」(Wizards and Warlocks) 之類的電玩是聚會討論的主要內容。IBM 用戶社團則是截然不同的風格。聚會成員是工程師、科學家和商人，大家想討論的是如何把這玩意兒應用在商業上？個人電腦是多麼強大的工具，讓我深深著迷。直到不久前，人類仍使用計算尺、計算機和鉛筆來解決問題，接著突然間

出現試算表和文字處理器。突然間一個人可以非常快速計算出大量的數據，這不再只是資料處理部門的事情。

我甚至新認識了一位電腦同好，他叫約翰·哈特（John Hart），是殼牌石油公司（Shell Oil）資訊科技部門的工程師。人超好，年約四十歲，知識極其淵博。我會去他辦公室或他家拜訪，然後兩人三句不離電腦：怎樣才能讓我們電腦性能更強？我們如何把這套程式或軟體應用於商業？我們研究和思考的一切都是全新且為之振奮的事物，彷彿這個領域沒有任何侷限。我當年十七歲，正是人生中享受潛能無限、希望無窮的好時機。

然後，不可思議的事情發生了。一九八二年六月，一年一度的盛會「全國電腦展覽」（National Computer Conference）來到休士頓。該年五月，報紙開始出現這些廣告：**提升專業水準……八十場科技對話……約三千兩百個展覽攤位，有超過六百五十家公司，將為您提供一連串業界最新產品與服務！**

我興奮到不行。為期四天的電腦展辦在太空巨蛋（Astrodome），或者更準確來說是毗鄰太空巨蛋的兩個活動中心：太空館（Astrohall，前身是休士頓畜牧展場地）和隔壁的太空競技場（Astroarena）。坦白說，這兩個場地都有點破舊，空調也只是傳說，而且當時正值休士頓的六月，也就是說天氣炎熱且潮濕得要命，數萬名與會者擠來擠去而汗流浹背，但對我來說，這裡就像是迪士尼樂園。我在那些攤位看到許多很棒的東西：周邊設備、終端機、系統和軟體。我的眼界大開。特別令人激動的是精巧（且價錢合理）的希捷 ST412（Shugart ST412），一個 10MB 的硬碟，因為它的尺寸與五·二五吋磁碟機一樣，

所以能夠直接安裝在我電腦的其中一個磁碟機槽。10MB 容量現在聽起來很可笑，但當時已經很大了。我必須擁有。我買了一顆。

我把自己的電腦性能強化之後，發生了一件有趣的事。當時在接受我電腦教學的一名學生，他的律師父親聽說我幫自己的電腦升級，於是問我能不能也幫他的電腦升級。他說，內接硬碟和更多的記憶體可以加快他的業務操作速度。所以我幫他改裝電腦，他對成果非常滿意。除了支付零件費用外，又多給了我一筆可觀的服務費。由於整個改裝過程只花了我大約四十五分鐘，所以是非常划算的工作。那位律師非常開心，便向其他幾位認識的律師和醫生大力推薦我，所以我又得到更多的工作。接著，發生了一件更有趣的事。

有位醫生來電，說他想買台 IBM 電腦讓我客製改裝，問該買哪個型號好？我跟他說不必麻煩了，我會幫他買好電腦，裝好他需要的東西，然後再以合理價格賣給他。他覺得這辦法聽起來不錯。於是我買了一台全新電腦，從《Byte 月刊》後面幾頁訂購需要的零組件，安裝完畢後，把「麥克戴爾特製電腦」（Michael Dell Special）送去給醫生。他非常高興，我也是。

然後這樣的情形再度發生，一次又一次。突然間，我做起生意來了。

我已經厭倦開著那輛 Oldsmobile 大車到處跑，所以升高三時，我和父母一起去了休士頓市中心的 BMW 經銷店，挑了一輛全新的白色手排變速箱 320i。真的美呆了，正是青少年夢寐以

求的汽車。準備結帳時，銷售員自然而然看向我的父母親，以為這對富裕父母正在縱容他們被寵壞的兒子。接著在我拿出銀行支票支付一萬五千多美元的大半費用，再掏出一疊現金付清餘款的時候，我很享受那傢伙臉上流露的震驚。其實我會帶著父母一塊來，就是知道別人可能不相信一個十七歲孩子會有那麼多錢。我能夠賺到這些和後來的錢，都是靠著銷售報紙賺來的資金和客製化改裝電腦的新事業。

買台BMW帶著父母去會不會有點怪？對我來說並不會，因為我和他們很親近。可是話說回來，任何一個十七歲孩子都會懂這種親近帶來的感覺很複雜。我深愛我的父母，不過說他們參與了我的生活是種委婉的講法。史蒂芬去上大學了；亞當，脫隊的老三（當時才十二歲）似乎正處於無政府狀態。所以我變成父母的焦點，而且受到很大的關注。等到上了高三，我開始反抗。來往於電腦用戶社團和電腦同好之間，更不用說我還有各式各樣的工作，我有很多事要忙，我的父母總是不停地問我在幹嘛、和誰在一起或要去哪裡。

關於最後一個問題，我有個固定答案：「去不同的地方。」

事實上，儘管我很愛我的父母，儘管住在家裡很舒適，但我迫不及待想離開那裡。

我那時已經收到了我申請的唯一一所大學，德州大學奧斯汀校區的錄取通知書，我的人生幾乎已經被安排好了：我將就讀醫科，然後成為醫生。不管是哪種醫生，只要我能掛上招牌，讓爸媽可以說：「喔，麥克啊，他在當內科醫生。」或者諸如此類的。我按照既定路線前進，啟動自動駕駛模式。與此同時，還有另一

件事，那就是電腦，我對這個領域充滿熱忱。但我不能告訴父母，因為這個領域和他們的想法相距甚遠。

　　一九八三年五月，我即將從紀念高中畢業，但那年三月我已經開車去奧斯汀，用我自己的錢租下一間公寓，那是一個救生筏、一個離家一百五十英里的自由綠洲。我的 BMW 後座有三台強化過的 IBM 電腦，後車箱還有另外兩台。

第 3 章

（暗地進行）私有化

執行長：一個聽起來很重要的大頭銜。創辦人兼執行長，職位甚至更高一階。對吧？

算是吧。

事實上，上市公司的執行長，甚至創辦人兼執行長，都是按照股東和董事會的意願行事。董事會對股東負有責任，執行長得向董事會報告。董事會決定執行長的薪資、監督他或她的活動，而且董事會有權解僱他或她。

執行長與股東發生衝突並遭董事會開除的例子不勝枚舉，偶爾這種情況甚至會發生在重要的大公司創辦人身上，看看史帝夫・賈伯斯在一九八五年被蘋果公司掃地出門就知道。

因此，我在開始提出戴爾私有化的過程中不抱任何幻想。我沒有覺得自己無懈可擊或無所不能，也從來沒想過可以獨自經營或為所欲為。我理應對董事會負責，一旦私有化消息被公開，股東們也會被牽扯進來。

董事會已經允許我開始與私募股權公司討論。我還需要找出

哪家或哪幾家銀行可以協助為這項私有化交易提供資金，而且刻不容緩，我需要對所有的討論盡量保密。一般情況，如果重大交易在宣布前走漏風聲（況且這將是筆非常大的交易），這些交易實際發生的可能性會低很多。

當重大交易消息洩漏出去時，外界會突然傳出似真似假的故事，而你（指我）對此莫可奈何。你幾乎只能說「無可奉告」，並且失去了對敘事的掌控。因為你還沒有達成交易，你還不知道協議能不能談妥，而且你所說的任何話都可能被誤解，從而破壞協議達成的可能性。當你正式對外宣布後，你得展開一連串的溝通交涉：對投資者、對團隊成員、對客戶。你可以解釋這項交易；可以安撫每個受影響的人（表示很多、非常多的人），保證他們的利益將因這項交易增加；可以讓每個人對即將發生的事情感到安心。

要是消息洩漏出去，你就無法做到上述事情。消息走漏也會造成團隊內部的擔憂與混亂，以及潛在的士氣問題。失去那些擔心自己未來前途的員工，確實是個風險。而且，如果競爭對手挑撥離間，煽動 FUD 情緒（恐懼、不確定性、懷疑），也確實會存在客戶流失的風險。

當你將一間公司私有化時，基本上就是把它出售。我想（需要）成為最終收購戴爾的人，與一間或多間私募股權公司合資：哪間能提供最高價格給我們的股東，就是那間。但把公司掛牌出售，並不能排除有人試圖奪走我的公司的可能。

我的公司。這句是個悖論。其實我不能說戴爾是我的，因為它是上市公司，我僅持有不到百分之十六的流通股。但它是我創

辦的，所以我忍不住把它當成我的公司。我覺得（你可能會說）自己與它有某種關係。

二〇一二年九月十三日，特別委員會召開電話會議，聽取我們財務長布萊恩‧格萊登談論管理層對於戴爾未來財務表現的預測。德普律師事務所（Debevoise & Plimpton）的代表也參加電話會議，該事務所是委員會聘請的法律顧問。我不在場。

布萊恩（美國證券交易委員會的詳細股東會說明書後來會提到）指出二〇一三財年的最新展望，其中反映了令人失望的數字，以及我們七月份注意到的艱困消費環境。但他表示，除了為反映嚴酷新現實所採取的必要修正外，管理層對於公司截至二〇一六財年的預測仍維持不變。

特別委員會表示難以苟同。

委員會要求布萊恩修改計畫，以反映戴爾未來財務表現不那麼樂觀的預測。他們還要求他把預測延長到二〇一八財年，好讓公司的潛在競標者有足夠的資訊進行估價分析。

委員會後來召開行政會議（沒有布萊恩，也沒有我）討論管理層的預測。如同後來股東會說明書所載明的：「鑑於公司未來表現的不確定性，以及公司管理層在實現前幾個財政季度預估所面臨的困難，特別委員會決定繼續探索可能的戰略選擇，包含繼續執行管理層的長期規劃和維持上市公司身分、規劃的潛在改變，管理團隊的調整。」

講白了，就是所有的可能性都攤在桌上，包含維持上市，也包含撤換我的可能。

＊　＊　＊

這不是戰爭。治理公司就應按照治理公司應該運作的方式運作。我和董事會一直保持開放透明的關係，我欣賞並尊重每一位成員，我敢肯定他們對我的感覺也是一樣。我從未想過要成為消息或情報取得的守門員。我總是告訴董事會，他們可以也應該與公司裡任何他們想聊的人談一談，任何時候都可以，談論我、其他人或任何事情。但董事會最終是效忠於戴爾公司及其股東，不是我。新成立的特別委員會更是如此，它基本上有一項任務，就是在我試圖將公司私有化時，像老鷹一樣緊盯每個可能的發展。他們以堅定的決心完成了那項任務。

會議就這樣繼續進行，一場接著一場開，有我參加的會議、沒有我參加的會議、關於召開更多會議的會議。有些會議純粹是程序性，而有些會議具有真正的實質意義。

夏去秋來，我一直納悶為什麼花了那麼長的時間。如果特別委員會真的認為我們不該私有化，難道不能直接說嗎？我們都可以回去做我們一直在做的事，繼續經營我們的生意。值得讚揚的是，委員會的工作執行得非常徹底。

那次電話會議後幾天，我們又在上海召開了一次董事會議。每隔一段時間，我們都會在一個對公司很重要的國際地點開會，中國過去（到現在）當然是重要據點。我們在那裡做了大量的生意，包含把我們的名字借給大約一萬兩千家銷售我們產品的合作商店。戴爾商標有個獨特的傾斜「E」，即使在不使用英文字母的國家也能立即辨識出來。

抵達後不久，我問亞歷克斯・曼德爾能不能私下聊聊。

我們對電子監控格外小心（畢竟我們人在中國），所以決定在飯店周圍的戶外區域邊走邊談。我想小心翼翼避免流露我對於這個漫長過程的沮喪感，但同時我又不能完全隱藏這種情緒。因此，我盡可能禮貌地詢問亞歷克斯，簡單來說，「我們需要多久才能確定我們能不能進行私有化？」

亞歷克斯是強勢之人，他本身也是企業領導者，在率領金雅拓之前，他是電信龍頭 AT&T 的財務長兼營運長。他有著舊時代的舉止禮儀和淡淡的奧地利口音，奧地利是他的出生地。他十分清楚自己身為首席獨立董事在董事會的責任，尤其他又是董事會特別委員會的主席，所以他回答我：「麥克，我們正採取一切可能措施，確保無論這個過程的結果如何，股東們都能獲益。」

需要多久就花多久時間，亞歷克斯這樣告訴我。

我禮貌地纏著他，他也禮貌地迴避我的問題。兩人表現得像紳士。我們在飯店四周散步，回到飯店後，我得到的資訊並沒有比開始交談時多。

此間，在我不知道的情況下，特別委員會聘請的專家對戴爾做出了相當悲觀的評估。

在九月份一次重要集會上（我沒有受邀），特別委員會聘請的財務顧問摩根大通集團（J. P. Morgan）表示，儘管槓桿收購市場強勁，但他們懷疑是否真有人對收購戴爾感興趣，因為我們市值龐大，在每況愈下的個人電腦市場有很高的風險，最近營運表現又下滑，而且順帶一提，過去幾年裡沒有任何第三方有意收購

公司。

後來我瞭解到，在一場又一場的會議中，專家們不斷向特別委員會提出，他們認為戴爾幾十年來的基本產品和搖錢樹──個人電腦，前景嚴酷。電腦已死，或者消亡，或者最好情況也是沒落。如同摩根大通十月初告訴特別委員會的那樣，產業分析師預測，「由於平板電腦和智慧型手機的日益普及，電腦使用量出現競食現象（cannibalization），個人電腦市場將持續低迷。」

競食！

要是有誰提出反駁（正如我一直試圖說明的），解釋我們甚至已經不再從事個人電腦業務，而且正在轉變成端對端資訊科技解決方案、軟體和服務就好了……總之，特別委員會雇用的專家們壓低聲音、語氣嚴肅地告訴委員會，依賴日益下滑的電腦業務來資助我們新業務的成長會有重大風險。

如果你聽信專家的意見，換句話說，我們幾乎是完蛋了。

但我並不認為我們會完蛋，一點也不。我之所以早在二〇一〇年就開始考慮私有化，現在又全力投入其中，都是因為世界（和股市）看到弱點，而我看到機會。在專家們認為前景黯淡無光的地方，我看到了令人振奮的可能性。我知道，機會往往來自於對事物的不同看法，來自於逆向觀點。如果當初每個人、包含產業預測人士都說「個人電腦景氣會好起來」，那我也無法想像自己會走向私有化。

沒錯，二〇一二下半年的電腦銷售景氣並不好。我覺得發生這種情況的部分原因是當時微軟即將推出最新作業系統

Windows 8，大家還在觀望新的作業系統。電腦需求在新版本推出前往往會暫停，但我非常樂觀。

　　沒錯，智慧型手機和平板電腦是那時候最閃亮、最耀眼的產品。（Windows 8 的使用者介面是專為平板電腦設計，包含微軟自家出品的 Surface 平板即微軟的 iPad。）但我相信，即使這些設備可能很吸引人，但它們不會取代電腦，而是會擴充電腦的功能。民眾可能會把自己的個人設備帶到辦公室，但我認為，個人電腦作為不可或缺的生產力工具，尤其是在商業市場，其價值地位難以動搖。我相信消費者會在智慧型手機上閱讀（少數人透過平板），然後用個人電腦工作。

　　因此，儘管電腦銷量一度下降，但我覺得情況不會持續太久。我認為，雖然消費者可能延後更換舊電腦的時間，但他們不會永遠不換電腦。我相信我們可以創造出足夠引人注目的新產品，再次推動汰舊換新的週期。*

　　傑夫・克拉克（Jeff Clarke）表示認同。傑夫，我們的副董事長，和我一樣接近共同創辦人的程度。一九八七年，他以工程師身分加入戴爾，當時公司剛成立三年，團隊只有一百五十人（一群快樂的傭兵和不適應普通工作環境的人），他憑藉自身的技術專長步步晉升。他非常注重細節、速度與執行，成功領導我們連續幾代的桌機產品設計，很快就以傑出的工程師身分脫穎而出。他具有不可思議的能力，能夠一開始就設計出近乎完美或真

---

*　而且我知道，我們會繼續想出辦法回收我們放進每台電腦的所有材料，就像我們在相關規章制度出現以前就一直在做的那樣。我們生產的每項產品都會考慮如何製作才能拆解，並重複使用所有零件。

正完美無瑕的主機板。

接著，他還有另一種很快出現的特質：戰術才華。

第一眼見到傑夫，他就是個來自南方聖安東尼奧（San Antonio）的鄉巴佬，一個神經大條的空軍家庭小孩。但這都只是第一眼印象。其實他比任何人都瞭解我們的業務。他有話直說，天生不會因為老闆是老闆而講出討好的話。任何成功人士所面臨的最大恐懼之一，就是生活在一個只有好消息的泡泡中，只聽到想聽的聲音。傑夫‧克拉克過去是（現在也是）確保這種情況不會發生的人之一。

但當我告訴傑夫我打算把公司私有化的時候，他整個人興奮不已。和我一樣，他也熱愛勝利的滋味：好好去打，好好去贏。我們都認為私有化是解放公司的一種方式，一種重振公司源起的創業精神、更積極爭取市占率、投入研發與增加銷售能力的方法。

「這是不是表示你會解開我的束縛，讓我在個人電腦業務重拾競爭力？」他問。

「正是如此。」我告訴他。

他笑得像聖誕節早上的孩子般燦爛。

個人電腦是傑夫的專攻領域，是他的真愛。在他看來，電腦是史上最偉大的多用途商業生產力設備。當然，我也這麼認為。身為產品和營運總監，他和公司裡的任何人一樣，都強烈感受到每季度進攻時限（shot-clock）內的財務壓力。他立刻明白，走向私有化代表戴爾的競爭姿態將從「有時進攻」轉變成「全時進攻」。

以私人公司經營的話，我們將有對我們的個人電腦和伺服器採取更積極定價策略的自由。然而，如果沒有和客戶建立關係，單純降低價格是沒有用的。私有化能讓我們自由聘請更多銷售人員，擴大我們與通路夥伴的關係，向形形色色的既有和新進客戶推銷更多產品。建立銷售能力往往是我們市占率成長的關鍵。

　　私有化亦讓我們能夠增加研發經費，將推動創新、開發新產品、服務和解決方案。但隨著時間一天天過去，私有化的挑戰性似乎越來越大。

　　接著來講講生活本身。我的四個孩子都長大了，我們為她們每個人感到驕傲。那年秋天，大女兒琪拉（Kira）開始在瓦沙大學（Vassar College）就讀二年級，主修國際研究並精通幾種語言。二女兒亞歷珊（Alexa）正在哥倫比亞大學通識學院（School of General Studies at Columbia University）的非學位特殊學生班（Non-Degree Special Students Program）努力學習。我們的龍鳳胎茱麗葉（Juliette）和查克（Zachary）都是十六歲的高二生，仍與我們住在奧斯汀。茱麗葉四歲時開始與她的阿拉伯馬參加馬術比賽，曾贏得幾座全國錦標賽冠軍，那時候她剛開始展示美國馬鞍馬（American Saddlebred），為她在世界錦標賽的首次出場做準備。查克在高中時期成功創辦一場夏令營的時候，已經展現出他的商業才能，並開始研究他下一個商業冒險想法。

　　在世代光譜的另一端，情況相當艱難。一九八四年，我第一次成立公司的時候，總是充滿活力的母親開始經常感覺強烈的疲

倦感。她去看醫生，被診斷出患有非何杰金氏淋巴瘤（non-Hodgkin's lymphoma）。然後，經過長時間的辛苦治療，她的病情終於得到緩解。我們都很高興，也很感激。

但是二○○九年這個疾病再度出現，而且這次沒有消失。母親的病情不斷惡化，到了二○一二年秋天，她開始與生命搏鬥。蘇珊和我每隔幾個星期就去休士頓探望她，試圖在她、我父親和孩子面前裝得若無其事，盡量表現出開心的模樣。每次我們離開都感覺世界好像要崩塌了，我試著盡可能保持樂觀，試圖採取心理區隔化（compartmentalization）。

有些人會吹噓他們的多重作業能力（multitask）。我不確定自己一心多用的能力如何，但我知道我擅長進行心理區隔。當你領導一個擁有十一萬名員工的團隊，一次專注一件事確實是個生存技能，而且現在正是風險特別高的時期。我必須領導公司、安撫部隊、監督我們日益擴大的收購項目、前往我們在世界各地的據點，然後當個父親、丈夫、兒子以及兄弟，並同時對於我打算將戴爾私有化的事情絕對保密。

這實在既困難又尷尬，至少可以這麼說。我不能和我的父母親談論這件事，不能和我的孩子談論這件事，不能和我的兄弟們談論這件事。在戴爾公司內部，我可以信任的人屈指可數。我的妻子真的是我唯一可以傾吐所有事情的人，感謝上帝，我有她陪伴。她在許多方面陪伴了我，尤其是在這個時候。

我們在長途散步和騎單車的過程中交談，從各個角度談論這件事。起初，蘇珊不明白我為什麼要這麼做，「現狀好好的，為什麼要打破？」這是她對這件事的感受，而這不只是因為她是永

遠支持我的人生伴侶。她瞭解商業型態：我們在一九八八年相遇時，她在川莫爾‧克羅（Trammell Crow）房地產公司任職，那是當時北美最成功的商業房地產公司之一。蘇珊是廠房租賃代理，而且她很擅長這份工作，具有這方面的才能。

所以當我和她講述關於公司轉型、收購成本雖然龐大但可能發展更好的計畫，以及我對電腦未來抱持的樂觀看法，她馬上就明白了我在說什麼，也知道外面那些唱反調的人錯得有多離譜。這種人很多，他們非常有權威且固執己見，如果你想知道他們的影響力有多大，看看我們的股價就知道了。

蘇珊明白，雖然他們很有權威、固執己見、影響力強大，但他們是錯的。我們繼續往前走，不停地交談。

資料庫（data room）。這個字聽起來很神祕，像在間諜片會出現的東西，但它實際上更像駭客任務的玩意。這是一個安全無虞的線上共享儲存空間，有點類似 Dropbox 或 Google Drive，把文件存放在那裡，這樣不同的人都可以登入並讀取內容。那年秋天，我們建了一個資料庫，裡面存放大量關於戴爾的資訊，包含各種歷史財務資料，外加業務各個方面的概述，包含產品、客戶、營運、供應鏈。全球投資公司 KKR 和銀湖合夥私募基金（彼此仍不知道對方的意圖）都獲准登入查看。它們對我們進行了一番研究，然後十月初，我們分別與它們召開盡職調查會議（due-diligence meetings）。先是 KKR，接著是銀湖，相隔一週。

為了盡量維護會議的機密性，我們把會議安排在我位於奧斯

汀山區的房子，地點在一樓會議室。這個大房間裡有張長桌，還有可以看到遠方城市景色的寬闊窗戶。你可以看見德州大學的高塔（Main Tower），也可以看到法蘭克杜比住宿中心（J. Frank Dobie），我大一住的宿舍大樓。有趣的是，如果你去我以前的宿舍杜比二七一三室，從窗戶可以直接看到幾英里外的奧斯汀風景和這棟房子。我還記得自己在煤渣磚砌成的寢室裡凝視那扇小窗，心想：「天啊，我希望有一天能住在那片山上，那裡看起來很不錯。」

兩次會議雖然相似，但卻大不相同。

兩次都是穿著商務休閒服在友好合作的氛圍下進行，畢竟如果其中一家公司提案成功，我們就會結盟成為夥伴關係。銀湖和KKR都提供了一份它們希望討論的關鍵問題或主題清單，而我們以管理部門身分在那裡回答兩家公司的問題，幫助他們充分理解業務內容，使他們能夠完整地擬定提案。

每次會議都有十幾人左右：戴爾公司這邊，除了我以外，還有財務長布萊恩・格萊登、法務長杜建善、會計長湯姆・施威特（Tom Sweet）、傑夫・克拉克，以及營運財務項目副總傑夫・利克薩（Jeff Likosar）。特別委員會派了德普律師事務所的一名律師和摩根大通的一名銀行家來，監督法務與財務方面的進展。兩家追求者都派出五人左右。在第一次會議上，喬治・羅伯茲替KKR帶頭提問。喬治那時候和我已經談過很多次了，所以我們立刻進入狀況。

KKR主要想知道我們的財務狀況將來會怎麼發展。我們能不能奪回被侵蝕的市占率？我們對個人電腦的未來有什麼看

法？我們對未來的現金流量有何預期？以及我們將如何致力於公司轉型？

一週後，換銀湖來時，他們當然對我們的財務狀況感興趣，但他們想討論的內容更多。與 KKR 不同，銀湖是一間專注於科技領域的私募股權公司。參加會議的每個人，包含伊根‧杜爾班都來自銀湖的矽谷辦公室。他們都非常瞭解技術，會講我們的語言。

從一開始就很明顯，銀湖團隊瞭解我們各方面的業務，而 KKR 幾乎沒有提到收購的重要性、知識財產權的價值、操作系統週期的自然特性。因為銀湖是技術出身的私募股權公司，對技術自然有一定的瞭解，所以當我們談到虛擬化、微處理器或儲存型快閃記憶體（NAND-flash，一種不用電力保存資料的非揮發性記憶體），或者業內任何一種複雜的東西時，他們能完全理解我們在說什麼。

而且銀湖明白我所想的：即使 Windows 8 沒有我預期的那樣好，微軟最後還是會創造出顧客想要的版本，而我們的電腦業務也會隨之反彈。他們明白建立銷售能力與增加新顧客將為我們帶來怎樣的效益。當我們談到雲端、儲存、安全性以及物聯網（Internet of Things，簡稱 IOT，無須人為介入就能正常運作的相關計算設備）方面的新發展將對我們產品戰略帶來怎樣影響時，銀湖團隊比 KKR 更理解我們所說的內容。

十月二十三日，在與銀湖開完會的十二天後，KKR 和銀湖都提交了初步不具法律約束力的收購建議書。KKR 提出以每股十二至十三美元的價格收購戴爾所有的流通股，但不包含我和東

南資產公司持有的股份（他們假定所有股份都將在交易中轉換至上層〔roll over〕），並預期由我追加投資五億美元。銀湖公司提出的收購價格為每股十一・二二至十二・一六美元（同樣地，他們假定所有股份都將在交易中轉換至上層），並表示我是他們唯一有興趣合作的一方。

我覺得兩間公司都可以出更好的價格。

畢竟，身為執行長的工作就是要盡我所能地代表所有股東提高公司的價值，因此我透過寫信與後來在我家召開的會議建議KKR與銀湖資本提高開價。我強調了關於戴爾目前正在進行轉型的每個細節，這些細節在盡職調查中可能被忽略或低估。我請求這兩家公司提出最好的價格，因為我知道董事會將會拒絕任何他們覺得不合適的開價。

同時，特別委員會聘請了波士頓諮詢公司（Boston Consulting Group, BCG）這家大公司來研究他們一直談論的那些潛在戰略選擇。

也是在這期間，Windows 8 上市了。

不誇張地說，微軟引以為豪的新操作系統表現得與我的預期相反。之前大肆宣傳了平板導向的新使用者介面，結果用戶卻討厭這款使用者介面。「這好比操作系統界的愛德索（Edsel）。」PC-Mag.com 的一位評論者寫道，「沒有人會坐在電腦前說：『哇，我等不及要升級 Windows 8 了！』」電腦銷量每況愈下。雖然戴爾公司的現金流量相當強勁，連續十二個月的現金流量有三十二億美元，但我們的盈餘正在受損。

部分原因是我們當時正處於轉型期，我們正在投資這些我們

深信不疑的新領域。但投資者會說：「為什麼要投資這些新領域？它們沒有產生任何收益！況且你們的電腦業務也在苦苦掙扎，我們不怎麼看好這家公司。」

二〇一二年十一月十五日，我們二〇一三財年第三季的財務結果出爐。數字並不漂亮。我們的營收為一百三十七億兩千萬美元，比八月份預測的第三季業績指引區間的中間值短少兩億六千萬美元。

次日，戴爾普通股市價下跌百分之七‧三，跌至每股八‧八六美元。

許多情緒在我心裡打轉。某方面來說，我承認我覺得自己被公眾股東拋棄了（我也是人啊！）。他們似乎完全沒有領會整件事情，他們不理解我們在做什麼。他們不懂得欣賞這間公司，沒有給予正確的評價。在我最低潮的時候，我會說：「他們太蠢了，根本不適合這裡。」我也許不該承認這點。戴爾的股東們，我很抱歉！但那時候發生了這麼多事情，即使我劃分事情的能力再好，我的感受還是很強烈。

現在你應該很清楚我是天生的樂觀主義者，基本上我只是覺得這種生活方式比較好。不是樂觀派的人也不會創業（健康的風險偏好也是因素）。我絕對相信我們的轉型，內心深知這種低廉的股價並不代表我們命運的低谷，而是一次絕佳的機會。我向KKR和銀湖再次強調了我對這兩方面的強烈意見，但兩間公司就算不是再三考慮，也對即將變成陳腔濫調的事情持保留態度（以股東會說明書的內容）：「貴公司最近未能達到預期目標，

個人電腦市場日益疲軟，貴公司在新興市場的市占率減少，加上逐漸發展成企業用軟體與服務提供商的相關執行性風險。」

感恩節後第四天，銀湖資本給我一份修改後的提案草稿，上面建議收購價格的欄位空白。四天後，KKR 也做了同樣的事。欄位空白本身沒有什麼意義，只是告訴我兩間公司都仍在考慮和精打細算。而且我已經承諾貢獻我的股份，當時占公司股票的百分之十五・七，無論成功的收購方願意出多少錢。

在這個月的最後一天，我打電話給特別委員會主席亞歷克斯・曼德爾，告訴他我對私有化的興趣比先前更高。我還告訴他，我可以提供交易所需的額外股權。與此同時，我和亞歷克斯都知道，我應該貢獻多少股權是有上限的。

戴爾公司在過去二十八年裡取得驚人的成就，這真的意味著一個令人驚嘆且不斷擴大的團隊所取得的驚人成就，讓包含我在內的許多團隊成員變得非常富裕。理論上，我自己可以拿出所有必要的股權來買回我的，抱歉，是買回這間公司，但那樣會產生各種潛在的法律問題。如果由我一個人來確定私有化的股價，那就不能被視為公平的價格發現（price discovery），因為我是最重要的內部人士（ultimate insider）。由於沒有外部投資，董事會沒有可以與我的收購提案做比較的選項。

* * *

十一月二十九日，我與波士頓諮詢公司會談。我曾和這間公司的高層見過幾次面，但這次在場的都不是公司高層，會議室內我一個人也不認識。不過，我意識到特別委員會相信擔任顧問的

他們，所以我也給予他們應有的尊重。我提出我對轉型的樂觀看法，他們板著一張臉，沒有透露任何訊息。他們針對戴爾削減成本和收復市占率的能力提出幾個尖銳問題，我表達出我的堅定信念，強調這些都是我們私有化後完全能夠攀爬登頂的目標。

然後會議就結束了，只花了一個小時。顧問們不想讓我待上兩、三個小時，他們也沒有要求再見面。那是我最後一次見到他們。

然而到十二月三日，收購要約少了一份。

那天，喬治‧羅伯茲打來，表示KKR不會再向戴爾提交第二份收購要約。他給的理由不令人意外：電腦市場的下滑趨勢、業界分析師對戴爾面臨的競爭壓力感到擔憂。KKR認為，我們令人失望的第三季數據已經證實了這股壓力。內心沒有芥蒂，這只是一樁生意。喬治祝我好運，我相信他是真心的。

問我失望嗎？我是人，當然會失望。但我想我並不需要十間私募股權公司來幫我實現私有化，我只需要一間。

翌日，銀湖資本提交了一份更新後不具法律約束力的收購建議書，擬以每股十二‧七〇美元的價格收購公司。

兩天後，十二月六日，我會見了整個董事會，包含特別委員會。首先亞歷克斯‧曼德爾向大家說明特別委員會的工作進度，以及摩根大通和波士頓諮詢公司的意見，毫不意外，這兩間公司仍對私有化抱持懷疑態度。接著我上台做簡報。

這是我的董事會，我是他們的董事長。但我卻將他們和我拉開了距離。我提出了新的、具爭議的、讓某些人恐懼的想法，把

這些想法帶進一個原本穩定（即使有爭議）的狀態，一個規模很大、非常著名、正在經歷成長痛苦的全球公司。我是這艘船的艦長，原本是受人指望提供方向與確定性的人，現在卻成了製造不確定性的人。我很清楚自己的角色與責任。我需要用肯定的語氣，讓大家打消疑慮。但我很確定，因此我心平氣和又不失熱情地講述自己看法，說明讓公司私有化是戴爾、股東和顧客的最佳選擇。我也告訴在場的人，一旦私有化，我打算做什麼。

我說，我們將透過在研發與其他收購的大量投資來拓展公司的企業軟體和服務能力。

我說，我們將雇用大量的額外銷售人員。

我說，我們將在新興市場擴張。

我說，我們將大力投資個人電腦領域。

我說，這些步驟是前進的必經之路。然而，如果我們以上市公司身分採取這些計畫項目，我知道（在座的每個人也都知道）這樣不受股市歡迎，因為會降低短期獲利能力，增加營運支出和資本支出，並且有重大風險。

我主張，私有化最符合戴爾股東的利益，因為他們將從這些計畫中以股份溢價方式獲得部分潛在好處，而無需承擔執行這些計畫相關的風險和不確定性。

簡報完畢，我點點頭，望著長桌周圍熟悉的面孔。他們露出不置可否的表情，他們有疑問。

為什麼銀湖資本是這個過程的合適夥伴？董事會是不是該在討論仍私下進行的時候再找一、兩個收購方？或者，冒著釋放出我們無法預料或控制之力的危險，我們該公開這個計畫嗎？我重

申自己的看法，銀湖擁有技術基礎和專業知識，會是一個極好的合作夥伴；另一方面，我說我完全願意考慮董事會可能想要找的任何一個收購方。會議室內的每個人都清楚，私有化是意義非凡的一步，我們不應忽視為股東爭取最佳交易的任何選項。

但要是一切都公諸於世，會不會根本無法達成私有化？

「如果我們維持上市，我準備繼續擔任執行長，」我說，「我準備留在崗位上，在這個位置繼續執行我的計畫。但我可以打包票，市場絕對不會滿意，股東們也不會滿意的。」

委婉地講，二〇一二年十二月是多事之月。當時我並不知道，接下來的幾個月反而會讓這個十二月顯得平靜。由於特別委員會與其顧問，還有我和我的行政團隊，都從每個可能的角度去思考私有化，一切都在嚴格的法律和財務規定下進行。然而，強烈的感受在企業正確（corporate correctness）的表象底下暗潮洶湧。

我向董事會做完簡報的第二天，亞歷克斯·曼德爾聽從摩根大通的建議，聯絡了私募股權公司德州太平洋集團（Texas-Pacific Group, TPG），邀請對方提出收購戴爾的建議書。摩根大通認為，私有化過程必須有一個以上的潛在資助者。TPG 同意考慮提出收購建議書，簽完保密協議，也獲准登入資料庫。同月十一日，我在奧斯汀市區一家法律事務所與一群 TPG 合夥人會面，向他們介紹戴爾和我們目前正進行的轉型，然後回答問題。他們很聰明，也很敏銳，可是我心裡依然覺得銀湖資本是唯一真正懂我們的公司。但……

前一天，十二月十日，曼德爾告訴銀湖資本，其十二‧七〇美元的開價太低，除非銀湖提出更高價格，特別委員會才會准許銀湖繼續競標。後來伊根‧杜爾班請求委員會准許他們向微軟尋求資助。亞歷克斯告訴伊根，他會和委員會以及顧問團隊討論該請求。當天下午，德普事務所的一位首席律師聯絡伊根討論微軟資助的請求，伊根表示，除非銀湖獲准去找微軟，否則銀湖不會繼續參與收購競標。

翌日（我和 TPG 合夥人見面那天），特別委員會決定准許他們找微軟和少數幾家銀行討論債務融資，前提是各方都要簽署保密協議。在接下來的幾天裡，戴爾與加拿大皇家銀行（Royal Bank of Canada）、瑞士信貸銀行（Credit Suisse）、巴克萊銀行（Barclays）以及美銀美林（Bank of America Merrill Lynch）簽訂了保密協議，銀湖資本、我和我的團隊與這些銀行的會議訂於十二月十七日舉行。

我十六號週日晚間飛到紐約，及時趕上與亞歷珊共進晚餐。

會議於隔天上午八點十五分在銀湖位於西五十七街九號斜面玻璃大廈的辦公室舉行。曼哈頓那天是個涼爽、霧氣瀰漫的日子，城市裡擠滿假日購物人潮與觀光客。我們在三十二樓一間超大會議室開會，很多人在場。除了我、布萊恩‧格萊登、伊根和他的團隊以外，每家銀行都帶了十幾個人來，還有一大群律師。環顧這個擁擠的房間，我感到害怕。

我並不是害怕在場的任何人，也不是害怕會議即將發生的任何事情。一切都很好，都在推動私有化的進行。讓我感到害怕的是，我覺得在這群重要官員和陪同助理當中，肯定會有哪個白癡

事後向自己妻子、丈夫、男女朋友透露關於此次會議的任何一丁點內容。

在我看來，這次會面的消息很可能洩漏出去，如果真是如此，那麼私有化計畫幾乎肯定無疾而終。

但這個擔憂並沒有發生，當週或下週都沒有消息傳出。那場重要會議開完後，我直接飛回奧斯汀與 TPG 共同創辦人大衛‧邦德曼還有他的科技投資主管約翰‧馬倫（John Marren）共進晚餐，討論他們與我合作的可能性。他們提出了我預料到的那類問題，我給了很好的答覆，氣氛低調而真摯。但一週後，詹姆‧考特（Jim Coulter，大衛公司的共同創辦人）和馬倫打來跟我說，出於種種原因，包含需要的股權支票規模和他們對銀行融資的擔憂，他們不打算向戴爾提出收購要約。我打電話告訴亞歷克斯。後來我才發現真正令 TPG 不安的原因還是個人電腦市場下滑的老問題，更不用說我們的業績表現也下降了。

所以我們又回到只有一個收購方的情況。銀湖資本與特別委員會之間的談判在我不知情的情況下，繼續一來一往進行著乒乓球式的對話。

聖誕假期來了又走。後來我才發現，二〇一三年一月二日，波士頓諮詢公司的顧問曾與特別委員會面談，並對戴爾的財務狀況做出悲觀預測。他們特別關注我們的終端用戶運算（EUC）業務，即電腦、顯示器和其他配件。這些顧問們預測，整個 EUC 市場將繼續從所謂高利潤的高價市場（毫無爭議，我們一直是領

導者），轉移到低利潤的市場，也就是在亞洲製造的便宜電腦。他們亦推斷，整體 EUC 市場在未來四年內可能銳減高達一百億美元。他們擔心隨著我們繼續過渡到其他業務，戴爾與現有客戶和供應商的關係恐會惡化。此外慎重起見，他們提醒委員會，雖然過去四年我們使用了大約一百一十四億美元的現金資源來資助企業軟體和解決方案的收購，但我們百分之六十五的收入依然來自 EUC 領域和 EUC 帶動的業務，而這些正是他們非常不看好的業務。

新年快樂！

然而，兩天後，一月四日，我們見過的四家銀行（加拿大皇家銀行、瑞士信貸銀行、巴克萊銀行以及美銀美林）都帶著豐厚的報價回頭，並全力支持私有化。不久後，微軟承諾與我們合作，並提供二十億美元的貸款。嚴格來說，我們並不需要他們的貸款，但這種結構化貸款方式使我們能夠降低向銀行借款的利率。

看來我們已經步上軌道。接下來的一週，我心裡暗自相信會成功。

然後星期一，一月十四日，大事不妙了。

彭博社報導：「個人電腦製造商戴爾公司去年市值損失近三分之一，兩位知情人士表示，該公司正與私募股權公司進行收購協商。」

換句話說，就是有兩個參加過西街九號會議的白痴，或者是有兩個白痴與參加會議的白痴關係很好。

我們股票在一天之內上漲百分之十三，來到每股十二・二九

美元。傳言四起。我們會與誰合作？一個匿名的消息來源提到了銀湖和 TPG，講對一半。什麼時候宣布交易？其中一個消息來源說，可能最早在那週宣布，事實證明為時過早。

但在某程度上，細節是什麼並不重要。我們的私有化計畫現已完全公開，混亂的種子已經播下。

第四章

從我開始

　　那是一九八三年的夏天，我有的是時間。很多很多時間。對我來說有點新鮮。

　　有些孩子高中畢業後會放個暑假，準備上大學認真讀書和開始長大以前放鬆一下，享受生活。我在紀念高中認識的許多孩子，那年夏天的大部分時候都去了聖馬科斯（San Marcos）玩漂漂河。

　　看到這裡你可能已經猜到，那不是我的路線。並不是說我不愛玩樂，只是我對於玩樂的看法和大多數同齡的孩子不一樣。

　　那一年我沒有暑期打工。從表面上來看（且據我父母所知），我是個無所事事、剛上德州大學新生，開著我新買的白色帥氣 BMW，來回往返於休士頓和我在奧斯汀的新公寓兩地。這輛車適合高速行駛，我喜歡奔馳的快感。但另一輛車對我創辦的事業而言更加便利，這裡的事業是複數。

　　那輛車是我父母傳承下來的，一九七八年凱迪拉克雙門跑車 Coupe de Ville，棗紅色、經過配色的乙烯基材質半罩式頂篷，

非常拉風。這是一台來自底特律汽車工業榮景時代的底特律鋼鐵（Detroit iron）*。開它像是駕駛巡洋艦，雖然不太靈活，但定位準確。別提油耗量了，這艘船每英里可是會耗掉幾加侖的油。

我都有一輛全新的寶馬了，為什麼還要為那輛十八歲年輕人多半不好意思被看見坐在裡頭的笨重老車而費心呢？更何況棗紅色還是德州大學長年宿敵的德州農工大學的學校配色。

我喜歡那輛凱迪拉克是因為它很大台。

那個時候我還在升級 IBM 電腦，還在購買光碟機、硬碟及記憶體晶片，把這些安裝到我從零售店買來的 IBM 基本款電腦，然後將這些改良過的電腦賣給醫師、律師和建築師，以此獲利。我一到奧斯汀就開始在地方報紙刊登小廣告，而且立刻收到回音，這為我提供了購買更多電腦所需的營運資本，以因應似乎日益增長的需求。而在運送我需要的原料即裝在巨大箱子裡的全新 IBM 電腦時，這輛凱迪拉克正好派上用場。這些巨大尺寸的箱子剛好與寬敞的後車廂相匹配，放得下三箱；而後座空間只要把前座盡量往前挪、椅背往前倒（Coupe de Ville 沒有後車門），再把每個箱子塞進去，就可以容納四箱；還有兩箱可以疊放在前方副駕駛座。

我想我在三十五號州際公路上行駛時，肯定相當引人注目：一位臉頰胖胖的男孩，捲髮，戴著大眼鏡，駕駛一輛載滿許多大紙箱的巨大凱迪拉克，車子尾端因為這些電腦的重量而壓低。

---

* 譯註：六〇年代性能強大的肌肉車。

接著是我的其他生意。

IBM 個人電腦自推出後就賣得火熱，但龐大的需求導致銷售該款電腦的零售業者形成供貨量差異的情形。休士頓可能下訂一萬套電腦，達拉斯一萬套，鳳凰城也一萬套。但 IBM 無法及時量產供貨，所以有些經銷商只能一次取得四、五千套電腦。經銷商因此開始超額訂購，一口氣訂購兩萬套或五萬套只為了取得他們需要的貨。結果造成零售混亂，有的城市庫存過剩，有的城市根本沒貨。

我注意到了這一點。

我不確定當時我知不知道套利（arbitrage）這個詞，但這個概念以及我可以從這些供貨不均的情況賺點錢的想法突然出現在腦海中。我發現，我只要到電腦庫存過剩的城市大量進貨，然後拿去另一個庫存短缺的城市賣就好。聽起來很簡單？就是這麼簡單。

於是我開始到處飛行與採購。

我會鎖定一家進太多 IBM 電腦的大型零售商店，譬如鳳凰城的 ComputerLand，然後打電話過去問他們我能不能從他們那邊拿一些庫存貨。對他們來說，這聽起來是個好主意，好到在多數情況下他們會同意以低於成本的價格把剩餘的庫存賣給我。我搭上西南航空（Southwest Airlines）的班機飛往鳳凰城，跟搬家公司 U-Haul 租下一台大貨車（信不信由你，在那個年代一個十八歲年輕人可以辦得到），然後開去 ComputerLand 遞張銀行本票給他們，把三、四十台電腦放進貨車載到供貨不足的店家，例如土桑（Tucson）的 Businessland，以每台電腦五十、七十或八

十美元等高於我支付的價格賣給他們。

結果是，我立刻獲得幾千塊美元的利潤。

看到這邊你可能會停下來心算。一個沒有販毒的十八歲孩子真的有五、六萬美元來一口氣買下這些新電腦？

答案是：對，沒錯。我的電腦升級業務經營得很好，所以有穩定的現金流量，而且我的電腦轉售業務一開始就獲利了。

沒過多久，我發現靠灰狗巴士（Greyhound）運送大型貨物非常便宜。所以如果我在德州境內的電腦店家之間進行套利，我可以把支票寄給聖安東尼奧電腦庫存太多的店家，請他們把電腦載到客運巴士站，放上灰狗巴士，然後我再自己去達拉斯或休士頓或奧斯汀取貨，運到需要額外貨物的店家。如果超過五台或十台電腦，我會找位好友來幫忙，「嘿，想不想和我一起去載貨？我會付你一點錢。」對方就會開他的車來幫我了。

這個暑假就這樣落幕。我沒有去聖馬科斯，但我真的賺了不少錢。

開學了。理論上，我是德州大學主修生物學的醫學預科生，正順利走在父母親希望我成為醫生的道路上。

但實際上卻有些不同。

一九八三年八月，第一學期開始之際，我在奧斯汀公寓裡經營著蒸蒸日上的生意。IBM 電腦經過改裝的銷售速度幾乎和我升級它們的速度一樣快，公寓裡堆滿電腦和電腦盒，以及周邊設備和器材：硬碟、磁碟機、記憶體晶片、主機板以及焊接棒。

我有位室友，大衛‧麥爾斯（David Myers）是我在梅爾蘭

社區的兒時玩伴。雙方父母結識已久，我們彼此也很喜歡對方，所以同住似乎是個好主意。這套公寓大概約十六・八坪，我和大衛擁有各自的臥室和浴室，共用一間小廚房和起居空間。我越來越多的電腦和零組件存貨不久就開始堆到客廳領域，起初大衛覺得沒差。

一開始我會去上課。坐在生物學或有機化學的課堂上，聽教授喋喋不休講課，安分寫筆記，但我大部分時候都凝視著窗外，想著何時才能回去做真正感興趣的的事情。我也沒參加什麼大學活動。德州大學的美式足球很出名，當然，這可是德州耶！每逢主場比賽都會在整個校園掀起一陣熱潮。我只看過一場比賽，上半場結束後就離開。我還有更重要的事情要忙。

我刊登的報紙廣告在奧斯汀附近瞭解電腦的使用者之間建立起口碑。醫生、律師以及建築師繼續雇用我幫他們升級電腦，我也與該地區幾所小型學院做生意。我記得喬治城（Georgetown）的西南大學（Southwestern University）跟我買了十幾台電腦，他們在市區以北約二十英里的地方，我親自送貨到那裡並安裝起來。

順便說件有趣的事，我沒有販賣任何電腦給任何學生，一個都沒有。德州大學學生對電腦一無所知，也根本不在乎，至少我認識的是如此。那個年代和現在非常不同。

奧斯汀是德州首都，我發現距離學校三個街區遠的地方有個德州政府發布採購公告的辦公室。假設公路局需要四台某種規格的電腦，公路局的人就會到這個州政府的採購辦公室發布招標資訊，而且招標是公開的。所以任何人（像我這樣）都可以走進辦

公室，然後說「我想看看以下各類設備的招標文件」，他們就會把這些文件拿給你。沒有電子化，全是一張張的實體文件。回到我的公寓，翻閱所有招標需求，扔掉與我專業無關的部分。檢查剩下的需求：他們不只需要升級的電腦，還需要記憶體、硬碟套件組以及 I/O 輸入輸出卡，這些都是提高電腦性能達到最佳化的物件。我計算了每台電腦可以賣出多少錢，贏得標案的同時還能賺取利潤。然後手寫標書，騎腳踏車回到州政府採購辦公室提交標書。

這類發包契約都不是超大案子，但我開始拿到這些標案，讓原本穩定的案源增加。我每月的總收入很快就達到五萬至八萬美元，聽起來或許很驚人，但我幾乎每一分錢都花在採購新電腦存貨。

後來消息傳回休士頓。誰知道怎麼傳的？不知道為什麼，消息通常都守不住。突然有人告訴我父母：「哇，麥克的生意蒸蒸日上，恭喜啊！」我父母當時的反應是，「什麼？他應該在上大學的！」

後來他們現身奧斯汀，猝不及防。雖然並非完全出其不意，但也相差不遠。一天下午，我公寓的電話響了，我接起來後聽到我母親的聲音。「我們在機場，剛剛降落。」她說。「我們要去看你。」

「太棒了！」我回。掛斷電話後，我開始拚命打掃我的房間。設法把所有東西都搬進我室友的浴缸，什麼盒子、零件、焊鐵棒。之所以沒有搬到我的浴缸是因為，要是我父母需要用到我

的浴室怎麼辦？

他們到了。我面帶微笑、親吻他們、邀他們進門。忽然覺得那個小小客廳擠滿了人。他們環顧四周，點點頭。我和他們走進我的臥室，他們環顧四周，又點點頭。

「你的書呢？」我父親問道。

糟了！

快點想個理由。「在圖書館，」我回答：「我在圖書館念書。」

我父親：「嗯。」

母親也：「嗯。」

然後我們出門到校園走走，當時大學校園很大又美麗（現在也是），一起吃頓晚餐，之後他們飛回休士頓，多少對親眼看到的情況大致滿意。危機解除。

我的課業受到影響，不過生意卻日益興隆。我依然到處飛行與採購，只是大多在週末進行，畢竟我至少該去上課。達拉斯、休士頓、聖安東尼奧、鳳凰城、土桑，我在西南航空累積了大量里程數。我繼續在奧斯汀附近銷售並安裝升級後的電腦。我有個由德州大學學生組成的小型團隊，包含我的室友大衛、大衛的朋友傑瑞米・李（Jeremy Lee），以及傑瑞米也叫大衛的弟弟，還有一個叫馬克・德沃斯（Mark DeWalsh）的傢伙，他高中時期就認識我哥史蒂芬，他們會幫忙我載貨並安裝。雖然剛開始他們幾乎沒有什麼電腦專業知識，但他們學得很快。我會付錢給他們，一切都相安無事。

直到後來情況改變，至少我和我室友的關係變了。大衛不介

意我借用過他的浴缸，但隨著我們小公寓的起居空間越來越像實驗室、工廠和倉庫，到處都是箱子和拆箱的電腦、顯示器、記憶卡和焊接棒，大衛開始越來越不爽。我們的互動變少了，我很少看到他笑。然後有天早上，我打開臥室房門準備去公寓的共用空間時，卻發現門打不開。等到我終於把門推開幾英寸，才發現問題所在：門被厚重的電腦紙箱擋住了。大衛趁我睡覺時把我堵在裡面。

訊息收到。

那年十一月，我搬去校區邊緣的杜比宿舍。杜比是一棟二十七層高的大樓，我運氣好被分配到位於頂樓的寢室，杜比二七一三室可以看到奧斯汀西部山丘美景。而且非常幸運，我的室友是美國奧運自行車隊的選手，他每天都在山上訓練一整天，這個房間根本只是用來睡覺。每日晚上訓練結束，他回來就疲憊地倒在床上；每天早上我還沒起床他就不見了。坦白說，我不記得他的名字，但我永遠感謝他，因為他是完美的室友。

幸好他經常不在宿舍。我堆在小宿舍裡的存貨很快就跟公寓一樣多，只是宿舍空間更小。可憐的優比速送貨員，我知道他快被我逼瘋了。他必須用他的小推車把所有沉重的電腦和展示箱一路運到二十七樓，與同棟大樓的住宿學生共用一部電梯，幾乎每層樓都會停，而且他必須經常跑好幾趟。此外，因為我把錢管得很緊，全部訂購的器材設備都是選擇貨到付款，所以送貨員必須跟我收款。我口袋裡經常塞著一大疊二十塊、五十塊或一百塊的鈔票走來走去，幸好沒遇上搶劫！

不過，住在杜比宿舍頂樓對我來說之所以很棒，不只是因為

視野佳。這棟大樓的頂樓也是 ABC、CBS 以及 NBC 等廣播電視公司在奧斯汀地方台的轉播站，那時候還沒有有線電視，大樓屋頂上設有一整排巨大的衛星訊號接收器。碰巧電視台的中控室就在我的宿舍隔壁，我經常看到技術人員進進出出，有時候門開著，可以瞥見裡面這些有趣的器材設備。有趣的電子器材設備基本上是我在這世上最喜歡的東西，所以天生的好奇心被激發了，我開始向這些電視台人員詢問很多問題。如同大多數人，他們喜歡有人問到他們的工作，所以我們馬上處得非常融洽，關係好到我可以說服他們給我達拉斯和休士頓頻道的有線電視訊號。

為什麼是休士頓與達拉斯？德州大學學生大部分來自德州，而且多數人來自德州這兩大城。而且他們和我一樣（當然是在網路問世的很久以前），都渴望得知家鄉的新聞。

他們有需求，而我有辦法。

我只需要鑽幾個小洞，就能在杜比住宿中心的頂樓兩層鋪設電纜架設網路，讓任何有電視機的人都可以收看達拉斯和休士頓頻道。但故事還沒完。我偶爾會在週五或週六去百視達租片電影，譬如《動物屋》（*Animal House*），然後向二十六樓和二十七樓的人宣布，晚上八點會有一場《動物屋》電影放映。等到八點鐘的時候，我再把錄影帶放進我的錄影機，然後，賓果，KDEL 的電影之夜。

當然，這只是個玩笑。沒有什麼電台呼號。我的有線廣播電視完全純屬娛樂，沒人需要為此花一毛錢，但是大樓管理人員發現這件事後並不覺得好笑。「你不能這樣做，」他們說，「你必須

停止這一切。」

我覺得沒差，反正我還有更多更重要的事情要忙。

我父母聽聞越來越多關於我生意經營地非常成功的事情，而他們並不喜歡這個消息。這回他們再來奧斯汀，場面不太愉快。感恩節剛過，他們就告訴我要來這裡住幾天，已經訂好凱悅飯店（Hyatt Regency）的房間。有天晚上用餐前，我和他們在飯店碰面，一進房門就看到他們倆臉色鐵青。

「麥克，」父親說，「你來這裡是上課還是做生意？電腦生意啊？」他的口吻有點討厭。

「嗯，我想，兩者都有吧。」我回道。講得有點心虛。

我看得出來母親快要哭了，沒有兒子願意看到這種畫面。父親搖了搖頭。「麥克，」他說，「麥克，你做事要分輕重緩急。頭腦得清醒點。電腦這玩意兒，」他猶豫了一下，「對你來說，這個可能是不錯的愛好，但重點是你的人生，麥克，你的人生啊。」

我盯著地板，內心感到既慚愧又驕傲、既順從又叛逆。我不知道該對他們說什麼。

「麥克，你的人生想做什麼？」父親問道。「我想和IBM競爭！」我說。我只是半開玩笑地講，但父親不覺得好笑。

「你來這裡只有一件事，」他說，「那就是得到你需要的教育，讓你走上正確的人生道路。」

我嘀咕著，不確定他說的那條道路對我來說是否正確。

然後我看向母親。

她的眼淚已經流下來了，將雙手擺在洋裝領口上。「麥克……」她開始說，然後又叫了一次我的名字：「麥克。」

她做的手勢不只是一個手勢，實際上看起來像是要扯破自己衣服，這是古代猶太人表達喪親之痛的方式。就在那裡，奧斯汀凱悅飯店的某個房間，她把五千年來猶太人的罪孽壓在我的頭上。她告訴我，如果我繼續走我的路，對她來說我等於是死了。噢！

想當然，我妥協了。

我哭了，我父母親也在哭。等到我終於能夠稍微鎮定下來時，我擤了擤鼻子，看著他們說：「好。」

他們盯著我。父母倆都這樣盯著你看，那種威力相當強大。「好，」我再說一遍，「沒有電腦。只有學校，只有學校，我保證。」

我確實是這麼想的，但我只感覺到痛苦。

* * *

接下來的十天，我突然戒掉習慣。真的完全沒碰電腦。沒有升級記憶體，沒有安裝硬碟，沒有到處飛行與採購。沒有《Byte月刊》或《電腦雜誌》。我去上課，盡全力專心聽講，寫寫筆記。

面對我的科技癮，我想把注意力轉移到我的另一項熱情即高階音響設備上，可能會有幫助。我喜歡聽搖滾樂，譬如滾石樂團、門戶樂團（The Doors）、吉米・罕醉克斯（Jimi Hendrix）、皇后樂團、羅西音樂（Roxy Music），而且喜歡大聲聽音樂。在

即將步入 CD 時代的那段日子，音響發燒友仍對 Thorens 黑膠唱盤、Harman Kardon 收音機、Klipsch 揚聲器趨之若鶩。我在課餘時間經常光顧奧斯汀的高階音響發燒友商店，希望那些音響器材的精美外觀與氣味能緩解我對記憶卡、主機板和 BIOS 晶片的渴望。至於我投入電腦產業獲得的快感，就更別提了。

沒用。

事實上，那十天強烈渴望對我真正的影響是讓我認真地關注內心想法。我發現，無論未來當哪科醫生都對我毫無吸引力。但以電腦為主的職業生涯不僅對我充滿吸引力，而且令人十分振奮。

於是我想出了一個很有十八歲年輕人風格的計謀：回歸我的電腦生意，瞞著父母進行。太聰明了，對吧？而且那時候是聖誕假期前夕，我可以重新開始，不必擔心上課問題。

但我很清楚，位於二十七樓的小寢室對於存放貨物而言嚴重不足。如果我打算回頭全力以赴地做這件事，我會需要比杜比頂樓寢室更大的空間。由於銀行戶頭還有很多營運周轉資金，因此我決定再另尋一處自己的地方。

一月初，我搬到了校區以北幾個街口外的複合式公寓，杜瓦爾街三二〇〇號（3200 Duval Street）。這裡是該地段最美的建築物，有一個封閉式地下停車庫可供我停放寶馬，而且我拿到其中最好的物件之一，是位在三樓的兩房公寓。我特別挑選頂樓，因為頂樓公寓有雙層挑高的天花板，非常適合囤放貨物。很快地，這裡增加了很多新的存貨。

到了第二學期開學，我重新開始做生意：升級電腦、到處飛

行與採購、轉售。我決定，如果我真的打算當成企業來經營，我必須表現得像企業，所以我研究如何建立適當的商業化名（DBA），然後繳交文件成為獨資經營，以 PC's Limited 名稱進行商業往來。這個不是什麼天才名稱，但我的升級電腦基本上似乎都能自我推銷，所以譁眾取寵的行銷是我最不需要擔心的事。

我父母親那邊又是另一回事了。

到一九八四年二月底，我花在課業上的時間比第一學期還少，顯然向他們坦白的那一天即將到來。但就在那時，我發現德州大學校規手冊裡有項非常有用的特殊條款，也就是可以先休學一學期，之後重新註冊也不會受到學業懲罰。這件事絕對可以告訴我父母，只要我找到機會提起這個話題。

在此期間，我和一群小幫手們在奧斯汀四處穿梭，進行電腦安裝。週末我繼續在德州和亞利桑那州兩地飛來飛去，購買電腦回來再賣出去。收入不斷增加，我的經常性開支也很低。我的公寓就在房東太太的隔壁，她叫莉芭·陶布（Liba Taub）。即使她瞥見我的挑高公寓裡，全部電腦箱子都堆到十八英尺高的天花板上，她似乎也不擔心。因為我是不錯的年輕人，都有按時付房租，也沒有狂開派對。

那年春假，我和父母還有亞當一起去英國探望史蒂芬。我哥哥是三兄弟中最聰明的，用三年半的時間念完大學，進入貝勒醫學院（Baylor Medical School），所以他有六個月的假期，決定在倫敦當酒保。

這是我第一次出國，我們造訪了所有旅遊景點：倫敦塔、溫莎城堡、國會大廈。我也安排了自己的短程旅行，去看看英國真正吸引我的地方。首先，當時差不多是音訊 CD 向大眾推出的時候，不知道為什麼這項技術在英國發展得比美國快。你可以走進 HMV 音樂商店，買到很多很多的 CD 光碟唱片。我難以忘記這種音質多麼清晰優美，迫不及待想用我為新公寓買下的 Klipsch 大型揚聲器來收聽。

　　但另一件讓我印象深刻的事則是當地有大量電腦商店，而且就像在美國一樣，在這些店裡工作的人根本不瞭解電腦。在英國（如同美國），這些商店以相當於三千美元或更高的價格出售用價值六、七百美元零件組裝的電腦，而銷售人員對於這些電腦的運作原理幾乎一無所知。這些商店也沒有提供什麼售後服務和支援，顧客和零售商也似乎毫不在意。人人都想要電腦，價格漫天亂喊。

　　母親就是在這次旅行突然開始一直覺得疲憊不堪。等到我們返家後，她去看醫生，令我們擔憂的診斷結果很快就出來，她罹患了非何杰金氏淋巴瘤。但位於休士頓的安德森癌症中心專家們滿懷信心，我們也是。我們都知道母親是堅強的鬥士。

　　我們回到德州後，我把這個消息告訴父母。我鼓足勇氣跟他們道出實情：我不僅在經營一家每月總收入持續超過五萬美元的公司，而且我相信我可以讓公司擴大發展。還有更多好消息，我告訴他們，我可以在不受任何學業懲罰的情況下離開德州大學，未來如果想要的話也可以重新入學。我鄭重向他們承諾，如果我的商業冒險失敗就會回到學校念書。

我不會假裝他們很激動，他們更多的反應是皺眉搖頭，但最後勉強同意了。我和父母的關係需要幾年時間才會癒合，不過他們是講道裡的人，懂得底線在哪。他們明白我的選擇邏輯，即使他們不希望如此。悲哀的事實是，母親可能累到不想與我爭辯了。

　　幾週後我接到凱利·蓋斯特（Kelley Guest）的電話。凱利是鎮上一家律師事務所的合夥人，他從我這裡買了幾套硬碟升級工具組給自己和他辦公室裡的其他人。「我一直在想，你該開公司了。」他說。

　　我問：「怎麼說？」

　　凱利告訴我，如果我的生意按照現況繼續發展，也許很快就能聘請全職員工來幫忙。他說，提供醫療保險等附加福利是吸引優秀人才的最可靠方式，而擁有一間公司能讓我設立醫療和其他員工福利。他還說，擴大經營的公司可享有一些不適用於獨資經營者的稅收優惠。他告訴我，他可以輕而易舉完成那些文書申請工作。

　　「聽起來不錯，」我說，「那我要花多少錢？」

　　「嗯，我需要再來一套升級工具組。」凱利說。「我們何不做個交易？我幫你註冊公司，你幫我安裝硬碟，就這麼說定了。」

　　聽起來不錯。於是我安裝升級套件，凱利擬定註冊公司的文件。但後來他回電給我，說：「麥克，出了一個小問題。我們不能用『PC's Limited』這個名字設立公司，因為這個名字太普通

了。所以我將名稱改成『戴爾電腦公司』（Dell Computer Corporation），你還是可以用『PC's Limited』做生意。」

「好，沒問題。」我說。

「還有一件事，」凱利說，「如果你想在德州設立公司，必須支付一千美元。」

你也許會認為，如果每個月總收入有六萬或七萬美元，那麼區區一千美元對我來說應該是微不足道。但事實並非如此。我每個月不僅要付公寓租金，而且如往常一樣，幾乎所有收入都要再拿出來，主要用於購買新的存貨。我當時靠相當微薄的收入過活。

「我得再去賣點東西，」我告訴他，「過幾天再來找你。」

我把東西賣一賣。一九八四年五月三日，我的一人經營小公司正式成為「戴爾電腦公司」，商業化名為「PC's Limited」。還有兩週就要期末考。我去應考並低空飛過，然後便永遠離開學校。

我覺得，一間真正的企業應該擁有一間真正的辦公室。公司設立後不久，我簽下一份租約，在奧斯汀市中心以北幾英里的辦公建築租下一千平方英尺的空間，北拉馬爾大道七八〇一號（7801 North Lamar）F11 單位。不久後，我雇用了第一位員工。

泰瑞・霍斯泰勒（Terry Hostetler）是當地一家名為「軟體天地」（The Software Place）商店的經理。我們是在我賣給店家一台簡報電腦（demonstrator computer）時結識的，兩人一拍即合。我們都對個人電腦革命非常興奮，我們的興趣也有點吻合：泰瑞對軟體非常瞭解，而我更喜歡硬體。他很聰明，也很成

熟。他二十三歲，我十九歲，而且他已婚，在我看來是非常成熟的大人。而且我們喜歡談論科技，暢談不休，我們甚至還有相似的幽默感。我覺得自己找到了朋友。

有天我們一起外出午餐，然後開著我的 BMW 在奧斯汀附近繞繞，聊聊我們的希望與夢想。我告訴泰瑞，我的其中一個想法是購買 ComputerLand 或 Businessland 的經銷權，利用它做更大的生意。在探索城鎮的過程中，我在一間名為電腦加值（CompuAdd）的店家待了一段時間，這間店賣的是電腦零件而非電腦，然後我遇到老闆，他叫做比爾・海登（Bill Hayden）。海登告訴我，多虧奧斯汀的科技繁榮，讓他真的賺到不少錢。我猜他大概只是想讓某位毛頭小子對自己印象深刻，但我在評估他的規模時，我認為我可以做到他目前所做的一切，甚至更多。

十九歲的我是不是有點自以為是？沒錯，我是。我想，要做任何重要的事情都必須這樣。你現在應該已經意識到我是個競爭心很強的人，我認為我擁有各式各樣的想法，包含比爾・海登甚至想像不到的想法。

我的想法之一只是擴大我已經在做的部分：刊登廣告，透過電話接受記憶體套件、硬碟套件、升級電腦的訂單。我一直在尋找價格最低的電腦零件，我覺得我可以幫消費者免去貨比三家的麻煩，把省下來的錢回饋給他們，同時還有盈利。而且我的升級版電腦包含這些零組件，比消費者在零售店裡能找到的 IBM 電腦或康柏電腦（Compaq）更好也更實惠。更不用說我和零售店不同的地方了，我願意提供可靠（且免費）的技術支援。

到目前為止，我只在奧斯汀刊登廣告，但有幾個人幫我接電

話，我想我可以開始刊登全國版廣告了。比方刊登在《電腦週報》（PC Week）和《電腦買物王》（Computer Shopper），這兩份刊物的前置時間夠短，我可以維持價格控制。任何地方的消費者都可以來電，告訴我們他們想要哪種記憶體或硬碟套件，或者，如果他們想訂購升級版電腦，告訴我們他們的電腦需要多少空間的記憶體、硬碟尺寸、多快的處理器速度。只要他們提供一組信用卡號碼，我們就會寄出套件，或者約莫一個小時內幫他們組裝客製電腦，並於當天出貨。聽起來很簡單，但沒人這麼做。

泰瑞仔細聆聽我說的每一件事。他告訴我，他也夢想過在奧斯汀創辦自己的科技公司，覺得我說的這些聽起來很酷。

「為什麼不來和我工作？」我說。

他沒有猶豫，回道：「好。」

只有我和泰瑞的時間並沒有太久。我們馬上招聘了技術人員與銷售人員，一開始有幾名，後來又多了幾個人。我們約二十九坪的小辦公室分成四個區塊：前面是小型展示區，地方買家可以在這裡購買配套元件或升級版電腦；後面是泰瑞和我的辦公室。然後是一個放置四張長桌的空間，我們的技術人員坐在其中兩張桌子旁，手邊有晶片、顯卡、主機板、光碟以及焊接棒；我們的銷售人員坐在另外兩張桌子旁接聽來電，把訂單寫在三聯單上。最後面是存放電腦和零件的儲藏室。

訂單很多。外州訂單是透過我很自豪想出來的電話號碼而來：1-800-426-5150／1-800-IBM-5150。5150 是 IBM 的基本款

電腦，不過我們也會升級康柏電腦。準備好幾個套件和電腦後，我們會進行裝箱，然後拿去優比速，在五點關門前趕到那裡。

隨著業務持續增加，我們也不停徵人，大約每週都會來一位新的銷售代表或技術人員。這個小空間很快變得非常混亂，所以當隔壁空出一個更大的辦公室 F1 單位時，我們把它搶了過來。新地點有許多辦公隔間座位可供我們銷售人員和技術人員使用，還有一間更大的辦公室留給我和泰瑞，馬上感覺一切都變得井然有序。

呃，算是吧。我們的訂單輸入系統是由三條掛在隔間座位之間的曬衣繩組成，三聯單的黃色表單別在上頭。最上面一條放需要填寫的訂單，中間一條放等待零件交付的訂單，最下面一條放因為各種原因（有時零件缺貨）不知道怎麼填寫的訂單。我們的會計系統就是一大疊三聯單和信用卡收據。

泰瑞和我都各自身兼多個職位。他是我們的常駐軟體專家，也是辦公室經理兼記帳。我負責尋找品質最好、成本最低的供應商，幫助接聽技術支援電話，時不時參與技術人員的升級工作。整個春夏兩季，隨著業務持續成長，我們不斷徵人，辦公室從早到晚都忙得團團轉、吵得鬧哄哄。我們是一群搞電腦的雜牌海盜軍，有時工作繁忙程度可能重到令人氣餒。我們在泰瑞辦公室門外的盒子裡放了幾支泡棉球棒，每當事情多到快瘋掉，我和他就會拿來互毆彼此，宣洩一下情緒。

工作過程很有趣，很緊張，讓人筋疲力竭，我為我的這支小部隊感到驕傲。但我是他們的老闆，我才十九歲，我做生意的經

驗和他們不同。我現在能明白那是我在那個年紀還無法理解的事。那年秋天的某個星期四，泰瑞說他要出去吃午餐。「好，」我回，「待會見。」

午餐時間結束，泰瑞沒有回來。似乎不太對勁。最後我打電話到他家裡。「我感覺不太好，」他告訴我，「我今天打算休息一下。」

「好吧，」我說，「明天早上見。」

但他到了隔天早上和下午都沒有出現，週六我去看他。他似乎真的不太開心，久久不發一語。過了好一陣子才看著我。「我實在撐不住了，麥克。」他說，「壓力太大，我真的再也做不下去了。」

「什麼意思？」我說，「你不能離開我，我對會計和軟體一竅不通。」

我現在才明白，這是世界上最不貼心的反應。

泰瑞搖搖頭。「我真的做不下去了。」他又說了一遍。「對我來說真的壓力太大了。」

我試著勸他改變心意，但他不為所動。我回到辦公室，翻看他辦公桌上一堆文件，試圖搞清楚它們。記帳對我來說是一門外語。有生以來第一次，我完全不知道該怎麼辦。只有我一個人，我很害怕。

第五章

迪納利先生

　　二〇一三年那個超級盃週末對我來說超級難忘，但我從未看過超級盃比賽。

　　一月三十日，星期三，我和蘇珊在我們位於奧斯汀的基金會辦公室宣布，麥克與蘇珊戴爾基金會（Michael and Susan Dell Foundation, MSDF）將向德州大學新設的醫學院捐贈五千萬美元。這是個令人歡欣鼓舞的場合，我們的龍鳳胎查克與茱麗葉以及德州大學系統總校長和德州大學奧斯汀校區校長都在場。但我不得不跳過接下來的招待會，儀式一結束便匆匆跳上車直奔機場，在那裡與我們的財務長布萊恩・格萊登、會計長湯姆・施威特、法務長杜建善以及我們的另一位律師珍妮特・賴特（Janet Wright）會合，然後飛往紐約。接下來的四天半內，我幾乎醒著的時候都在和特別委員會針對私有化最後條款進行馬拉松式協商，這就是我所謂的談判超級盃。

　　這件事已經拖了好幾個月，我和伊根・杜爾班都努力在最後關頭完成任務。關於戴爾的謠言越來越多，消費者也非常憂

心。例如，聯合技術公司（United Technologies）原本準備給我們一份大合約，但由於戴爾公司現況完全不明朗，他們開始打退堂鼓。此時我們只能說：「我們不對謠言和臆測發表任何評論。」我一直試圖說服亞歷克斯‧曼德爾推動委員會的工作，告訴他我們的大客戶們有多不高興，但亞歷克斯一如以往的冷靜與強硬，拒絕被催促。他和我對於怎樣做對股東最好有自己的看法，但我們的看法並不一致。

協商對話於週四一大早在德普律師事務所的曼哈頓辦公室展開，而且剛開始就很激烈。儘管銀湖和我都清楚表明，我們有足夠的資金來支付我們認為對公司非常公平的價格，我同意以每股十三‧三六美元收購我的兩億七千九百萬股，而銀湖為股東提供每股十三‧六〇美元的價格，但委員會成員沒有被打動。他們對於我們提案的每個細節都提出質疑，分析每一段話，只要有任何機會可以給股東更好的價格，他們就會堅決爭取。他們不但想出去尋找其他收購方（這個過程的術語叫做「尋購」〔go-shop〕），而且還準備提出一項特別方案：戴爾公司將考慮支付任何符合資格的收購方在對我們進行盡職調查時所產生的所有費用，最高可達兩千五百萬美元。這是非常不尋常的想法，不誇張地說，真是見鬼了，根本是敞開大門歡迎大家來。再次強調，我們談的並不是一般的收購案。

每天早上，伊根和我都會先在位於五十七街的四季酒店大廳碰面，再走到五十六街與第三大道交叉口的德普律師事務所辦公室準備迎戰辯論。還有一連串尚未解決的議題，而且同時亞歷克斯也在問：「最後銀行貸款承諾是什麼？預期的資本結構為何？

那微軟呢？」

　　特別委員會不是我們唯一要應付的對象。我們還在制訂我們銀行貸款和微軟二十億美元借款的償還條款，微軟的慷慨也有條件：他們不滿中國有那麼多人下載盜版的 Windows 作業系統，所以希望我們在中國銷售的電腦強制提高 Windows 作業系統的搭售率（attach rate）。我們也希望如此，盜版軟體往往會讓我們電腦出狀況。但我們也想定下一個可實現的目標。

　　這一切都表明，我們律師團和財務人員與特別委員會的律師團和財務人員（德普律師事務所和摩根大通集團，加上委員會聘請擔任第二財務顧問的投資銀行 Evercore）之間，有許多談判正在同時進行。每次收購協議有任何調整，我們都必須得到銀行批准，然後簽署銀行文件，這樣委員會才能看到並批准這些簽名。快遞員忙到不可開交。大批電子郵件湧入信箱，我經常忙到凌晨三、四點。為了保密，每份文件裡提到的關鍵對象都有個代號：戴爾公司是魚鷹（Osprey）、銀湖是蠑螈（Salamander）、微軟是馬特宏峰（Matterhorn）。我則是迪納利先生（Mr. Denali）。這種做法在保密協商中很常見，名字的開頭字母通常與你所談論的實體或人物的名字相同，但我到那年夏天才第一次得知這種做法。當時我們團隊中有人開始談到迪納利。「迪納利是什麼？」我問。那人回答：「喔，就是你。」

　　整個週四、週五和週六，協議雙方人馬坐在德普事務所的那個會議室裡，談了又談。有時我們會在某項協議條款陷入僵局，然後伊根和我就會出去，到中央公園散步很久，釐清我們思緒後再回到談判桌上。二月二日週六晚上，我真的需要休息，於

是我帶著當時住在紐約的女兒亞歷珊去麥迪遜花園廣場看了一場尼克隊（Knicks）的籃球賽。

我花大錢買下場邊第一排座位，觀賞視野極佳，但不管怎麼努力，我還是無法把注意力擺在比賽上。我的大腦處於高速運轉狀態，實在無法停止思考那些談判內容，同時又得努力裝出若無其事的樣子。我記得當時腦中浮現一個荒謬的念頭：「我在這裡看起來像是在享受比賽，沒有其他心事掛慮，別人也許會以為傳聞是假的。」但說比做容易！無論我是坐在球場的折疊椅上，或是中場休息去小吃攤，我都覺得自己彷彿置身於利益攸關者的衝撞區（mosh pit）之中。史派克‧李（Spike Lee）坐在旁邊，他是一間大型私募股權公司的負責人。這傢伙看到我，挑著眉說：「真有意思的消息！」我當然知道他在說什麼。而且想當然我也什麼都不能說，只能回他：「是啊，這場比賽怎麼樣？」

後來回到飯店，那天晚上我輾轉難眠。我原先以為協商最晚週日就會結束，但一切仍懸而未定。我們到了一個事情若沒有短時間解決就不會發生的地步。

凌晨一點，我的手機嗶了一聲，收到一封電子郵件，是微軟說他們已經同意我們的提案，將繼續提供借款。這是個好消息，但我們還需要多來幾個好消息。凌晨兩點，我的手機又發出提示音，是銀湖寄來的草稿信，內容大致說明其董事會的兩項選擇：如果我們繼續支付股息到交易完成，收購價格為每股十三‧六〇美元；如果我們停止支付股息，收購價格為每股十三‧七五美元。信上表示，這是銀湖最好也是最後開價，不需要進一步協商。翌日早上，在這個超級盃星期天，伊根和我把提案

交給特別委員會，那天下午他們召開了會議來評估內容。他們回來後告訴我們，他們對於任何中止股息發放的方案都不感興趣，也不滿意每股十三・六〇美元的價格。亞歷克斯告訴伊根，他必須抬高價格；伊根回覆亞歷克斯，銀湖不願意提高。雙方正式陷入僵局。

不過我們並沒有。伊根和我都覺得事情還沒完，儘管銀湖祭出「最好也是最後開價」的最後通牒，但伊根與他的團隊可以想辦法在他們的開價基礎上再多加幾分錢。與此同時，我必須回到奧斯汀，因為我有幾個重要的客戶會議安排在四日週一，而且伊根自己也有重要業務得回去加州。我們都覺得可以透過電話進行進一步談判。

在返家的飛機上，我收到了我們高級銷售主管寄來的電子郵件，帶來更多的壞消息：法國保險公司安盛集團（AXA）對於所有謠言和臆測深表擔憂，因為這種不確定性，剛才取消了與我們的一筆一億五千萬美元的交易。這位主管還說，其他客戶將暫停向我們採購，直到有什麼消息宣布為止。然而當時，他也只能告訴他們：「我們對於謠言和臆測不予置評。」

壓力不只來自外界。由於我們的財年從二月初開始，每年那段期間都會有一場大型的銷售啟動會議，我們稱之為 FRS 或現場準備研討會（Field Readiness Seminar），這個名字是我們一九八〇年代想出來的，基於某些原因一直沿用至今。在那場會議中，我們世界各地的數千名銷售人員都會聚在一起接受關於戴爾新產品、解決方案和服務的培訓。我必須於五號星期二飛去拉斯維加斯向眾人演講，他們每個人都想知道公司到底發生什麼

事，而我最不想告訴他們的就是：「無可奉告。」

我把一切告訴亞歷克斯。我說，我們與客戶疏遠，我們丟失大筆交易，我需要能夠讓我們銷售人員安心。我問，我們能不能最晚在星期二早上搞定這件事？

但一如往常，亞歷克斯拒絕被催促。「股息沒有商量的餘地，」他告訴我，「而且收購價格太低了。」

所以我們回去工作。美國人在觀賞盛大賽事的時候，伊根和我以及其他幾位代表在超級盃星期天花很多時間，努力思考我們怎樣才能提高開價。在那天深夜我們仍在商議，錯過了比賽，巴爾的摩烏鴉隊（Ravens）以三十四比三十一打敗了舊金山四九人隊（the 49ers）。

身為買家，我和銀湖自然希望盡量支付較少的費用收購公司，但我們也希望這筆交易能夠順利完成。銀湖預計（價格是他們定的，不是我）在我們原先的開價再加五美分，我們多支付的成本為五美分乘以十七億九千股，即九千萬美元。這在董事會看來會有很大的不同，而對我們來說，如果我們判斷正確，公司私有化將隨著時間帶動市價大幅成長，那麼並不會有什麼太大差別。如果我們判斷錯誤，而且轉型失敗（何況我們不認為會失敗），我們損失的就不會只有九千萬美元。

因此星期一清早，銀湖和我同意每股開價增加五美分，來到十三・六五美元，並同意公司繼續定期支付每季股息。伊根告訴亞歷克斯，這次絕對是他能出的最高價，上午十點左右，杜建善寄來一封電子郵件，表示亞歷克斯和傑夫・羅森（Jeff Rosen，德普事務所的一名重要律師）會好好討論之後再打給伊根。

職業美式足球聯盟（NFL）年度冠軍賽，也就是超級盃已經落幕，但我們的超級盃談判比到延長賽，而且是第四次進攻，只要再推進幾英寸就好了。

四日星期一從早到晚，特別委員會與波士頓諮詢公司、德普律師事務所、摩根大通集團、投資銀行 Evercore 進行了協商。晚上十點，亞歷克斯與委員會連同戴爾公司董事會和德普律師事務所召開電話會議（我沒有參加），亞歷克斯代表特別委員會，建議董事會接受我們的出價提案。董事會一致同意。十點四十五分，我們收到董事會正式批准交易的消息。電話會議結束後，我們和特別委員會雙方的律師團隊連夜趕工，敲定交易文件，並於二月五日星期二上午正式生效：我們的計畫是私有化，由銀湖擔任我的合作夥伴，以每股十三‧六五美元的價格進行兩百四十四億美元的槓桿收購。

我們以為這個過程已經結束，但事實上這才只是剛開始。

外界反應來得快又劇烈。當然，所有你想得到的媒體都在報導這件事。《華爾街日報》表示，這項潛在收購案將是二〇〇八年金融危機以來最大規模的收購案，但稱此舉具「冒險性」，實際上是我「承認」自己「沒有能力在華爾街的注目下完成改善（我的）公司營收與利潤所需的改變」。文章寫道，我是「一個……越來越擔心自己遺產的人」。不具名消息來源告訴《華爾街日報》，「戴爾先生自二〇〇七年重掌執行長職位以來」已經多年「沒有展現出他的熱情」。

好吧，媒體只是做他們該做的事，但事實是我對公司的未來

感到非常期待，即使批評者的說法背後有些事實線索，而且市場不喜歡這間公司創造出讓我抓住的機會。謝謝你，市場！我很感激你們對公司的定價錯誤！否則無論市場是對是錯，我都不可能把公司買回來。

這是一件苦樂參半的事。

我對公司的前景比以往抱持更多熱情。我心想，他們到底在跟誰說話？

《紐約時報》（*The New York Times*）讚許這筆交易是「一個大膽之舉」，但接著又稱它為「一場豪賭，讓戴爾公司肩負十五億美元的新債務，而且完全無法扭轉重塑科技產業和削弱公司生意的趨勢。」

真是有趣的觀點，因為我一直試圖告訴每個願意聆聽的人，戴爾根本不需要扭轉重塑科技產業的趨勢，而是正在駕馭和控制這些趨勢……

無所謂。反正每個人似乎都別有居心。

CNN 報導：「批評人士說麥克・戴爾稱不上什麼創新者，他永遠無法把戴爾變成下一個蘋果或三星。」

這些年來媒體替我冠上許多稱號：叛逆鬼才、神童、天才、白癡等等。對於辱罵，我已經練就一身厚臉皮功夫，大多數批評都不會困擾我太久，部分原因是我知道媒體對製造爭端日益感興趣，而不是呈現客觀事實。我發現大部分事情都會被誇大描述，無論是正面或負面的報導，而真相總是更趨近於中性。

有趣的是，我從來沒有想過把戴爾變成下一個蘋果或三星。我真正想做的是把今日的戴爾變成明日的戴爾，而我們已經有了

一個很好的開始。

但顯然我們的進步對於當時的最大競爭對手惠普（HP）構成了足夠的威脅，以至於他們覺得有必要散播一些過時的 FUD 情緒。消息宣布後的幾個小時內，他們發布了一份聽起來很可怕的聲明：「戴爾的前途非常坎坷。該公司將面臨長時間的不確定性和過渡，這不利於客戶。由於背負沉重的債務，戴爾投資新產品與服務的能力將極其受限，槓桿收購往往會讓現有客戶與創新止步不前。我們相信戴爾的客戶現在會急於找尋替代方案，惠普打算充分利用此次機會。」

換句話說就是：他們完蛋了，還是來跟我們買吧！

門都沒有，除非這件事與我無關。

但反彈才剛剛開始。二月八日星期五，東南資產管理公司也加入戰局，寫了一封措辭激烈的長篇信給戴爾股東，下方署名梅森‧霍金斯（O. Mason Hawkins），東南資產公司的執行長。這封受到媒體廣泛引用的信函聲稱，這個收購出價「完全不夠」，說它「顯然是投機取巧的出價，以遠低於戴爾內在價值的估價將公司私有化，剝奪公眾股東參與公司未來大量價值創造的能力。」那麼梅森‧霍金斯理想的適當估價是多少？

不是每股十三‧七五、十三‧八五或十四美元，也不是十五、十六甚至二十美元。都不是，東南資產的管理層認為，戴爾的正確報價應該為每股二十三‧七二美元，公司市值超過四百二十億美元。

東南資產是怎麼計算出這個數字的？霍金斯在信中詳細地解釋了。他對我們電腦業務的估值為每股二‧七八美元，其他產品

系列合計每股十三・三六美元。他計算出，我們自二〇〇七年以來在收購方面花費了一百三十七億美元，折合每股七・五八美元。全部加總起來為二十三・七二美元。

但這個二十三・七二美元的數字還有另一層涵義，它恰好呼應了我二〇〇七年重新接掌執行長那天的股價（在重大金融危機爆發以前）。東南資產試圖洗腦股東，讓他們認為實際上是我把公司搞垮了。

霍金斯沒有主張要將我趕下執行長的位置，但他威脅要利用東南資產持有的百分之八・五戴爾股份（僅次於我持有的百分之十五・七股份）來煽動股東譁變，反對這項交易。他在信中抱怨，東南資產已經花了約二十二億八千萬美元累積一億四千萬股戴爾股票，如果公司以每股十三・六五美元的價格售出，其持有的戴爾股票將損失將近二億七千萬美元。

我不氣霍金斯，也能理解他的想法，他只是想幫自家投資獲取最佳結果。

不過結果很奇怪。你可能會認為，如果東南資產受到廣泛宣傳的致股東信完全具有說服力，戴爾股票應該會立即飆升至每股二十多塊，消除私有化的必要性。但這種情況並沒有發生。事實上，這封信發布的那個星期五，戴爾股價僅上漲了十美分，從十三・五三美元漲到十三・六三美元。而且，信中沒有提到我們股票未受影響的價格，即一月中旬所有傳聞爆發前的股價水準，比這個價格還低了三美元左右。我們提出的交易給予股東一些計畫的潛在利益，而且無需承擔任何風險。所以與其拿到每股十塊多的價格，不如拿每股十三・六五美元的價格，如果股東們不願

意，他們大可投票反對交易，然後眼看股價可能跌回每股十塊略多一點的價格。該怎麼選擇似乎清楚明瞭，但不滿的人通常看不透局勢，我們最大股東的不滿情緒已經為各種麻煩敞開大門。

麻煩立刻就出現了。東南資產發布公開信的第二天，《巴倫週刊》刊登了一篇題為「戴爾私有化交易可能夭折」（The Dell Deal May Die）的文章。文章開頭寫道：「麥克・戴爾預計將他同名公司私有化的交易原本在華爾街幾乎已經是木已成舟的事情，但現在股東的抵制很有可能使這筆交易流局。」該文章接著說，東南資產的反對可能會喚醒戴爾的股東，堅稱他們當中有許多人對我預計支付的所謂低廉收購價格感到不滿。

《巴倫週刊》的邏輯是：每股十三・六五美元相當於只有我們二〇一三年預測每股利潤一・六七美元的八倍；如果扣掉我們五十億美元的淨現金（折合每股三美元），則只有利潤的六倍。該文章繼續寫道：「鑑於戴爾在一月份剛結束的財年中每股盈利一・七一美元，這個報價太便宜。從來沒有一家大公司以如此低廉的價格私有化，大多數槓桿收購都是以戴爾私有化交易估值的兩倍完成。」

但如果這筆交易真的那麼便宜，為什麼市場沒有表現出任何差別？

該文作者接著引用我前一年六月在年度分析師會議上做出的樂觀預測：我曾說，我們目標是在二〇一五財年實現七百四十億美元的營收和六十億美元的營業利潤，而龐大收益將主要由我們快速成長的軟體和服務業務來推動。文中援引一位投資經理的

話：「對照先前說法，戴爾董事會竟認為這種報價合理，真是諷刺。」

讀到這篇文章，我覺得自己彷彿穿過鏡子來到某種詭異的夢遊仙境：我過去半年一直主張的論點現在卻被用來反對我！長期下來，我一直覺得真正諷刺的是投資人無法跳脫「艱難求生的電腦製造商」這個陳腔濫調的框架，他們目光短淺，不明白我們曾經多麼重要，未來也肯定會變得更加重要。正是因為投資人不願看好戴爾，我才選擇逆勢而為。

　　第一次的尋購是祕密進行，當時公眾還不知道我們打算出售公司。KKR 和 TPG 原本加入，但後來退出。第二次尋購則是完全不同的過程，二月五日消息宣布之後突然啟動。這段期間，投資銀行 Evercore 在特別委員會監督下開始聯繫潛在利益攸關者，看他們是否有興趣提高我們的收購出價。到了三月二十三日，即約定的四十五天尋購期結束，投資銀行 Evercore 將與總共六十七家利益攸關機構進行溝通。十九家戰略夥伴（如惠普、IBM、思科及聯想等科技公司）、十八間金融贊助商（如 Insight、Francisco Partners 及睿悟資本〔Riverwood〕）等投資公司），以及其他三十家機構，包含國有的主權財富基金。Evercore 亦接到四家主動詢問，兩家來自戰略夥伴，兩家來自金融贊助商。與 Evercore 溝通過的七十一家機構中，有十一家表示對可能的交易感興趣。戰況變得激烈。

＊　　＊　　＊

如果你在閱讀《巴倫週刊》二月九日那篇文章時眼睛眨了一下，可能就會錯過這段頗有意思的小旁白：「如比爾·艾克曼（Bill Ackman）、卡爾·艾康或丹·羅布（Dan Loeb）等知名積極投資人（activist investor）也可能入股戴爾，並反對預定年中完成的收購。」

積極投資人是對卡爾·艾康真實身分的婉轉說法，說他是企業掠奪者（Corporate raider）還比較貼切，也許**製造麻煩的投機分子**更接近事實。一九七〇年代末期以來，艾康展現出高超的技巧，成功在陷入困境或動盪中的公司持有大量部位，迫使他們溢價回購股票或迫使公司領導層做出抬升股價（即他所持股票的價值）的決定。他喜歡標榜自己是普通人、一般股東的偉大守護者，但他其實只是卡爾·艾康的偉大守護者。有時候他會直接脫手出售目標公司的資產，幾乎罔顧員工或股東權益，但自己卻能獲得龐大的財務收益。有時候他只須揚言要收購某家公司，就能讓對方以高價買回他的股票。隨著他的名聲與財富高漲，這種做法越來越有效，而這種討厭的做法被稱為「綠票訛詐」（greenmail，又稱溢價回購）。他似乎對目標公司的生產或經營沒什麼興趣，對他來說一切都是遊戲。

而這也的確是一場遊戲。當掠奪者是他的娛樂，同時還能大賺一筆。他傳奇似地用撲克贏來的錢支付念普林斯頓大學的學費，他的商業行徑也同樣具有傳奇色彩。等到混亂平息後，桌上籌碼最多的人就贏了。他惡意收購了幾十間公司，其中很多是家喻戶曉的公司，譬如環球航空（Transworld Airlines, TWA）、馬歇爾菲爾德百貨（Marshall Field）、菲利浦斯石油公司（Phillips

Petroleum）、納貝斯克（Nabisco）、百視達、石油巨頭德士古
（Texaco）、漫威漫畫（Marvel Comics）、賀寶芙（Herbalife）、
Netflix、摩托羅拉（Motorola），他就這樣賺了數十億美元。

突然間，卡爾・艾康這個我以前從未多想、頂多出現在與我
無關的商業報導中扮演麻煩人物的人，冷不防地出現在我的雷達
螢幕上。

起初我不清楚他的企圖。二月二十六日，艾康旗下艾康企業
（Icahn Enterprises）的一名代表聯絡德普律師事務所，聲稱艾康
希望獲得有關戴爾的機密資訊，以期與該公司進行「可能的交
易」。德普發給艾康企業一份保密協議書草案，當晚摩根大通與
德普的代表與艾康本人會面，想瞭解他打算進行什麼樣的交
易。

我們很快就知道了。三月五日，艾康發了一封信給我們董事
會，這是他朝我們船頭開的第一槍。信中說，艾康企業現在是戴
爾公司的主要股東，艾康「認為併購協議所考量的交易不符公司
股東的最大利益，而且嚴重低估公司價值」。該信包含另一份取
代我和銀湖所提出的收購方案：戴爾進行槓桿資本重組
（leveraged recapitalization），外加發放特殊股息給公司股東。
該信亦指出，如果我們股東不批准，艾康企業打算對戴爾控制權
展開委託書爭奪戰。

艾康在戴爾持有多大股份？三月六日，CNBC 報導，他的累
計持股數可能接近一億股，約占所有非聯屬股數（unaffiliated
Shares）的百分之六，與東南資產百分之八・五的持股比例相差
不遠。

在商界，你可以讓自己周圍都是絕頂聰明的人，你可以用極其謹慎的態度、最具智慧的方式提前計劃，但有件事可以肯定，你會不時遭遇困難，也就是碰上你從未預料到的事情。現在就是其中一次。

而現在另一位主要參與者也加入競購行列。一月下旬，全球最大私募股權與金融服務公司黑石集團（Blackstone Group）與 Evercore 聯繫，表示第二波尋購期一旦展開，他們預計提出收購戴爾的提案。二月，黑石集團簽完保密協議，獲准登入資料庫，他們還修改原先做法，說他們現在打算組成財團來收購公司。三月一日，專門從事科技類投資的私募；股權公司 Francisco Partners 加入黑石集團的保密協議，並獲准登入資料庫查看其他許多公司也加入他們行列。黑石集團告訴媒體，可能會試圖出售我們的子公司戴爾金融服務（Dell Financial Services）以協助該交易融資。

艾康也在進行他自己的計謀。三月七日，他與德普聯繫，告知他的最新戰略動作：請求豁免《德拉瓦州公司法》（Delaware General Corporation Law）第二〇三條的規定，該條款對公司與主要股東之間的企業合併設置限制。一週後，艾康通知特別委員會，他已經根據哈特－史考特－雷迪諾法（Hart-Scott-Rodino Antitrust Improvements Act，簡稱 HSR 法）提出一份通知書，表示可能收購戴爾公司多達百分之二十五的流通股。艾康當時表示，他希望戴爾繼續上市。他正在拉攏我們的股東，建議我們在正常季度配息之外再發放每股九美元的一次性特殊股息。

大型戰艦正在調遣到位，各方部隊正為即將到來的戰爭集結。

　　與此同時，我也必須安撫部隊，讓十萬名對未來憂心的戴爾團隊成員安心。二月份宣布私有化消息後不久，我在拉斯維加斯舉辦的現場準備研討會上告訴幾千名銷售人員，我對私有化與我們的掌控能力充滿信心。我講得很籠統、很振奮人心，抬頭挺胸，面帶著微笑。我完全相信我說的話，銷售人員也相信我。

　　然後就發生了艾康和二、三月的其他事件，還有財經雜誌和電視的無數篇報導。接下來的幾個月，我展開戴爾全球各地據點的巡訪行程，如北京、班加羅爾（Bangalore）、倫敦以及莫斯科等地，告訴我們團隊的許多成員一切都在掌控之中。人在江湖，身不由己。由於所有的保密規定，我只能透露這麼多。所以我這樣說：「聽著，我只能告訴你們，我正忙著進行所有的協商討論，雖然我無法透露具體細節，但我相信，我們將為你們、我們客戶、我們股東以及我們公司取得良好成果。因此，如果你信任我、相信我，一切都會好起來，不用擔心。」

　　聽起來很簡單，也確實很簡單。但他們真的相信我，因為我以前從未對他們撒謊，現在也沒有。但同時，我也不太確定自己對目前迅速展開的事件有多大的掌控權。

　　到了三月的第三週，艾康與黑石集團都已經成為替代交易方案的主要競購方，而且頻頻放出風聲。艾康現在表示，他準備用自己的錢來資助這項交易，以每股十五美元的價格收購戴爾百分之五十八而非百分之二十五的股份，並讓公司的其餘股份上

市。黑石集團則表示，它準備以每股十四・二五美元的價格收購整間公司，可以全部現金或是部分股票部位，但戴爾仍維持上市公司身分。雙方都表示有銀行的信件，對於銀行會支持他們非常有信心，但那些不是承諾書；我們這邊已經有四家銀行正式承諾會協助我們。儘管如此，特別委員會表示準備與艾康和黑石集團進行談判。此外，委員會還公開表明，已經確定黑石集團與艾康提出的兩份初步計畫可能會得到比我們「更好的提案」，這是繼續討論的前提。

媒體也開始關注。「麥克・戴爾可能失去一切嗎？」這個問題不只一家媒體問。謠言開始浮出檯面，說黑石集團正考慮如果在競購中贏過我和銀湖，可能會撤換我的執行長職位。新聞不斷提到兩位可能的接替人選，一位是營運奇才馬克・賀德（Mark Hurd），他曾任惠普執行長，時任甲骨文公司（Oracle）總裁；另一位是麥可・卡培拉（Michael Capellas），康柏電腦前執行長，現在是思科董事會成員。差不多在那段期間（而且是我不知道的情況下），黑石集團的資深常務董事朱欽（Chinh Chu）和卡培拉一起去奧斯汀會見傑夫・克拉克。

傑夫記得他們來勢洶洶，一副盛氣凌人的樣子。虛張聲勢。他們告訴他，他們認真想要收購戴爾。「但麥克可能離開，」他們說，「可能會換我們接手。」傑夫回想，他們的口吻聽起來不像是「可能」。他們問傑夫，如果我被趕下台，他會想加入他們嗎？

傑夫祝他們好運，並說無論我在哪裡，他都很榮幸繼續與我一起合作。

要換掉我的那番談話讓我感覺不太好，但並不是因為傷到我的自尊。我感到困擾的是，因為那番言論會產生不確定性，我不知道這些傳聞會怎麼影響我們的員工、客戶、合作夥伴與供應商，以及會怎麼看待他們與公司的關係。提到哪些候選人並不重要，我覺得這次談話只是詭計，目的是改變未來可能與我談判的局勢。

　　也許艾康與黑石集團以為，恐嚇戰術在某程度上能讓他們與我談判時占上風。他們已經看過我們與銀湖的協議，上面寫著由我掌管公司並做出關鍵決策，銀湖得以與我一起投資。我可以想見艾康和黑石集團會怎麼說：「嘿，我們希望在這個問題上有更多的發言權。」

　　而且可能出現類似下列的情景。例如，黑石集團可能說：「好吧，我們將以每股十五美元與你合作，但我們想要某某某的治理權。」若是他們向股東提供更多，我將被迫想辦法與他們達成某種協議，這可能就是他們的目的。

　　我從未想過換掉我的威脅是真的，我懷疑大多數所謂的接替人選也不相信。或許其中有一、兩人當真，但也只是意味他們中了圈套。

　　無論如何，公司的成功對我來說比我在公司的職位更重要。我一直覺得，若有其他人更能擔任領導者，那我就會改以不同角色來協助公司。二〇〇四年至二〇〇七年期間我就是如此，如果形勢需要，我也準備好再次實行。當然，在一間上市公司中，這些決定都經由董事會表決。

　　我同樣也知道，在前一次於二〇一二年七月的股東大會上，

我以超過百分之九十六的得票率再次當選董事長和執行長。不過，在那之後發生了很多事情。

三月二十五日，艾康宣布，他願意考慮與黑石集團攜手合作。

兩天後，三月二十七日，《華爾街日報》報導，黑石集團願意讓我留任執行長。他們還真他 x 的好心啊，我心想。《華爾街日報》稱：「開門見山讓戴爾先生繼續留任執行長位置，可能有助該私募股權公司說服他最後反過來支持他們的出價。」那你就慢慢等吧，我心想。我認識黑石集團的共同創辦人蘇世民幾十年了，我非常敬重他。但支持黑石集團的出價意味著我得和那個背著我去找傑夫‧克拉克，並試圖讓他出賣我的傢伙合作，那我想還是不必了，謝謝再聯絡。

但我暫時把這個想法放在心裡。

隨著時間從三月進入四月，艾康似乎突然成了最吵鬧的人。四月十七日，特別委員會宣布，已經與這位媒體喜歡稱他為「億萬富翁投資者」（billionaire investor，我自己有另外對他的稱呼）的人達成協議：艾康承諾，無論是由他本人還是與其他股東合作，都不會買進戴爾超過百分之十的股票。委員會也將以准許他和其他大股東討論聯手反對我和銀湖的提案作為交換條件。特別委員會向媒體表示，該協議充分提高從艾康那裡獲得最佳出價的可能性，同時也保障戴爾股東不至於受到累計持股數帶來「影響力過度的投票權益」的傷害。

理論上聽起來不錯，但艾康也沒有完全保證遵守約定。他在

一份聲明裡說（他突然到處發表聲明），如果戴爾公司繼續偏袒我和銀湖，他會保留率領股東反對董事會的權利。他還表示，他拒絕特別委員會提供高達兩千五百萬美元的盡職調查費用核銷，所以他仍然可以對董事會發動潛在的爭奪戰。他照自己的劇本走，重複著他以前做過幾十遍的事情：精明地操縱公關活動，讓他看起來像個孤獨的股東權利鬥士，但實際上是貪婪的海盜。

同時，以黑石集團為首的財團，現在有四家實力雄厚的公司（黑石集團、Insight、Francisco 以及睿悟資本）也正在加強火力。四月中旬，我們在圓石城總部隔壁的萬豪酒店（Marriott Hotel）與他們召開一場大型盡職調查會議。場面相當壯觀，我們需要宴會廳來容納所有人。他們聘請了所有你想像得到的顧問，他們那邊少說有五十位，我們這邊二十人坐在有麥克風的長桌旁邊。每隔幾分鐘，會議主席就會宣布：「下一位發言人是某某某。」他們盤問我們的時間感覺長達幾個小時，不斷詢問我們的財務狀況、出貨量、未來計畫。

然後他們就退出了。四月十八日，蘇世民親自打電話給我，語氣聽起來遺憾，但就事論事。他說，他非常敬佩戴爾這間全球公司，也非常佩服身為這間公司創始人兼領導人的我，但我們最近發布的個人電腦銷售數據（第一季下滑百分之十一，但同期全球個人電腦銷售下降了百分之十四）和我們不斷下降的營業利益預測（從前一年七月的五十六億美元下降到三十億美元），讓黑石集團的收購變得太困難。這項消息第二天曝光後，我們的股價從十三·九五美元跌到十三·四〇美元，這是自二月初以來，股

價首度跌破我和銀湖的出價。這也意味著，包含艾康在內，所有人購買的股票價格都高於銀湖和我提供的價格。現在投資者似乎認為不會再出現更高的價格了。

現在只剩我們和艾康。

他還在大放厥詞說什麼我們的出價嚴重低估公司價值。（他喜歡上電視！）他告訴 CNBC：「這真是一場鬧劇，簡直就像《週六夜現場》（*Saturday Night Live*）的諷刺橋段。」他告訴所有可能的媒體，他有各式各樣的計畫讓戴爾公司的一部分業務保持上市，接著宣布他有一個新盟友。五月九日，他的最新計畫浮出檯面，頭條標題寫道：「艾康、東南資產管理公司對戴爾收購展開積極攻勢。」

這個組合會湊一起似乎在所難免：東南資產認為我們出價過低，持續鼓譟不滿，而海盜卡爾又是「股東的朋友」。兩方加總共持有戴爾百分之十三的股份，而且他們（理所當然）對公司有項大計畫，其中一個重點就是打算攆走我。他們寫了一封措辭激烈的信給董事會，指責董事會侮辱股東的智商，口中聲稱只會關注股東最佳利益，卻接受戴爾以「遠低於我們認為的價值」收購公司的提案。

該信繼續說：「你們不僅批准麥克・戴爾的出價，竟然還允許他拿股東自己的錢來收購公司，而且更過分的是，你們已經同意給戴爾先生高達四億五千萬美元的分手費。」

這是艾康的一貫作風，他所施展的巫術。我不太會形容，但我想我說得很清楚：即使內容與事實嚴重不符，只要重複夠多次、宣傳夠多，就會有很多人相信你。「拿股東自己的錢來收購

公司」只是創意寫作，他用這種方式來表達他和東南資產覺得我們的出價太低。至於四・五億美元的分手費：萬一交易破局轉而支持尋購期以外的其他出價提案，這筆錢可能會支付給銀湖，而不是我。如果交易是因艾康的提案而中止，那麼潛在的分手費會更少，即一・八億美元。確實，若交易失敗，我會損失一大筆錢，但我不需要任何分手費；另一方面，銀湖在這個過程投入大量的時間與資源，這筆錢可以說是應得的適當補償。

但我們自然會盡最大努力來確保交易不會破局。

至於卡爾・艾康自然也會竭盡他所能確保交易失敗。因為失敗的話，他就能大賺一票。

艾康和東南資產提議讓戴爾繼續上市交易，讓股東保留他們在公司的股份。他們表示，希望給予股東每股十二美元的現金或額外股票。他們希望戴爾董事會向股東解釋他們的提議，如果董事會反對，他們希望在戴爾年度股東大會上（屆時將票選新董事）也將我們（我和銀湖）的提案納入投票。他們打算在股東大會上提出自己的董事候選人名單。

他們保證會「不遺餘力地」說服其他股東拒絕我們的出價。「董事會與管理層做出的嚴重錯誤決定已經讓這家公司忍受夠久了，」他們寫道，「不要再讓公司經歷一場不必要的、削弱實力的委託書爭奪戰。讓股東們自己決定他們選擇哪一個提案。」

艾康告訴 CNBC，他有自信自己和東南資產能說服戴爾股東投票反對我們的提案。他表示，如果他的董事會候選人當選，他可以保證我不會再經營這家公司。「一旦真的改變領導層級，你能做到的事情是很驚人的。」他說。

我以前也遇過各種對手，但沒有一位會這樣在全國電視上公然且一再地撒謊。我對卡爾這個完全欠缺道德素養的人感到厭惡，他基本上完全不懂誠實與真理。他願意做出任何事情、講出任何話來達成他的目的，而且擅長施展騙術。

　　我相信我們都會在競爭中表現得更好，無論競爭是否公平或友善，但我當然還是覺得公平友善的競爭比較好。這些年來我遇過很多競爭對手，諸如電腦加值、IBM、康柏電腦等等，我認為有個明確的攻擊對手是件好事。艾康讓自己成為容易攻擊的目標，他向我們宣戰，所以我們也直接向他宣戰。而這一回，正如俗話所說的，是私人恩怨。

第六章

匆忙的年輕人

　　我戴著手銬，人在奧斯汀市警局的巡邏車後座。罪名是：在限速五十五英里的道路開到九十二，然後警察一查我的車牌發現我有一大堆未繳的超速罰單，而這已經足以將我逮捕。幫我拿到所有罰單的車是紅色保時捷911，外型亮眼，是我在BMW因缺乏保養而報廢後買的。事實證明，偶爾替汽車加點油是個好主意，但我當時太忙了，沒時間注意到這些細節，也許吧。也因為太忙了，沒時間繳這些超速罰單。我剛滿二十歲，是一個匆忙的年輕人。

　　保時捷911是一輛很棒的車，擁有驚人的加速性能，但我買下它的時候沒有考慮到紅色跑車是吸引警察的磁鐵，尤其是當你開快車（我以前經常超速）、年僅二十歲，還沒什麼責任感的時候（我以前絕對是這樣）。我喜歡開快車，但奧斯汀警察也喜歡攔我下車。他們總是說：「小子，這輛車是你爸買給你的？」而我總是這樣回答：「不是，警察先生。我很抱歉，我沒注意到我開得那麼快。」

這不是什麼充分的藉口，而且從來沒讓我成功脫身，現在我正為此付出代價。警察把我帶到警察局，在那裡採集我的指紋，非常幸運的是我沒有被關進監獄。我感到很難為情，我知道自己做錯了。在父母面前，我可能有點叛逆；但談到軍事服務人員、警察和消防人員，我對他們的辛勞工作只有尊敬與欽佩。該把罰單繳清，減速慢行了，然後再買一輛不那麼顯眼的車。我把911換成另一輛保時捷黑款928，我也很喜歡，然後試著更有責任感地開車。多年後我跟蘇珊講起這個故事，她卻回：「太酷了！所以我是嫁給一位飆車混混嗎？」

　　那是一九八五年九月，商業化名「PC's Limited」的戴爾電腦公司正繁榮發展的時候。我們在開始營運的前面九個月創造出超過六百萬美元的銷售額，而且成長速度飛快。截至一九八六年一月三十一日，我們第一個完整年度結束時，這個數字變成三千三百萬美元。我們依然向奧斯汀附近的醫生、律師和建築師銷售客製化個人電腦，不過因為有在電腦雜誌刊登全國性廣告，我們也銷售給全國各地的醫生、律師和建築師。此外，我們開始從幾家規模相當大的公司那裡接獲訂單，如德士古石油、福特、生技大廠孟山都（Monsanto）等其他許多公司。訂單已經多到無法再用手寫訂單和別在曬衣繩的方式，現在我負擔得起雇用一個人來建立訂單輸入系統，這樣銷售員就可以在他們電腦上使用。我有提過我們銷售員現在人人都有電腦了嗎？唯一的問題是，我們公司的電腦沒有連上網路，所以銷售員每天都會交給我一張磁碟片，裡面有他或她當日處理的訂單，然後我再將這些訂單逐一載入訂單資料庫當中。

整個過程有一點「隨心所欲、即興發揮」的味道，也許不只一點點。

　　我們知道自己在做什麼嗎？是，也不是。雖然少年時期有過創業經驗，而且我以前從未經營過公司，所以還有一段很長的學習之路要走。但這段路不僅是學習經營公司而已，還要學習經營一間與眾不同的公司，雖然表面看來「PC's Limited」和其他許多電腦公司沒什麼兩樣。一九八〇年代中後期是我們這個產業新創公司的繁盛發展時代。當時有一本叫做《電腦買物王》的月刊，在這十年間，該刊物篇幅增加到數百頁，大約有一半是社論和科技文章，其餘都是數百間新公司的廣告，如果你把眼睛瞇起來，看起來都非常相似。我們就是其中一間。然而，在眾多試圖模仿我們的公司當中（按照訂單組裝電腦、當天出貨，外加提供免費的電話技術支援），我們是唯一一間蓬勃發展並取得成功的公司。

　　我們開始按照訂單生產並不是因為我們看出未來將有什麼巨大變化，而是因為我們沒有資本進行大規模生產。結果證明，這個不利條件反而讓我們因禍得福。我們在公司成立初期學到的許多寶貴經驗同樣憑感覺而來，透過試驗和即興發揮通往成功之路。

　　「PC's Limited」就像一艘急速升空的火箭，但飛行軌跡搖搖晃晃，發展過程崎嶇。一方面，我們擁有這種出色亮眼、震撼世界的商業模式：直接銷售給顧客，提供他們想要的電腦和周邊設備，而且價格大勝零售店的標價。我們獨一無二，而且相當低調，所以我們最大競爭對手 IBM 和康柏電腦都沒有注意到。對

他們來說，我們只是一間郵購公司。他們認為我們做的不是真正的工程，沒想過我們真的有一個供應鏈和有一套出眾的商業模式，所以不用擔心我們。但如你所料，我們一直不斷地發展、成長、壯大。IBM 和康柏電腦的低估成為背後一股強大的動力。

銷售額週週成長，我們這支由傭傭兵和海盜組成的雜牌軍隊也日益壯大。表面上看，這種情況並不合理。當時的我年僅二十歲，大學中輟生，資本額只有一千美元，然後說：「嘿，誰想來這間公司工作？」我們公司位於奧斯汀一處 B- 至 C+ 等級的工業園區，並非奧斯汀最好的地段，那裡租金低廉。我們也不算是首選雇主，因此我們能選誰就選誰，團隊組成有多雜亂就有多雜亂。

我簽下製造、銷售、技術支援、行銷、客戶服務及採購等各部門副總裁，聘請財務長和會計長來建立財務規章制度，他們是一對夫婦，就稱他們波頓夫婦比爾和貝蒂（Bill and Betty Bolton）吧。也許最重要的是我請了一位助理，凱伊·班達（Kaye Banda），四十多歲的女性，有點像我在奧斯汀的代理母親。凱伊的身材嬌小，卻有顆寬宏大量的心，笑容可掬。無論是在她面前還是通電話，她都散發著正能量，有一個讓任何與她互動的人都感到舒服且重要的神奇方法。她也善於巧妙地確保我照顧好自己，不做太多蠢事。關於這部分，等下會再講到。

我們當時大約有六十人，團隊已經發展到北拉馬爾大道的空間容納不下，而搬進新的辦公場所，位於海德維環路一六一一號（1611 Headway Circle）約八百四十五坪的空間，外牆有彩繪的橫條紋。我以為那是我見過最大的辦公室，不可能坐滿，結果我

們很快就滿了。

我每天工作十六小時維持公司運作：我在辦公室後面擺了一張床，以便通宵達旦工作之餘可以小歇一下。但在休士頓的父母替我擔心得要命，他們快被我嚇死，以為我陷入麻煩無法脫身。他們不只擔心我，也擔心所有為我工作的人，有些人已經結婚生子，他們的生計都仰賴我。要是我建造的紙牌屋塌了該怎麼辦？

就在那個時候發生了一件趣事：我母親的父母魯賓與希爾達・朗芬（Rubin and Hilda Langfan）去休士頓探望我的父母親，然後和他們一起來奧斯汀。我外公是成功的企業家，他和他的兄弟在紐約市從事房地產投資。我自豪地向他展示我們總部掌控中的混亂，工程師忙著升級電腦，銷售員一來就接到訂單，辦公室職員盡其所能記錄所有訂單。他開始大笑，笑個不停，好不容易才讓他停下來。

「怎麼了，外公？」我問，「什麼事這麼好笑？」

「麥克！」他說，「你現在是個生意人了！」

這是他對我的最高讚賞。

改良 IBM 產品，價格壓得比他們低，而且低很多，我們在這方面做得很好。那一年六月（一九八五年），我們推出第一款自家品牌的電腦：「旋風電腦」（Turbo PC）。配備 8088 處理器、640K 記憶體、五・二五吋磁碟片（360K），售價七百九十五美元（僅限郵購或電話訂購）。IBM 類似配備的電腦零售價為一千五百到兩千五百美元之間，而且僅限店內銷售；類似配備的康柏

電腦的售價也至少一千五百美元起跳。我第一次告訴凱利・蓋斯特關於旋風電腦的規格和價位時，他說：「麥克，如果你辦得到，你有天將會擁有全世界。」嗯，我們還沒有擁有全世界，但我們的旋風電腦肯定大賣。即使如此，我還是把目光投向更大的目標。

IBM 於前一年（一九八四年）推出了 PC AT，是一台在英特爾 286 微處理器上執行作業系統的電腦。某一天，我在翻閱我最喜歡的科技雜誌《EE Times 電子工程專輯》（*Electrical Engineering Times*）時，看到一則關於 C&T 公司（Chips and Technologies）的報導，內容指該公司設計了一系列五款 ASIC（application-specific integrated circuits，特殊應用積體電路）特殊應用積體電路晶片，可用於製造與 IBM 的 PC AT 電腦相容的英特爾 286 微處理器。我心想，天啊，我必須馬上幫自己買一些回來。

C&T 公司是由戈登・坎貝爾（Gordon Campbell）創立，於是我打了電話給他。「嗨，我聽說了你們在做的產品。」我說。「我很感興趣，怎樣才能買到這些晶片組？」

坎貝爾說他願意賣我三組。「你們有參考設計嗎？」我問。通常晶片製造商想推銷一款晶片（或以這次情況來說是一組晶片），他們會給你參考圖解，告訴你如何連接晶片與微處理器、記憶體晶片，你需要把所有晶片連接起來，才能製造一台與 286 處理器相容的電腦。

我寄了一張支票給坎貝爾，然後收到郵寄來的晶片組和參考設計。我把一個晶片組拿出來，和圖解一起擺在桌上。我左看看

晶片組，右看看圖解，心想，現在到底該怎麼弄啊？我的技術已經到達極限了。

我打電話給我的英特爾銷售員。「我想設計 286 相容電腦，需要一名工程師。你有認識什麼不錯的人選嗎？」他開始滔滔不絕地講出幾個名字。「沒問題，這位在德州儀器（Texas Instrument），這幾個是康柏電腦、IBM、通用資料（Data General）電腦公司、摩托羅拉的人。」我抓起紙筆，拚命記下他們的名字。總共有十幾位人選，我一一打電話聯絡他們。有的不想和我見面，有的見了面但不想做，但其中有位名叫傑伊‧貝爾（Jay Bell）的人與他們不同。

傑伊是個特立獨行的人。他身材高挑、骨瘦嶙峋，留著濃密八字鬍，厚厚的鏡片下透出銳利的眼神；講話語速快，腦筋也轉得快，渾身散發著活力，靈感豐富。而且充滿自信。他替全錄公司（Xerox）設計過幾個在微處理器上執行的電腦系統，效果非常好，他自己也不害臊地這麼說。我給他看完晶片組和圖解，他馬上說：「喔，這簡單啦。我可以在一兩週之內做出一個原型給你。」

我用奇怪的眼神看著他。真的嗎？一兩週之內？你打算怎麼做？

「這樣要花多少錢？」我問。

他想了一下，說：「我可以接上主機板，給你一台原型機，收一千美元。」

這讓我嚇一跳，我本來以為他會開價更高。「這樣吧，」我說，「我要出遠門幾週，我現在先給你一千。等我回來後，如果

你做好一台可以運作的原型機，我會再給你一千。」

我同時心想，真的不確定這傢伙辦不辦得到，但只要花一千塊，而且他在小型電腦系統設計方面已有充足的成功經驗，也許他並沒有騙我，說不定事成再拿一千的機會能夠激勵他完成這項工作。我想他不會拿了我的錢就跑，於是我們握手達成協議。

實際上我要離開三個星期。必須離開掌舵位置的時間很長，但我有更重要的事情要辦。我們在電腦市場的小角落裡經營得不錯，但想要維持快速成長，我們需要與所有主要零件的供應商建立直接關係。能省則省可以讓我們免去麻煩，我知道我們訂購的零件供應鏈都經過加價，如果我直接找源頭，就能大幅壓低加價幅度。

我在檢查我們購買的一些印刷電路板時，突然靈光一閃：我發現每塊電路板底部都印有小小的製造商標誌，這才恍然大悟，原來我們只是沒有從製造商那裡採購。我已經厭倦與分銷商、經銷商、中間商和代理商打交道，我想去找製造這些零件的工廠。而大多我們購買的所有零件製造廠商的工廠，幾乎都在亞洲地區。

我發現每年秋天在台灣、日本、韓國和香港都有類似的同業電子展，所以我就搭上飛機前往那裡。

當年我二十歲，充滿活力和旺盛的好奇心。除了工作，我在奧斯汀沒有任何牽掛，而且以我們那時候的氣勢，我相信底下各部門主管可以在我離開期間堅守崗位。我可以每隔幾天再打電話詢問狀況。

我興奮不已。天啊，我太激動了。外面是等待我去挖掘的全新世界，我只出國過一次，那時候我們去倫敦探望史蒂芬，而這次是到遙遠的海外。

我喜歡整趟旅程。我喜歡在台北、香港、東京、大阪及首爾的展場上討價還價，喜歡與來自三星（Samsung）、京瓷（Kyocera）、夏普（Sharp）、三陽（Sanyo）、索尼（Sony）及松下（Panasonic）的人交談，互換名片、收集名片，邊詢問購買十萬份和百萬份的售價邊交朋友，然後說：「寄份樣品給我」。然後當我告訴他們我的業務範圍時，他們眼睛都亮了起來。

我喜歡在首爾入住的飯店，餐廳菜單只有三種食物：泡菜一號、泡菜二號、泡菜三號。這裡真的是不同的世界。

真的，置身於亞洲地區瞭解了整個供應鏈世界的內部運作模式，我以前只看過一部分，現在就像剝洋蔥般一路深入核心。我從十三歲開始一直在拆解電腦，檢查裡面的零件，現在我實際到訪製造這些零件的工廠。我穿著防護服與工廠負責人在廠房走來走去，他們向我介紹整個加工過程。這是我距離他們最近的一次。

有些工廠比其他工廠更注重工人安全，這是我關心的部分。我去過台灣一間工廠，那裡有條開放式排水溝，化學物質直接從工廠水泥地中間流過。我想，這個作法不太好。在戴爾，我們有個簡單的理念至今未變：任何在戴爾工作的員工都不應該受傷。

我分分秒秒都在學習。我看到台灣和香港供應商怎麼與人周旋議價，毫不遜色；日本供應商則比較正式一點，更講究禮

數。而我關心的是一個約六公尺或約十二公尺的貨櫃可以裝多少電源供應器？然後計算我需要多久時間把裝滿這些物品的貨櫃運過來？每個貨櫃運送成本是多少？我可以請供應商提供付款期限還是我該開立信用狀？

我時時刻刻都在計算各種可能性，因為零組件在原產地和在供應鏈尾端的美國，兩邊成本相差甚遠。

等到我搭機返國的時候，覺得自己好像在遊戲中跳升了好幾級。許多新的供應商承諾將直接供貨給我們，替我們省下數百萬的產品成本。這是我們在競爭中的一大優勢，而且是我們非常需要的優勢，因為競爭非常激烈。

我回來後，發現傑伊·貝爾仍在努力開發我們的 286 原型機，但（他說）已經接近完成了。原來是因為 C&T 公司提供的參考設計圖解漏洞百出，而找出錯誤的唯一辦法就是把它全部連接起來，逐一改正。傑伊正努力手寫出如何讓它運作的具體方法，而這是個極其費工的過程。

傑伊一直是在家工作，但我希望他最後完工的時候人在附近，而我知道他會成功。所以我將他安排在我們公司裡的一間祕密辦公室（沒人知道，門上沒有名字），要他答應絕對不與任何 PC's Limited 團隊成員交談。在我們準備公開之前，對這個項目保密是相當重要的事。

我越瞭解傑伊，越覺得他陌生。我認為他可能患有躁鬱症：他會突然精力大爆發，連續工作三十六小時、四十八小時或七十二小時，然後精神崩潰。白天或黑夜對他來說都毫無意義。有一

次，我剛從亞洲回來不久，我在熟睡中被電話鈴聲驚醒：凌晨三點，是我的老朋友奧斯汀市警局打來的。「先生，看來有人闖進你的公司建築物。」警察說。

「喔，那可不妙。」我說。「我馬上過去。」

我把車開進停車場，看見一個超現實的畫面：現場被幾輛閃著紅藍警示燈的警車照亮，傑伊在公司建築物裡，手持駕照對著員工餐廳的窗戶，而六名警察站在外面拔槍待命。

「沒事了，警官們，我認識他，」我說，「完全沒問題。別擔心，一切正常。」原來傑伊只是在大家下班後繼續工作，打開了某道門而觸發警報。

與此同時，我想把所有可能的資源投入 286 項目，所以我聘請了一群具有硬體和軟體專業的印度工程師與傑伊磋商交流。他們一直在研究 10 MHz（處理器速度）286 電腦系統，據說他們擁有與 AT 相容的基本輸入輸出系統，所以我考慮向他們購買。

我親自去奧斯汀機場接他們。他們共有五個人，但只有一位名叫薩勃拉蒙·尚卡爾（Subramonian Shankar）的工程師比較會講英文。他們待在美國的時間不長，所見所聞都讓他們驚豔不已。我將他們安頓在我們總部對面的庭園公寓住宅，一間公寓住三人，隔壁另一間住兩人。我最後說服公寓的管理委員讓我打掉一面牆，這樣兩間就可以打通變成一套大公寓，工程師就能在裡面工作和生活。

他們都沒有開車，所以我每週都會帶他們去 HEB 連鎖超市採買食物。他們第一次走進 HEB 時驚訝得目瞪口呆，他們從未見過像美國雜貨店這般如此多元豐富的品項。

這些印度工程師馬上開始工作，評估 C&T 晶片組在 CPU 速度為 8 MHz 和 10 MHz 狀態下的性能。我偶爾會去公寓看看他們的工作進展如何，有兩件事讓我印象深刻：第一，濃烈的咖哩味；第二，這些工程師聰明又勤快，但只要電視有摔角節目，他們就會放下手邊一切去看。他們對摔角十分著迷。

十二月初，傑伊完成了部分可運作的原型機；翌年一月中旬，經過數百個小時的獨立作業加上與印度工程師的通力合作，他終於確定了這款設計。我們找到一家在奧斯汀設計電路板的公司，並僱用他們最好的電路板布線工程師，是一位工作時抽菸抽得很兇的中年婦女。我不顧煙霧繚繞的二手菸靠向她的肩膀，看她進行電路板布線看到出神。設計電路板的最佳路徑是藝術與科學結合的過程，要占用最小的電路板空間，同時又得避免將可能產生電磁干擾的電路排在一起。

但她做到了，那塊電路板成為我們一九八六年三月推出 286 電腦的基底，該款電腦一炮而紅。我們在短時間內接連推出三款新電腦：一款處理速度為 8MHz 的低成本電腦、一款比市面上其他 IBM AT 相容電腦都快的 10MHz 電腦，以及一款讓康柏和 IBM 等所有競爭對手都黯然失色的 12MHz 電腦。

不久後，我們就要推出一款震撼整個電腦界的 16MHz 電腦。「如果你曾幻想爬進一款相當於 F-18 噴射機的電腦裡，猛踩油門，直衝雲霄，那你就坐到這款電腦前面吧。」《電腦雜誌》會激動地寫道：「使用 16MHz 電腦工作幾個小時之後，你會覺得 IBM AT 相容電腦的運作速度慢得像電腦博物館內布滿灰塵的古文物。」

那年春天，我們這個雜牌軍組成的小公司即將統治個人電腦界。真是令人振奮不已，即使當時的規模很小，但發展速度卻遠遠超前整個業界。電腦的重要性才剛開始顯現，購買電腦的多半是科技人才、工程師、業餘愛好者，而不是普羅大眾。我記得我母親來參加亞特蘭大舉辦的電腦資訊展，我們在會場展示速度16MHz 的新款 286 電腦，她看見兒子所做的一切，並且引以為豪。然而，雖然我們這個熱門的小公司好像很厲害，但也遇上了大麻煩。

　　我們遇到了兩大阻礙。第一是財務問題，而且很嚴重。儘管我在亞洲搭起新的業務關係，也建立大幅改善的零組件供應鏈，但我還是靠出貨當日開立信用狀來運作。運送方式通常靠空運，但空運費用高昂。雖然我們的銷售蒸蒸日上，當時財政年度的銷售額上看超過五千兩百萬美元，但我們的財務並不樂觀。那年春天，我們只有三十多萬美元的現金。幾乎所有營收都直接投入薪資與零件部分，我們在奧斯汀的銀行信用捉襟見肘；事實上，遠比我知道的還要吃緊。

　　德州那年春天正面臨嚴重的經濟衰退，首都奧斯汀也有自己的問題。州政府的裁員迫在眉睫，奧斯汀七〇年代末的科技榮景已經破滅。房地產價格暴跌，地方經濟遭受重挫。我在鎮上一家名為 MBank 的銀行擁有六十萬美元的信用額度。對我們從事的業務來說，六十萬美元微不足道，而且似乎沒有提高額度的可能。可是 MBank 卻在我不知情的狀況下，認真考慮關閉我的帳戶，因為（奧斯汀幾乎所有人都不知情）MBank 銀行本身也陷

入嚴重的財務困境。

而這些只是壞消息的開始。

聯邦傳播委員會（Federal Communications Commission, FCC）給了我們一記沉重打擊。電腦如果沒有經過適當的包覆遮蔽，可能會釋放無線電頻率干擾，但多數的 PC 相容機都沒有包覆。因此，聯邦傳播委員會開始制裁個人電腦製造商，因為我們四月份收到一封警告函（cease-and-desist letter）：「我們注意到貴公司製造的這些設備沒有取得 FCC 輻射層級 B 的許可。」該信表示，我們必須立即停止製造業務，還被命令支付將近一萬美元的罰款。

這完全出乎我的意料之外。FCC 是什麼鬼東西？二十一歲的我還分不清楚 FCC 與 DMV（車輛管理局）的區別。

於是我打電話給凱利・蓋斯特。

而凱利為我們帶來了好運，這不是第一次，也不是最後一次。好像是他有位名叫迪克・威利（Dick Wiley）的朋友，對方曾於一九七○年代擔任聯邦傳播委員會主席。離開 FCC 後，威利投身消費者權益促進事業，反對過度監管。所以我們聘請迪克・威利，他去了一趟 FCC，基本上是說：「嘿，他們只是一群孩子，正在努力做對的事。」

我們盡力了，因為別無選擇。在四月到五月之間有兩個星期，由於沒有賣出任何產品，收入也不斷減少，我們（傑伊・貝爾、幾名工程師還有我）每天都會到聖安東尼奧一家實驗室的測試場，嘗試將我們其中一台 286 電腦按照法規的要求進行設計。我們每天都在嘗試不一樣的零件配置，試圖讓電磁波釋放量

達到可以反覆通過 FCC 測試的程度。由於業務停滯不前，每天晚上我頭一沾枕就會想起公司裡的所有工作同仁，其中一些人還有家庭，他們的生計都落在我身上。

幸好，我們在兩週內就解決了釋放量的問題。要是當初需要花更長時間，那麼 PC's Limited（PC 有限公司）就會變成 PC's Terminated（PC 終結公司）了。

公司的規模每年成長一倍。這件事本身就很驚人，而且很不尋常。對年輕的新創企業而言，表現得非常好，但我知道我們需要幫助。這一切都成長得太快：辦公空間、電話系統、訂單管理系統、供應商、銀行關係，沒有一項趕得上我們的發展速度。某程度來說，我也趕不上。

在不工作的幾個小時裡，我如飢似渴地閱讀領導與管理類書籍，學習所有不懂的事物。當年我二十一歲，當然，那是充滿好奇心與企圖心的二十一歲，但我還是有很多事情不瞭解。截至目前為止，我一直盡可能聘請最好的人才，那些能夠幫助公司發展的人，那些比我更懂自己專業領域的人。不然何必聘請他們？我確實犯下了某些徵才錯誤，但我很快就改正錯誤並繼續前進。

可是此時我才明白，我犯下的最大錯誤不是我聘請的人才，而是我還沒聘請到的人才。

基本上我在 PC's Limited 是單打獨鬥。我是董事長兼執行長，擁有公司百分之百的股份，這不是一般公司會有的情況。沒有其他創始人（不像在一百五十英里之外、位於休士頓的康柏電腦），也沒有創投資本家或董事會。雖然具備負責各個重要部門

的副總這個層級，但現在我突然意識到，PC's Limited 的管理結構在高層缺少一個關鍵部分。

我需要有一位具備經營公司經驗的人，但我沒有。

奧斯汀周圍的幾個人都向我提到李·沃克（Lee Walker）這個名字。當時大家似乎一致認為，他是個特別與眾不同的傢伙，也是位經驗豐富且學識淵博的人。我只知道這些。別忘了，那是比網路誕生還要早幾年的事，當時無法用 Google 搜尋某個人。因此，當我的友人吉姆·西默（Jim Seymour）說，他可以安排我與沃克，以及一位我考慮聘請擔任公司總裁的人選（天美時〔Timex〕的高階主管）共進晚餐，頓時激起了我的好奇心。

西默本身也是個有趣的人。他是個人電腦產業的早期評論員，頭腦聰明、思考縝密，碰巧住在奧斯汀，已經建立起自己的權威地位，經常替《電腦雜誌》和《電腦週報》撰寫專欄和新產品的評論。他可能言詞尖銳，但到目前為止對我和公司都很友善。他同時也是我見過最胖的人，肯定有約一百八十一公斤。

吉姆告訴我，李打過籃球，在德州農工大學（Texas A&M）主修物理，這已經不是個常見的組合了。更衝突的是，他還會說流利的俄語，並且擁有哈佛商學院的 MBA 學位。他待過聯合碳化物公司（Union Carbide），但早早就發現公司的型態不適合他，反而自己成了非常成功的創業家。他在芝加哥有一間酥油公司，有一間為煙霧探測器製造二氧化鎘顆粒的核冶金實驗室，還有一間特殊閥公司和一間醫療產品公司。而當時四十五歲的他開始放慢腳步，準備到法國南部避暑。西默說，也許我可以在他離

開前找到他，請他擔任臨時顧問。李肯定懂很多，西默說。重要的是，吉姆可不是那種會隨便誇讚別人的人。

五月某個晚上，我們四人在一家叫「北京帝亨」（Beijing Imperium）的中餐廳見面。我注意到的第一件事情是李・沃克本人非常高大，身高約二○五公分，原來他在德州農工大學的籃球校隊打過中鋒。後來發現，這還不是他最有趣的地方。

那個晚上很奇怪，我和三個四十多歲的男人在一起。我記得當時傾聽多過於發言，也記得沃克不停講一些布魯克林道奇隊（Brooklyn Dodger）和卡爾・弗瑞洛（Carl Furillo）的事，我在做棒球卡交易的時候略知皮毛。我們沒有花太多時間在談工作，出乎意料的是，李・沃克給我的印象比那位天美時的傢伙更好。那傢伙看起來像公司職員，此外沒什麼特別的。沃克看起來更有料。他的善良本性和智慧立刻打動我，有權威但熱情沒架子，能言善道但想法獨特。他顯然不像是在找工作的人。我喜歡他，這也意味著我的直覺告訴我：他可以信任。雖然我讀遍了所有的商業書籍，不過顯然他比我更瞭解商業。

幾天後，我抱著試試看的態度，開車去李・沃克位於奧斯汀西北部山區貓山（Cat Mountain）的家。我沒有事先打電話給他，純粹是偶然來訪，一般人不會像這樣隨便跑去別人家。但我想，如果沒看錯的話，沃克不是那種會介意的人。

他真的不介意。他打開前門時，臉上露出一絲驚訝，但隨後就微笑邀我進屋。他說他正在吃午餐，問我餓嗎？

我們到廚房餐桌旁坐下，喝了幾口番茄湯、吃了點鮪魚三明

治，然後我就單刀直入。

「你願意當我公司的總裁嗎？」我問。

他又笑了笑，搖搖頭。「我一週後就要去法國了，」他說，「整個夏天都會待在那裡，也許會待更久。」我們默默吃了一會兒。接著他說：「不如你和我聊聊你的公司？是怎麼開始的？」

我把和你們說過的所有事情全都告訴他，從關於我怎麼踏入商界、回溯家庭對於金融與市場的著迷、早期的創業嘗試，到在郵票展上買賣郵票。接著透過型錄，再到送報紙和推銷訂閱大獲成功，一切都是基於我對電腦的熱情。他很好聊，因為我覺得他真的把我說的每句話都聽進去，並消化了內容。

「到外面走走吧。」他說。

我們走到外頭，李帶我沿著一條穿過樹林的小徑走去，因為我覺得他真的對我講的內容感興趣，所以我一直講個不停。我告訴他拆解 Apple II 的事，然後改成升級 IBM 電腦性能，開始做起小生意銷售這些電腦，後來發展成有點規模的事業。我講到那段利用電腦套利、四處飛行採購的歲月，他笑了。接著說我去奧斯汀和德州大學的事，與友人合住公寓，父母來訪時把所有電腦零件都藏在大衛的浴缸裡。說來好笑，在我回想起當初告訴父母要放棄大學和醫生前途，投入這個瘋狂的新創公司時，他們是多麼失望與憤怒，這些情緒又隨著回憶湧上心頭，悲傷、驕傲、叛逆以及對父母的愛交織在一起，和他們一樣讓我心煩。我知道我有能力讓他們感到驕傲。

接著到北拉馬爾大道和後來的海德維環路建立我的小公司，一週一位新進員工，直到今天。他邊聽邊點頭，簡短回應但深思

熟慮的回答讓我意識到，他是我遇到的第一位能夠理解這項業務、真正理解業務的人。他明白。他一下子就抓出我們供應鏈的優劣勢以及整個商業模式。我告訴李，我強烈覺得我們可以在別人失敗之處取得成功，我只是需要一位瞭解我所不知道的人來協助。我需要一位能夠把事情交由他來做的人，我才能專注於創造新產品和發展客戶關係，並保持成長趨勢。我們可以分而治之。

那條小徑又繞回他的車道。當我們走出樹林，李帶著有點悲傷的微笑和我握握手。「你是位相當令人佩服的年輕人，」他說，「但我幫不了你，很抱歉。」

第七章

風波即將落幕？

　　無論艾康與東南資產的提案引起怎麼樣的軒然大波，其核心仍然存在著邏輯缺陷。艾康一直聲稱，因為我的轉型戰略奏效，所以戴爾市值已遠超過我和銀湖的開價，但他也表示該公司領導層需要更換。等於是讚揚我的同時，又揚言要把我攆走。

　　可是我認為他根本無心接管公司，只是又從他的舊劇本裡掏出幾招綠票訛詐技巧，老調重彈，試圖迫使我們抬高開價，進而讓卡爾・艾康更有錢。

　　也有其他人同意我的看法。五月十一日，《華爾街日報》的霍曼・詹金斯（Holman Jenkins）在標題為〈為什麼麥克・戴爾仍然獲勝〉（WHY MICHAEL DELL STILL WINS）的文章中寫道：「艾康揚言，如果戴爾不調整槓桿策略，他將發動委託書爭奪戰，但他不會競購戴爾，這樣他才能親自實施自己的戰略。他其實不想冒險，只不過是想讓戴爾先生為這個風險付出更多代價，而戴爾先生相當冷酷地回絕了。風波即將落幕。」

　　然而結果顯示，距離落幕還遠得很。

＊　＊　＊

　　五月十三日，特別委員會寫信給艾康，請他詳細解釋自己的計畫。接下來的一週，他不斷出現在 CNBC、彭博社以及任何欲訪問他的金融雜誌上。他們都想要訪問他，因為他是最佳宣傳文案，是收視率的保證！他一遍又一遍、老是重複那一套說詞：戴爾股東應該拿到紅利、公司應該繼續上市、領導層應該換掉什麼的。

　　這些並不是特別委員會想要的那種解釋。

　　因此，他們在五月二十日再次寫信給艾康，告訴他，除非他提出一份「更好的方案」，否則他們不會跟他洽談。「除非我們收到回應先前五月十三日信件的資料，否則無法評估您的提案是否符合標準。」委員會告訴他。還有，「我們不清楚您是否打算將您的交易制定成可供董事會評估的實際收購提案。」

　　我非常確定為什麼不清楚。因為艾康對戴爾沒有任何計畫，他只是不擇手段想讓自己股票變得更有價值。

　　就在那時，我腦中浮現一個瘋狂的想法：何不直接當面問他呢？

　　我們從未見過面，但我們聊過一次，大概在五年前。那時他突然打來問我幾個關於摩托羅拉的問題，當時他正準備發起委託書爭奪戰。我不太記得談話內容，但我確實記得那場爭奪戰，非常混亂。艾康買進大量股票，把一些人弄進董事會，然後在摩托羅拉股價暴跌時損失一大筆錢。他在乎摩托羅拉這間公司嗎？才不。對艾康來說，整起事件只是一場撲克牌遊戲。他是賭徒，賭

徒知道有時必須棄牌。我只是想問他，是什麼理由讓他覺得跟我賭會贏？

起初只是一個模糊的概念，但我越想越覺得好像很有趣：何不親口問他？

可是計畫趕不上變化。

五月二十七日星期一，陣亡將士紀念日（Memorial Day）*那天是家庭日，蘇珊和我在奧斯汀為兒子查克的首次三鐵人賽加油打氣，這對十七歲的孩子來說是一項了不起的壯舉。查克追隨著他母親的腳步。蘇珊從上大學到四十多歲一直都有參加自行車、馬拉松和三鐵競賽，包含在夏威夷柯納舉行的超級鐵人三項世界錦標賽（Ironman World Championships）。顯然查克的運動細胞是遺傳自他母親！他以優異的成績完賽，讓我們感到非常驕傲。

二十八日星期二，回到辦公室，我必須為二十九日年度產業分析師會議做準備，整個白天要與數百位來自顧能（Gartner）、國際數據資訊（IDC）、451 Research、弗雷斯特市場諮詢（Forrester）等研調機構的分析師開會。大約六小時的時間裡，我不得不分秒必爭讓分析師們對我們轉型抱持樂觀，並禮貌迴避掉那些肯定會被問的私有化協商問題。

三十日，我要去多倫多見加拿大客戶和我們的團隊。隔天前往華盛頓特區見我們女兒琪拉，她在那裡實習。六月一日星期六先和她聚一聚，當晚再飛去印度班加羅爾，六月三日在那裡與我

---

* 譯註：每年五月最後一個星期一。

們團隊碰面（往東飛會損失一天）。然後四日離開去北京，五日去成都，接著七日星期五回到奧斯汀，準備在週末與利柏曼（Lieberman）一家（蘇珊的家人）團聚。

然而，二十八日的時候，家裡發生緊急情況。

我們其中一個孩子的身體出了問題，我們需要馬上帶孩子去見主治醫師。公司對我來說固然重要，尤其現在是私有化過程的關鍵時刻，但沒什麼比我家人的需求更重要了。產業分析師會議無法取消，但如果週三下午早點離開奧斯汀，我可以飛到紐約，並在飛去多倫多之前參加週四上午的家庭醫療會議。

前往機場的車上，我突然想到我會在曼哈頓待上十八個鐘頭，也許有時間與卡爾・艾康面對面聊聊。

於是我做了一件不是我會做的事。沒有事先諮詢 WLRK 法律事務所的律師，甚至沒問過伊根，我決定直接打給卡爾本人。給對手來個正面迎擊。

我撥通他的手機號碼，他馬上就接了。「嗨，卡爾！我是麥克・戴爾。你好嗎？」

面對這通突如其來的電話，他稍微停頓一下。最後開口說：「好啊，麥克，你呢？」他的聲音聽起來不只有驚訝，也因為我打給他而有點興奮。

「好極了！」我回。我的語調聽起來絕對不像是一個為了捍衛自己創辦的公司而飛往世界各地的人，我的語調聽起來可能是一個在夏威夷海灘上放鬆的人。「嘿，」我說，「我正準備在紐約短暫停留，我會在那兒待到明天中午。我有個主意，也許我們可以見面聊聊這件事。我很想聽聽你的想法。」

「好啊，那真是太好了，麥克。」他說，「非常好，我很樂意。」和我不同，我覺得他沒有在假裝，聽起來真的很熱情。我幾乎可以聽到他腦子裡齒輪轉動的聲音：也許我已經逼得戴爾走到我想要的地步了，也許他會以每股十五美元的價格收購我的股票。

「我有個好點子！」他說，「還是你今晚來我家吃飯？方便嗎？」

「我看看。」我假裝查看行事曆。看了看坐在旁邊的蘇珊，她正和我們其中一個孩子傳訊息。「好，今晚可以。」我回。

「好極了！」他說，「聽著，只是有件事我必須先道歉。我太太真的很喜歡下廚，但別告訴別人，她的廚藝真的很糟糕。」

「沒問題。」我說，即使這件事聽起來一點都不誘人。「我們聊聊天，一切都會很好。」

「太好了，麥克。我很期待。」

「我也是，今晚見，卡爾。」

我掛掉電話，對蘇珊微笑。「那是誰？」她問。

「卡爾・艾康。」我回說，「我今晚要和他共進晚餐。」

她驚訝地張大了嘴，「你說你要幹嘛？」

那是曼哈頓一個美好的春日傍晚，所以我決定從飯店走到艾康位於西五十五街的住處，不只是因為外面天氣舒爽，也因為我不想讓司機或任何人知道我要去哪裡。雖然有點奇怪，但如果我被發現與敵人共進晚餐，可能會對公司或財務造成重大影響。整件事情既好玩又嚴肅。我戴上墨鏡，穿過市區，漫步走到艾康的

豪宅大樓前面，不禁想起了我最喜歡的一位電影角色，彼德・塞勒（Peter Sellers）飾演的烏龍探長克魯索（Inspector Clouseau）。

我按下門鈴，不知道會發生什麼，但門打開後，我見到一位鬍鬚稀疏灰白、聳肩駝背的老人，他穿著運動外套和筆直長褲。他笑著和我握手，然後拖著腳步帶我走進他的公寓，接著在廚房門口停下腳步，向我介紹他的妻子蓋兒（Gail）。她確實正在下廚，不管是什麼，味道聞起來都還行。她親切地向我打了招呼，然後卡爾帶我來到露台，面西可以看到哈德遜河景觀。我們坐下來，他端了一杯酒給我。

「我不用，謝謝。」我說。

他聳聳肩，給自己倒了一杯。

「景色不錯。」我說。

他抿了一口，笑了。「城裡最好的景。」他說。

閒聊對我來說沒什麼問題。我想，等下就會進入正題了。

不過，首先是聊到他的人生故事。我們現在面對面坐在餐桌前，吃著沙拉，艾康太太還在廚房忙。卡爾似乎相當自豪於自己在皇后區的中產階級社區法爾洛克威（Far Rockaway）長大，而且讀的是公立學校。「我不是含著金湯匙出生。」他用濃厚的紐約口音告訴我。他父親曾立志成為歌劇演唱家，但最後卻成了他們教堂唱詩班的領唱。這很諷刺，卡爾說，因為他是無神論者。卡爾的父親似乎在他的人生中占有很大比重，但不是好的那方面。從卡爾的話中可以聽出父親沒有好好待他，他總覺得自己不夠好，達不到父親的期待。年輕卡爾到了上大學的時候，拿到

普林斯頓大學的錄取通知，這在一九五〇年代對猶太人來說是一大驚喜，因為當時有些常春藤聯盟名校仍有猶太裔學生限額。他父親卻說：「幹嘛不讀紐約市立大學（City College）就好？離家比較近。」主要原因是市立大學的學費只要普林斯頓大學的一小部分。

但卡爾執意要去普林斯頓，他說，最後父親同意支付他一半學費。聽到這裡，我開始懷疑這是精心捏造的故事，卡爾露齒大笑。「剩下的學費是我玩撲克牌贏來的，」他說，「露了兩手給那些學院派富家子弟見識一下。」

當然，也讓他父親見識到了。

他繼續講，而我像世界上最好的聽眾一樣微笑著。

萬萬沒想到他居然主修哲學，而且休學去當兵之前曾在紐約大學醫學院（NYU Medical School）讀了兩年，和父母對我的期望一樣。他說，他二十五歲開始在華爾街當股票經紀人。「七年後，我在紐約證券交易所買下一席。」他自豪地笑了。「真是拚死拚活地工作。」

此時艾康太太送來她烹煮的食物（類似肉捲），接著和我們一起坐在餐桌旁。她沒多說什麼，只是微笑地聽著丈夫細數自己的豐功偉業。但不知怎麼地，他的長篇大論突然轉向在他旗下工作的兒子身上。卡爾驕傲的笑容消失了。

「現在孩子都過得太輕鬆了，」他說，「一切唾手可得。我兒子的投資組合裡有一堆 Netflix 和 Apple，他賺翻了！這是他應得的嗎？我不曉得。」

此時，身為一位父親，我覺得有必要說些什麼。「卡爾，他

是你兒子。」我對他說。「如果一切按計畫進行，他勢必會活得比你長久，難道你不希望他過得好嗎？」

艾康聳聳肩。「哦。」他說。

「據我所知，在紐約生活真的很貴，」我說，「他可以自己付錢，你不開心嗎？」

他比了一個不屑的手勢說：「還不是全靠我。」

哇，我想，有這樣的老爸。我切了一口肉捲來吃。卡爾對妻子的評價和實際沒有相差太多，我對於他這個人的評價也沒有相差太多。我們默默吃了一會兒，然後蓋兒把我們的盤子拿到廚房。是時候切入重點了。

「所以，你的計畫是什麼？」我問他。

他有一度看起來真的很慌張。「什麼意思？」他說。

「你的計畫是什麼？」我又說一遍。「你已經拿到接管公司的機會。你有什麼策略？誰來管理？誰來擔任管理層？」

這時候奇怪的事情發生了。卡爾‧艾康在那一瞬間面露恐懼。如果我們在玩撲克牌，這就是他露出的馬腳。「喔，我找到人了。」他最後說，「我有幾位人選。很多人感興趣。」

「真的嗎？」

「是啊，當然是真的。」他用餐巾擦了擦嘴。「聽著，麥克。」他說，「也許我們倆可以做個交易。也許價格合理的話，我會跟你交易。」

你人還真大方啊，我心想。「那麼合理的價格是多少？」我問他。

他似乎很開心，似乎以為我們真的就在他的餐桌上議價。

「喔，你們現在的價位再往上調一點。」他說。

「往上調多少？」

「十四塊怎麼樣？」他說，「你可以靠這個賺很多錢，麥克。」

「所以你對公司的計畫是……」

「喔，你知道的，規模經濟嘛，減少無收益的收購，有很多事可以搞。」

是時候給他點顏色瞧瞧了。我看著他的眼睛。「卡爾，你知道嗎？」我說，「我不認為你有什麼計畫。如果你想以每股十四美元的價格買下這間公司，那就去吧。你肯定會把戴爾搞得一團糟，與此同時，我要去夏威夷休個半年假、減個九公斤，然後回家，再以每股八塊美元的價格從你手中買回來。對我來說，真的是一筆非常好的交易。」

他驚訝得目瞪口呆。他不是那種天生沒有安全感或容易害怕的人，但現在他看起來就像手牌只剩七最大的人，等於什麼籌碼都沒有。他的眼神透出恐懼。他在害怕什麼？我可能真的會走，留下這個他用每股十四美元買來的龐然大物，身邊的團隊可能也會離開，徒留他背著這個完全不瞭解的沉重包袱。

剛好他的妻子回來，端著盤子，裡面裝著看起來像派的食物。

「卡爾、蓋兒，實在很抱歉，」我起身說，「我明天一早還有會議要開。」這是事實。那時候也已經晚上九點多，我通常早睡早起。艾康是出了名睡到早上十一點，然後為自己倒杯馬丁尼

開啟一天的那種人。根本不是我的風格。「非常感謝，」我對他們說，「這頓晚餐很棒，但我得走了。」

他太太有點詫異。此時卡爾把手放在我臂上：「怎麼不再多留一下，麥克？我們還有很多話要聊。」

我的語氣溫和但態度堅定地說：「抱歉，老婆在等我。再次感謝。」

如果那晚有人看到我走回飯店，就會知道卸下肩頭重擔的人是什麼模樣。我鬆了口氣，腳步更輕盈有自信。天啊，我心想，這個傢伙渾然不知戴爾是幹嘛的。不曉得我們是做薯條還是搞核電廠。他什麼都不知道，什麼屁都沒有，只是馬戲團小丑。他玩完了。

想當然他沒有善罷甘休，但好戲還在後頭。

與卡爾共進晚餐兩天後傳來了好消息：戴爾董事會一致建議股東接受我們的開價，並請求他們在七月十八日舉行的特別會議上批准這筆交易。截至六月三日（即所謂的股權登記日），持有股票的股東都將擁有投票權。特別委員會在致股東公開信中稱我們的提案是最好的選項，提供確定性和「非常實質性的溢價」，比下市傳聞爆發前幾個月的戴爾平均收盤價高出約百分之三十七。

得到董事會的認可真的是太好了。但能不能得到大多數股東的支持又是另一個問題，而且比我預期的更加複雜。

東南資產公司以一封信來反擊董事會致股東信：「我們是戴爾的長期投資者，而且（與您一樣）我們也關心我們的投資。」

強烈建議您勿簽署或交回任何投票支持「管理者收購提案」的委託卡（或就此次而言，即戴爾發給您的委託卡）。

我們和艾康企業有限合夥公司（Icahn Enterprises LP）都相信，與「管理者收購提案」所述相比，戴爾股東可以獲得更大的價值。不久以後，我們將向股東提供我方的委託書聲明。

在您收到並審閱我方的委託書聲明以及戴爾董事會寄的委託書聲明後，懇求您諮詢財務顧問，並且與我們一起反對「管理者收購提案」。

　

至於艾康，也許他仍為我在那頓奇怪飯局上說的話耿耿於懷。也許他在生我的氣，因為我拒絕配合，不管配合的結果是什麼。無論如何，他很快再次發動攻勢，丟出新鮮可口的花邊新聞，商業媒體馬上嚼得津津有味。他說，他和東南資產正在篩選接替我擔任戴爾執行長的可能人選！他提到了思科系統董事兼前康柏電腦執行長的麥可·卡培拉、前 IBM 服務部門主管麥可·丹尼爾（Michael Daniels）、甲骨文總裁馬克·賀德，以及執掌惠普個人電腦業務的陶德·布蘭德利（Todd Bradley）。

事態越變越混亂。

太奇怪，太難堪，太令人不安了。不只是我一手創辦並帶領走向全球的公司，連我掌舵的位置似乎都快被奪走，他們完全不尊重戴爾公司的成就、目標和價值觀。

我有沒有想過，艾康可能或真的會接管戴爾，安排新的領導人馬和友好的董事會？我認為這種情況發生的機率微乎其微，但並非絕無可能。我可以坦率承認，那個可能造成可怕後果的一丁

點、極小機率，讓我那年春天和夏天都睡不著覺。但我主要擔心的是艾康自私自利的言行所帶來的連鎖效應。

站在非常實際的角度看，我擔心我們的業務運作率即戴爾的日常運作會受到影響。我們已經因為各種不確定性因素損失了客戶，而且還可能損失更多。想像自己是其中一個客戶：假設我是公司決策者，有一天碰巧在看彭博社，結果看到了這些混亂場面。我會選擇戴爾，還是選擇戴爾的競爭對手？

但我更擔心我們在圓石城和世界各地的數千名團隊成員會怎麼想。我想到所有年薪五萬、八萬美元的優秀人才回家見到另一半，另一半會說：「我在電視上看到你們要換新執行長的消息，這是怎麼一回事？誰來接手？這間公司真的適合你待下去嗎？」

太可怕了。這是最糟糕的情況，比我個人的難堪處境還要糟，真的。沒錯，我應付得來。我可以站在法國蒙貝列（Montpellier）、成都、班加羅爾或北京的一千名員工面前，讓他們看著我說：「嗯……他會不會成為執行長？」我可以繼續照本宣科地再三保證。但，這並不是大企業的執行長們應該走訪世界各地的方式。

那年春天甚至有段時期非常奇怪，董事會要我別跟公司其他高層交談。這是前所未有的情況。我不認為這與公司當前的業務有任何關係，我想董事會成員是擔心其他高層和我會聊到私有化的話題，而我可能影響他們的想法。

雖然時間沒有持續太長，但也夠久了。我記得當時還在想：「我該不該去辦公室？」

就在那個時候，我接到了英特爾執行長布萊恩・科再奇

（Brian Krzanich）的電話。「嗨，麥克。」他說。「我只是想跟你說，我看過所有報導了，想打來關心一下。你是我們非常重要的客戶，若有什麼我們能幫得上忙，儘管告訴我。」

我真心感謝布萊恩。我們不需要英特爾任何具體協助，但情感上的支持意義重大。還有其他鼓勵的電話和訊息，來自朋友、認識的人以及同事的留言和電子郵件。我非常感激每一個人。我永遠記得那年春夏之際，光是保持平穩就需要我的全神貫注。

戴爾董事會為支持我和銀湖，在提交給美國證交會的委託書聲明中提到，收購將把公司大量的業務與交易風險轉移到我們身上。內容再次詳細說明，個人電腦銷售不斷惡化的趨勢導致我們的關鍵財務指標下降。董事會認為，股東最好現在就兌現。

六月十八日，艾康展開反擊。他在一封致股東的公開信中宣布，即將從東南資產管理公司手中購入其持有的一半戴爾股票，即七千兩百萬股。此舉將使他對戴爾持股超過一億五千萬股，僅次於我。令人驚訝的是，成交價每股僅十三・五二美元，低於我們的交易價格，也遠低於東南資產原本聲稱戴爾真實價值的每股二十三・七二美元。艾康對於董事會所提交的委託書聲明回應：「戴爾董事會的這些聲明讓我們感到錯愕。是什麼樣的情況會讓銷售產品的人竟然努力抹黑自己試圖銷售的產品？所謂的『尋購』就是這樣進行的嗎？你能想像房仲每次在潛在買家感興趣時就刊登廣告，警告屋子裡有白蟻侵擾嗎？」

然後，他不知道是第幾次上電視進一步強調自己觀點。「難

道你不認為這支股票值十四塊以上嗎？」他反問彭博社。「尤其是在投入一百四十億美元進行非個人電腦業務的收購還沒產生效益的時候？該公司對其未來發表這些可怕的聲明。這類宣傳在極權國家有效，但在我們國家，股東算幸運，有人可以制衡這類宣傳。」

六月二十四日，他宣布將與自己的財務顧問即投資銀行傑富瑞集團（Jefferies & Co.）合作，籌措五十二億美元的貸款來支持他每股十四美元的開價。他說，他相信這筆融資將於七月十八日股東大會上及時到位。

超級卡爾來救援了！

才怪。

如果有人識破艾康拋出的所有煙霧彈，很快就會明白他所謂的融資只不過是⋯⋯更多的煙霧彈。如同科技部落格「All Things Digital」的文章所說：

五十二億美元當中，艾康和他旗下公司提供三十四億美元，另外十六億美元來自投資銀行傑富瑞集團。剩下一億七千九百萬美元來自其他十四家機構，包含退休基金與機構投資者，如新墨西哥州公務員退休協會（Public Employees Retirement Association）和宏利浮動息率基金（Manulife Floating Rate Income Fund）。路透社指出，投資名單相對較少，顯示艾康難以引起投資者的興趣，但另一方面也有跡象顯示，他從一開始就不希望有太多第三方參與。很困惑吧？沒錯。

還有一件事：除非戴爾股東遴選他和合作夥伴東南資產五月

十三日提名的全部十二位董事候選人，否則艾康無法拿到這筆資金。這點沒有達成，融資就「不太可能到位」。

所以結論還是老樣子，艾康根本不想收購這家公司。他只是想逼迫我們提高開價，讓他的股票更值錢。

但就在卡爾把所有記者騙得團團轉的時候，發生兩件對我們有利的大事。六月二十六日，德拉瓦州衡平法院（Delaware Chancery Court）首席法官里奧・史特林（Leo Strine）駁回了艾康與東南資產所提出的一系列訴訟。德拉瓦州是我們（和其他很多公司一樣）的註冊地，該州的衡平法院最終將對此交易做出裁決。他們提出這些違反信託責任的訴訟，基本上是指控我在戴爾擁有控股權，說我參與了交易的雙方，而且行使不當的內部影響力。艾康甚至多次在訪談裡，指控我和特別委員會有祕密勾結！

然而首席法官史特林認為，我持有百分之十六的股份並沒有讓我「接近控股股東的持股比例」。首席法官史特林說，即便有，艾康與東南資產聯手可能會比我更有掌控力，因為我已經承諾，如果有出價更高的人出現，我會把我的二・五億股票投給出價更高的人，但艾康和東南資產沒有這樣的義務。

首席法官史特林指出，與團體訴訟的說法相反，特別委員會已經竭盡所有可能尋找比我和銀湖更豐厚的報價，而且我已滿足與委員會合作的所有法律標準。他表示，當管理層收購團隊的提案（我們的）進入審訊階段，結果會有相對寬鬆的司法標準。

我喜歡這個傢伙！

首席法官史特林的意見對艾康來說是沉重的打擊。但接著又來一件。

六月二十一日，我和財務長布萊恩‧格萊登一起前往馬里蘭州蓋瑟斯堡市（Gaithersburg），試圖說服機構股東服務公司（Institutional Shareholder Services, ISS）的善良人士相信，我們的交易對戴爾持股人是最好的選擇。ISS 是首屈一指的代理顧問公司，由股東支付費用評估戴爾股東目前正關注的各類提案。該公司的評估結果非常重要，我相當重視，尤其是因為 ISS 早在四月份就發布一份報告，對我們的收購提案抱持懷疑態度。該報告指出：「首要問題似乎不是『如何完成這筆交易？』，而是更長遠的問題：『如果這是目前最好的併購價格，我們真的想賣嗎？』」

我一直把這次會議想像成「蓋瑟斯堡之役」（Battle of Gaithersburg）。連續幾天早上，我都起得特別早，從每個可能的角度研究我們的提案，並盡我所能搜集最有力的證據。我列出一連串證據：

1. 這是我二十九年前創辦的公司，一路帶領公司走到現在。現在最重要是讓公司繼續朝向正軌發展，我關心在我離開以後會怎麼發展。

2. 眼見我們產業發展速度加快，追上它的步伐至關重要。必須控制戴爾從硬體轉向軟體、服務、解決方案，再轉向行動裝置和雲端。盡快轉型迫在眉睫，但不改變就無法生存。

3. 我們目前進行的變革將提供客戶想要的穩定性和公司需

要的靈活性，但是我們承擔的風險也將使變革的過程崎嶇不平，必然會遭遇挫折，此情況對我們的公眾股東而言也許不確定性太高。

4. 上市公司能夠做到的轉型有限。

5. 我們目前轉向的五個新領域和促使轉型成功必要的投資，將在短期內降低公司收益。許多股東不會喜歡這點。

6. 從去年八月進行私有化一開始，我就明確表示，我願意與任何能為股東提供最佳成果的一方合作。而且我明白，提供該成果的一方可能會也可能不會把我納入他們的計畫之中。

7. 對我們的提案投反對票，等於是對董事會、我們的管理層以及轉型戰略投下不信任票，會對公司造成極大的破壞。

8. 艾康與東南資產表示公司市值超過我們的報價，但他們卻沒有提出任何實際的替代方案，全是煙霧彈和障眼法。他們向我們股東提供的報價，每股甚至沒有比我們的高出〇‧〇一美元。他們把可用現金誇大了四十億美元，沒有辦法保障十二美元的股息。

9. 他們所謂的新管理團隊也是假象。卡培拉與賀德都表示不感興趣；陶德‧布蘭德利說從來沒人找他談過這份工作；麥可‧丹尼爾則是已經與 IBM 簽訂競業限制條款。

會議進行得很順利。七月八日，ISS 宣布它的決定：建議戴

爾股東投票支持這筆交易。幾天後，另一家代理顧問公司 Glass Lewis 也如此建議。某程度來說，是艾康讓我們得到兩個推薦，因為他提供非常糟糕的方案，顯得我們的提案是不二之選。這是一劑強心針。與此同時，我仍然在想，也在擔心我們能得到選票嗎？我之所以不確定，主要是考量到特別委員會一開始制定的一項規定。除了要得到大多數流通股的批准（包括我持有的）之外，我們還需要得到大多數非我或戴爾子公司持有的流通股的批准。在第二次投票中，我的股份不算數，但艾康和東南資產的股份算數，而棄權或根本沒有出席的股份則一律以「反對」票計算。如果股價在七月十八日股東大會召開以前因為好消息（如 ISS 的決定）而上漲，必然會有一波股票大量拋售。按規則來看，這些股票的新持有者因為在六月三日股權登記日之前尚未持有股票，所以不得投票。然而，這些股票的舊持有者在出售股票後也不會有興趣投票，但他們沒有去投的票將被算作反對我們的提案。

這種表決標準被稱為「少數流通股的多數決」（majority-of-the-minority-outstanding）：少數指的是非聯屬股數（unaffiliated shares），即不是由我或我家人或其他內部人士持有的股份，無論流通股指的是所有流通在外的股數，無論是否投票。這項規定特別嚴格，但與特別委員會的每個行動一致，他們從一開始就盡量迴避任何與我勾結的跡象。

三天後，艾康寄出另一封公開信。又是哄騙世人的傑作。「親愛的戴爾股東們，」開頭熱絡地寫道。

在投資中，很少人會碰到「不費吹灰之力」的情況。在這些情況下，不用冒太大風險就能獲利，在極其罕見的情況下，你不用冒任何險也能獲利。奇怪的是，根據我的經驗，許多投資者錯過了把握這些情況的機會。

他就像嘉年華雜耍節目中的弄蛇人（或假貨推銷員）：天上掉下來的錢喔！沒有任何風險！他接著說，與他站在同邊的戴爾股東只需要在七月十八日股東大會上投反對票，如果合併還是批准，就可以主張股份收買請求權（appraisal rights）。何謂股份收買請求權？根據德拉瓦州法律，如果現金併購獲得批准，投反對票或沒有投票的股東有六十天時間決定是要接受交易，或者聲請法院為價格裁定。若這種情況發生在我們身上，德拉瓦州衡平法院掛酌裁定戴爾的股價更高，那麼收購方（我和銀湖）將不得不向股東支付更高的價格。但法院也可能裁定股價更低，在這種情況，聲請裁定的股東能拿到的錢就比較少。此外，所有主張請求權的人都必須等待這個過程，可能需要幾年的時間。艾康說沒有風險，根本是明目張膽地說謊。

此外，他沒有說的是，他本人並不打算主張股份收買請求權。價格在裁定的期間就像那些大宗股票持有者把他們的股票價值借給公司一樣！這個只是艾康另一個誤導性的提議，其實他只想（再一次！）對我和銀湖施壓，迫使我們提高出價以阻止那些大股東投下反對票。

如果你仔細觀察的話（相信我，我注意到了），艾康七月十一日那封信的實際情況是，他基本上已經放棄試圖自己來收購公

司。如果他能從我們這裡拿到更高的股價，就可以直接套現並宣布勝利。

* * *

但無論是銀湖還是我，都不願受到艾康的逼迫。股東大會召開前一週，為了強化我們的動機，我又再前往更多地方，飛到全國各地拜會我們一些大股東，像富蘭克林互利基金公司（Franklin Mutual）、全球資產管理公司貝萊德（BlackRock）、道富銀行（State Street）、彭特沃特資本管理公司（Pentwater），告訴他們為什麼我認為我們的提案公平合理。我的遊說也取得成效，隨著股東大會即將舉行，貝萊德、道富銀行以及先鋒集團（Vanguard Group）都把反對票改成贊成票。

七月十八日星期四的上午是德州中部典型的盛夏天氣，氣溫接近攝氏三十度。雖然不是從事戶外活動的好日子，但一群守在我們圓石城總部外頭、扛著攝影機的電視台記者沒有選擇的餘地。在公司裡，時間一到約定的上午八點鐘，杜建善走到大會議室前方，環顧現場聚集的幾百人，然後說：「歡迎各位來到股東特別大會，我以法務長身分宣布會議延期。」

就這樣。所有人面面相覷，像是在問：「剛才是怎麼了？」當時情況是，按照特別委員會堅持的「少數流通股的多數決」標準，我們根本無法取得讓提案過關的所需票數。委託書徵求機構MacKenzie Partners在一封電子郵件中表示，目前支持交易的股數為五億三千九百萬股，反對的為五億四千一百萬股。根據目前表決標準，我們需要取得戴爾十四億七千六百二十八萬八千六百

六十一股非聯屬股數的一半再多一股，才能宣布過關。換句話說，總共要拿到七億三千八百萬股的贊成票，離我們實際取得的票數還差一億九千八百萬股。約百分之二十七的股份（超過三億九千八百萬股）沒有投票，按照「少數流通股的多數決」標準，這些都被算作反對票。只要沒有投票都被當成反對，這樣的數字就會對我們形成壓倒性優勢。

那是個煎熬的一天。伊根飛來奧斯汀參加會議，結束後和我一起回到我家，看著大螢幕的電視，無法從 CNBC 持續播放長達二十七分鐘的卡爾‧艾康訪談片段轉移視線。卡爾‧艾康與《快錢：中場休息報導》（*Fast Money Halftime Report*）的主持人史考特‧韋普納（Scott Wapner）坐在機構投資人（Institutional Investors）大會的台上，他留著灰白落腮鬍，打上紅領帶，說著一口濃厚的皇后區口音，一副十足怪老爹的形象，時而挑釁、時而害羞、時而戲謔、時而險惡。他經常用手遮住臉的下半部，宛如世界上最不會隱藏表情的撲克牌玩家，他的微笑異常親切。此次採訪顯示出典型的卡爾形象：夾雜自大狂、敵意、抱怨、完全天馬行空，一個古怪、不著邊際的混合體。韋普納舉出艾康最近持有大量部位的公司：戴爾、切薩皮克能源（Chesapeake）、Netflix、納威斯達（Navistar）、百健（Biogen）、泛洋（Transocean）、賀寶芙（Herbalife）等等，然後問：「你不會是在七十七歲的時候出現中年危機吧？」

艾康咧嘴一笑，像是偷伸手進餅乾罐卻被抓包的小孩。「嗯，我問你，我還能做什麼？」他說，「我太太像老鷹一樣盯著我，她不讓我出去。」

此話引起觀眾一陣大笑。

韋普納直接切入重點問：「有些報導說麥克·戴爾不會提高開價，你覺得他會嗎？」

「你說呢？我不知道。」艾康說。「老實告訴你，我知道你不會相信，但一點都無所謂，我想擁有這間公司。懂嗎？我持有一億五千萬股，很明顯，我投入是為了獲利。但想要擁有這間公司，是因為我有實質獲利。你知道，我是皇后區長大的孩子，治安很差的社區，一無所有，而如今我在這裡，這就是為什麼我愛這個國家，我是說，聽起來有點老套，可是我真的很想賺錢。賺最多錢的時候正是我們控制這些公司的時候，是我們進入公司的時候。」

他確實看起來很想進入戴爾。他說要打一場委託書爭奪戰，任命一批新董事，當然，還有換一位執行長。「至於我為什麼認為我會贏？」他說，「因為坦白講，假如你是公司，怎麼會想讓這個傢伙繼續管理下去？他讓股價從四十塊跌到現在這個數字耶。所以說他管理不善，董事會排擠他。你知道的，有句老話說：『騙我一次，是你可恥；騙我兩次，是我可恥。』所以，如果他們再去找麥克·戴爾，那就太丟臉了。」

哇！是我說了（還是沒說）關於他太太肉捲的什麼評價嗎？

艾康所有關於收購的胡言亂語都很有趣，因為實在太荒謬了，但一點也不好笑，他播下的混亂種子已經對我們的股價造成影響。七月初，股價自四月以來首次跌破十三美元；接著，在會議延期之後的一段時間，股價在十二美元左右停留了一個星期，然後持續了八天、九天、十天。市場對我們達成交易的可能

性做出判斷，但可能性看起來不太樂觀。

七月二十二日，我在律師團 WLRK 的曼哈頓辦公室與特別委員會見面。亞歷克斯·曼德爾與委員會的律師團、財務顧問也在現場，委託書代理機構 MacKenzie 的人也出席會議。我開口說話，而且講得很激動，因為情緒上來了。我說，按照目前情況，將沒有投票的股份算作反對此交易的表決規則明顯不公平，少數股份就可以壓倒多數股份。特別委員會一直試圖避免的形象，避免讓外界覺得他們和我是同一國的、密謀對抗股東，這早在金融媒體和許多致股東公開信中被推翻。我們，銀湖和我，顯然與委員會在許多問題上發生衝突。界線很清楚。是時候讓這場比賽公平競爭。

而且我們發現雙方再度意見不合。因為亞歷克斯告訴我，如果（只是如果）我和銀湖把開價提高到至少每股十四美元，特別委員會也許（只是也許）會考慮改變表決標準。

股東大會又延期。

翌日上午，與伊根經過一番長談後，我打給亞歷克斯，告訴他，唯有特別委員會取消將沒有投票的股份算成反對票的規則，我和銀湖才會提高開價至一三‧七五美元。我說，這是我們最好也是最後的開價。與委員會其他成員和顧問團商量過後，亞歷克斯說，他們需要一些時間思考。因此原訂二十四日召開的股東大會再度延到八月二日。

艾康又來了一封噱頭十足的信函，這封是他和東南資產公司

於七月二十三日寄給特別委員會的：

各位先生、女士們：

在多年的商業生涯中，我們目睹過許多昧良心行事的董事會，但我們認為，目前正在進行「絕望的戴爾危機」（Desperate Dell Debacle）是其中最令人震驚的例子。難以置信，經過這一切，特別委員會仍繼續提醒我們，堅持他們是在保護我們、替我們把關以及保護我們。我們有許多問題想問問這些沾沾自喜自稱是擁護戴爾股東的捍衛者。

為什麼逼走戴爾股東？

特別委員會為何如此致力於逼迫忠實的戴爾股東離開戴爾，好讓公司以我們認為低廉的價格出售給麥克・戴爾和銀湖？

董事會還能推延、更改開會日期、躲在「商業判斷規則」（business judgment rule）後面多久？

親愛的朋友，答案「隨風飄盪」……

特別委員會會信守承諾？

七月十六日，特別委員會告訴我們，已經「**採取非常措施，以確保戴爾先生的中立性，並將最後決定權留給沒有利害關係的股東。**」

如果您認為上週四特別委員會延後投票時，並沒有採取「**非常措施，以確保戴爾先生的中立性，並將最後決定權留給沒有利害關係的股東**」的話，那麼我們力勸您投票反對麥克・戴爾和銀湖的交易……

諸如此類等等，真是令人作嘔。

然後第二天，艾康把戰場帶到推特上，他的第一條推特發文是：「如果告別戴爾和董事會，戴爾的一切都會變好。」

他才不是巴布・狄倫（Bob Dylan）*。

但引起關注了嗎？艾康總是辦得到。

名言不能創造成功，但我們在戴爾有一句名言：失敗不是選項。

我們知道好的策略與實際執行才是創造成功的關鍵。私有化進度已經接近尾聲：時間拖得太久，引起混亂，造成騷動與不確定性。我和我的盟友們，我不會說筋疲力竭，但我們都做好無論如何要結束一切的準備。如果股東們想交易，我們就提供並促成交易；如果他們不想交易，我們就只好回頭繼續原本的工作。如果股東們投票支持這筆交易，將從我們可能的成功中獲得一些回報，而不必承擔任何轉型風險。風險全由我和銀湖來扛。

現在回頭看，自然可以輕鬆說這招奏效，但其實也是可能失敗。

就在艾康發布公開信的同一天，我也向我的股東發布公開信，幾個月來第一次打破沉默，談到關於過去一年的鬥爭。這是我的聲明，交易在這裡，要不要接受看你。

---

* 　譯註：上述「親愛的朋友，答案隨風飄盪」這句是引用巴布・狄倫的歌詞。

尊敬的股東同仁們：

您肯定已經看了許多關於我們努力推動戴爾私有化的報導。我想讓您直接聽聽我的想法。

我相信推動戴爾私有化對公司來說是正確的選擇。我們需要轉型，而且速度要快。這種轉型並非毫無風險與挑戰，我相信，作為私人公司，我們可以比上市公司更好地完成需要做的事。

我去年八月去找董事會，詢問董事會是否考慮私有化交易的可能性，我明白獨立董事們會控制整個過程，我也清楚表示，我願意與任何出價最高的一方合作。我鼓勵有興趣的每一方盡量提出他們的最高價格。

經過史上最徹底全面的程序，各方願意支付的最高價格是每股十三・六五美元。雖然沒有其他方出價超過每股十三・六五美元，但我和銀湖現在將出價提高到每股十三・七五美元，對公眾股東增加約一億五千萬美元，這是我們最好也是最終的開價。

我相信這個開價符合公司與股東的最大利益。有些人一直提出替代方案，例如槓桿資本重組、出售資產以及其他我認為會對公司造成破壞的措施，我絕對不會支持。

現在決定權在您手中。無論哪個結果我都平心面對，我會尊重您的決定。我們的協議需要非聯屬股份的多數股份，也就是你的股份來同意這筆交易。遺憾的是，我們的協議亦規定，沒有投票的股份視為反對交易的票。目前，超過百分之二十五的非聯屬股份沒有投票。這表示，即使對交易進行投票的多數非聯屬股份想接受我們的開價，但多數人的意願也可能被沒有投票的股份所

擊敗。我認為這點顯然不公平。

　　我們提出將開價提高到每股十三·七五美元，同時也要求董事會的特別委員會改變這種不公平的表決標準，允許對交易進行投票的大多數非聯屬股份的意願控制結果。特別是考量到其他方努力推動替代交易方案，而且其他方能夠在我的股份不列入的情況下投票表決，把沒有投票的股份當成支持反對交易來計算，進一步扭曲競爭環境毫無意義。如果特別委員會同意我們開價提高到每股一三·七五美元，並同意創造一個公平公正的競爭環境讓您做出決定，我會期待您的決定。

麥克·戴爾 謹啟

　　兩天後，即七月二十六日，我前往亞歷克斯·曼德爾位於馬里蘭州伊斯頓（Easton）的家，試圖說服他接受我們的開價。我花了緊張的九十分鐘與亞歷克斯爭論，說明艾康的誇大其辭對股價造成嚴重破壞，持續的不確定性會對公司造成損害。解釋那種將沒有投票的股份算成反對票的矯枉過正表決標準，掩蓋了真正有投票權的股東的真實意見。亞歷克斯皺眉、點頭、點頭後又皺起眉。他聽了我說的內容，但沒有表示半句認同的話。最後他說，他自己的想法是，如果我和銀湖把出價提高到每股十四美元，那麼無須改變表決標準，形勢自然會逆轉。我說我會和銀湖商量，但我不太看好。

　　與此同時，我們的股價繼續委靡不振，而在台下某個地方（但不會持續太久！），卡爾·艾康正摩拳擦掌。

第八章

飛得更高更遠

李‧沃克改變了主意。我到今天還不太明白為什麼。

是什麼理由讓他放棄到美麗的法國南部避暑度假，轉而留在炎熱潮濕的德州奧斯汀幫助一間小型電腦公司起飛？我問過他很多遍。以他靦腆謙虛的作風，會咕噥地說以前自己也有過相同處境。

一九七○年代初期，李還是年輕的創業家時，曾大舉以槓桿買下了紐約水牛城一間鋼鐵製造公司。他上任後不久，該公司向一個佛州客戶售出一台高單價的金屬回收爐，但佛羅里達州環境管理署（Florida Department of Environmental Regulation, DER）禁止使用這個設備，於是客戶拒絕付款。這筆鉅額損失讓李這家剛剛起步、利潤微薄的公司瀕臨破產，李本身也面臨個人破產危機。絕望之際，他飛到佛羅里達，親自向佛州環管署申訴，結果意外取得該設備的特殊許可。李拿到報酬，公司也存活下來，他的創業生涯繼續蓬勃發展。所以他瞭解怎麼險境求生，多年來，他在企業財務方面也學到許多慘痛教訓。而一九八六年春

天，我還在工作中學習這個領域。

某種程度來說，鑑於我們的財務受限程度，PC's Limited 的表現算是非常好。因為我成立公司時，投資資本額只有一千美元；相比之下，我們在休士頓的競爭對手，康柏電腦於一九八三年底已經從投資者那裡籌到將近一億美元的資金。我必須想辦法讓有限資金發揮最大效益，而我對此相當拿手。

我們最初的銷售通常是透過信用卡，這表示我們訂單出貨時就收到款項。這樣很好，但起初我們經常不得不提前支付材料費，當你手頭現金有限時很難做到這一點。然而，隨著公司日益成長，我們漸漸能說服供應商先出貨後付款，也就是說，我們要在收到產品後的三十天內支付款項。

另外，直接銷售給客戶的話，也不必建立成品庫存清單，我們可以維持零組件的低庫存。如果明確知道客戶想購買什麼，你只需要那些訂單所需的零組件。相比之下，那些以多重配置建立成品庫存並存放不同地點的公司會發現，它們的庫存迅速增加而且老化。因為擁有較新的庫存，我們也能從近期成本獲益，材料成本幾乎都在下降，給了我們另一項優勢。

透過信用卡銷售、約定時間內支付供應商貨款、將零組件庫存降到最低限度，這些做法都讓我們的現金循環週期 * 遠低於其他大多數公司。這部分非常好。

但另一方面，我們成長最快的部分是銷售給企業公司、政府機構、教育和醫療機構，這類實體組織不用信用卡支付。我們需

---

* cash conversion cycle，係指現金轉化為庫存與應付帳款，透過銷售和應收帳款，再轉化為現金所需要的時間。

要延長他們的付款期限，這表示我們需要更多信貸，很多很多。這正是我需要協助的部分。

那年春天，我忙於經營自己的新公司，根本不知道我們距離真正的財務問題有多近。但李在加入我們之前發現了這一點，當時我們資助方 MBank 銀行的一位主管約他去吃午餐，並勸他離 PC's Limited 遠一點。這位銀行人士告訴他，奧斯汀的電腦加值公司與我們的業務雷同（但他們更注重零件而非系統導向，已開了幾家零售店），是匹值得押注的馬。至於 PC's Limited，這位銀行人士說，MBank 銀行已經決定凍結我們六十萬美元的信貸額度。

「我心算了一下。」李後來回憶。「我記得吉姆·西默說過，麥克的銷售額每日約十萬美元，這表示 MBank 只為六天左右的銷售額提供融資。經年累月得出的經驗法則告訴我，你至少需要為二十四天的銷售額提供融資。六天，六十萬美元是不可能的。MBank 決定不再插手戴爾的財務，麥克的供應商必須逾期很久才拿得到款項。他們一定在踹他的門，喊著要錢。」

實際情況沒那麼誇張，但我們確實非常需要資金，而李·沃克知道資金在哪裡和怎麼取得。我很幸運，這位身材高大、思考相當縝密、見多識廣的人突然轉變心意，決定留下來擔任 PC's Limited 的總裁，從他走進公司的那天起，我們就搖身一變換上全新的裝備。

我的法律顧問凱利·蓋斯特已經向李說明他即將面臨的半混亂局面。「你要做的第一件事，就是解僱財務長和會計長。」凱

利說，「他們兩人結婚只是問題的開始。」

我不在乎他們結不結婚。波頓先生讓我困擾的是，每次我告訴他我們需要更多營運資金時，他總是舉手反對，然後跟我說外頭景氣有多差。

但是當李告訴波頓夫婦該離開時，他們卻提出了一個有趣的要求。波頓先生說：「我們想要五萬美元，以免碰到摧毀這間公司的按鈕。」這絕不是隨口唬人的話。這對夫婦有各式各樣的按鈕和控制桿，只要輕輕一碰，就能讓 PC's Limited 永遠消失。

PC's Limited 不是隨隨便便就有五萬美元來遣散波頓夫婦。

但我們的新總裁馬上奠定他的價值，運用他的專業知識、過往經驗和商場關係來解決這個問題。李前些時候幫助奧斯汀一間失敗的電腦公司 Balcones 通過破產保護以重組債務，確保該公司的資助方德州商業銀行（Texas Commerce Bank）收回當初貸給這家新創公司的一百五十萬美元。德州商業銀行總裁法蘭克·菲利浦（Frank Phillips）是李的朋友，對此非常感激，而且被李決定與我們共患難所打動，所以樂於為 PC's Limited 提供新的信貸額度。

波頓夫婦走了，李在他的頭銜上增加了財務長的身分。

同一時間，儘管奧斯汀的景氣令人絕望，PC's Limited 仍持續成長，而且是爆炸性地成長。我們越來越不擔心奧斯汀的經濟衰退。雖然我們剛開始的業務幾乎都是地方性的，但三個月後，有一半的業務都在城外，再過三個月，百分之九十的業務都在奧斯汀以外。

似乎每個人都想為我們工作。當其他公司陷入困境或開始破

產時，人們紛紛來叩門，想要加入城裡這間熱門的新公司。

我們鬥志高昂、活力十足、充滿團隊精神。李和我訂下原則，兩人相鄰的辦公室之間有一道永遠敞開的門。我們經常在我的辦公室和他的辦公室之間來回走動、商討事宜、開玩笑、計劃，互相激盪出靈感。我們也是 PC's Limited 二人董事會的全部成員。李是陰，我是陽，不只是財務方面，我行事積極果斷，他則是深思熟慮。但我們的幽默感相似，相處起來很開心。我們是一支優秀的團隊。在海德維環路一六一一號的團隊精神是會感染的：生產線需要幫忙時，工程師就會加入；大量來電使得銷售員應接不暇時，製作部人員就會協助接聽。

但，如果我們沒有獨特的商業模式，再多的革命情感也是徒然。雖然還有其他個人電腦製造商（位於休士頓一百五十英里外的康柏電腦是個強勁對手，當然 IBM 也是），也有其他透過郵購或電話訂購的技術公司，但絕對沒有別間公司是按照消費者需求客製高性能的急速電腦，然後又以閃電般的速度出貨。

我們的競爭對手都在製造一體適用的電腦，並透過像 CompUSA、ComputerLand 和 Circuit City 之類的零售賣場或蓋特威電腦（Gateway）等品牌店家銷售。如同我在用電腦套利時發現的那樣，零售幾乎都有豐收或歉收問題：不是庫存過多，就是庫存不足。

我們的銷量驚人，但快速成長也帶來相當大的挑戰。其中最重要的是品質管控。一九八六年九月，我們接到一通從愛荷華州狄蒙（Des Moines）打來的電話，客戶氣沖沖地說，我們賣給他的電腦在屋內突然起火燃燒，害他的居家事業（home-based business）損失慘重。他要起訴我們，然後大喊：「還要索取跨州詐欺的三倍損失賠償金！」很遺憾，他不是唯一發生這種情況的客戶。而且，還有一些其他涉及品質問題的投訴。有品質投訴表示會有退貨，維修表示生產會放緩。如果我們沒有將製造環節把關好，正如李‧沃克後來說的，我們就完蛋了。

說來也怪，生出解決方案的契機正是某次憤怒的來信。

這封信是一位叫鮑勃‧史維姆（Bob Swem）的人寄來的，他是天騰電腦公司（Tandem Computers）北奧斯汀終端機工廠的主管。史維姆說我們一直挖走他的優秀員工，這個指控只對一半：我們並沒有主動招攬，但確實收到許多來自當地技術人員的求職申請，也從中雇用了不少人。

好好認識對手是永遠不敗的道理，李在研究史維姆和他的工廠時，發現廠長設計了一套出色的系統，靠天騰容錯電腦和軟體運作，確保生產線永不停擺。該系統的其中一環是對進入工廠製造的每台終端機部件都進行條碼化。例如，假設在外面某處有顆五十瓦的電容器出現故障，導致終端機失靈，史維姆可以輕鬆追蹤到其他裝有相同電容器的終端機，提醒那些客戶需要更換，並在問題發生前給他們送去。

我和李在兩邊辦公室之間來回踱步，想完後向鮑勃‧史維姆提了一個建議：讓我們將他的天騰電腦系統複製到我們的生產線上，這樣就不會再僱用他的員工。此外，若有任何人問起，我們會說明天騰是怎麼幫助我們大幅提高製造能力。史維姆同意了，我們的品質管控也提升一個檔次。

但品質管控變好不代表完美。我們在外面的電腦偶爾會出問

題，就像一般電腦，還是會出現即使主動更換零件和提供免費電話支援也無法解決的問題。某種程度來說，該問題的解決方案透露出另一個更嚴重的問題。

IBM 和康柏電腦占個人電腦市場的百分之五十。我們試圖擠進一個競爭激烈的領域，打算做出區別性。產品性能、特色以及快速下訂出貨是良好的開端，可是少了一個重要組成。我們正在推出優質產品，《電腦雜誌》前陣子形容我們的 286 電腦是「第一批真正有潛力的『IBM 殺手』……速度快得驚人」；但我們的企業形象可說是侷限到不行。我們是奧斯汀郵購公司，郵購意味著低價市場。想要進階升級，表示得接點埃克森（Exxon）、波音、福特、花旗銀行以及通用汽車等企業巨頭的大宗訂單。我們僱用許多銷售員來拓展生意市場，但即使可以為那些客戶提供優質產品，卻無法提供大企業所需要的那種服務和支援系統。我們被那些大企業拒絕過很多次。如果不能讓潛在投資者看到我們與大企業有生意往來，他們就不會對我們感興趣。

我們陷入兩難。注定渺小，只能在主要產業中扮演小角色。

除非……

一九八六年秋天，在加州俄羅斯河谷的員工集思之旅上（我們幾乎付不起這趟旅行，但若要想出提升工作效率的計畫，我們非常需要這次的休息），引導者要求我們在場十人進行想像練習。他問，如果願望能實現，我們會對公司的服務與支援問題許什麼願？

同行者之中有位叫金・羅爾（Kim Roell）的年輕銷售員，她是團隊裡努力向大企業推銷 PC's Limited 的成員之一。金很優

秀，個性超級外向、熱情，而且與大多數人不同，她完全不怕說出自己的想法。「我希望告訴客戶，我們會馬上解決他們的問題，」她說，「隔天就派技術人員到他們門口。」

「聽起來不錯。」引導員說。「還有別的嗎？」

「我希望免費提供。」金回。

我們在場所有人都發出「哇！酷！」的驚嘆聲，但殘酷的現實幾乎立即浮現。你要怎麼支付這些費用？

不過話又說回來，這次員旅的目的就是突破侷限的思維，除了免費服務與支援，我們最後還想出兩個可能實現的夢想：我想要拓展國際版圖，並且需要加強努力賣給大企業。

六個月後，我們實現了前面兩個目標，並朝向第三個目標前進。當時一直被我們搶走市占率的 IBM，決定也來搶我們的客人。

自從一九八一年推出開放式架構的個人電腦以來，IBM 已經見到像我們這樣的 PC 相容機製造商大量湧現並蓬勃發展。他們先前（也許出於防禦）的公開立場是，個人電腦只是該公司業務的一小部分。後來，也許是所有像我們這些熱門新興公司的成功讓他們感到不安，他們似乎突然改變主意。一九八七年四月二日，IBM 推出一款全新、封閉式架構的個人電腦，即 Personal System/2（PS/2）系列個人電腦，又稱 MCA 微通道架構（Micro Channel Architecture）電腦。很難不把 PS/2 電腦視為一種消滅 PC 相容機製造商的手段。藍色巨人想把精靈封印回瓶子裡，這樣就能像擁有大型主機市場那樣統治個人電腦行業。「電腦帝國大反擊」的時刻來了。

我真的很害怕這會是路克・天行者的末日，我是指 PC's Limited。所以我們馬上著手開發自家的微通道相容機，但需要時間，在此期間，IBM 很可能迫使我們倒閉歇業。

但接下來的幾個月，有趣的事情發生了。IBM 試圖推銷客戶改用 PS/2 時，康柏電腦和親密夥伴英特爾開始著手 ISA 工業標準架構（Industry Standard Architecture）的改良，即眾所皆知的 EISA 擴充式工業標準架構。EISA 有插槽，允許相容機製造商在 ISA 標準的基礎上建立具有額外功能的擴充卡。我們馬上展開這方面工作。

雖然 IBM 有一些客戶選擇 PS/2 電腦，但大多數並沒有，甚至有些改用 PS/2 的客戶也很快改變主意，回頭使用 EISA。最後，PS/2 電腦的銷售事與願違，儘管有些技術創新，但這款設計主要考量的是 IBM 的利益，而非客戶的利益。

我們躲過了這顆子彈，但這不是最後一次聽到 IBM 的消息。

一九八七年六月，我們正式成為一間國際公司，使用了新的名稱，或者更確切說，是新的舊名稱。在進軍英國市場前，我和李找來負責營運的安德魯・哈里斯（Andrew Harris）說：「聽著，我不能把公司叫做『PC's Limited, Ltd』，聽起來很荒謬，那我該怎麼稱呼？」

回到奧斯汀，因為我們發展太快，根本沒時間考慮這些小事。我們大概是說：「不知道，我們很忙，你來解決吧！」

幾天後,安德魯打電話回來。「嘿,你們這些人都不告訴我該給公司取什麼名稱,所以我打算就叫它戴爾電腦公司,因為那是你們的正式名稱。」

　　「好,隨便。」我說。

　　因此,我們有幾個月的時間都處於雙重人格狀態:在美國,每個人都以為我們是 PC's Limited;但在英國,我們是戴爾電腦公司。這種安排會有一定的不穩定性,但爆炸性成長向來與穩定無關,我們已經準備走向全球。

　　英國對我們來說是個天然市場,因為那邊許多人都是從電腦專賣店購買品質不太好的電腦,店內員工又對自己銷售產品的維修服務所知甚少,或是根本一無所知。而我們不僅出產優質產品,而且多虧了李·沃克和凱利·蓋斯特幾個月前簽訂的協議,我們剛成為世界第一間免費提供到府服務的個人電腦製造商。

　　漢威布爾(Honeywell Bull)是國際集團漢威聯合(Honeywell)最近合併的資訊系統部門,當時正在製造大型主機,他們因全球服務營運成為我們的最佳夥伴。根據李和凱利敲定的合約條款,我們每生產一台電腦就會向漢威布爾公司支付三十美元,只要我們出產的電腦有需求,他們就會在美國或英國的任何地方提供當日或翌日的到府服務。我們不打算把三十美元成本轉嫁在客戶身上,根據我們的預估,免費現場服務的保證將創造足夠的新銷量,這項開支很快就能回收。

　　結果印證了預估是正確的,這對我們來說是巨大的進步。現在可以向大型企業和美國政府出售客製化的 PC's Limited 品牌電

腦，並保證免費到府服務。這表示各大企業和美國政府看到我們銷售員不會再什麼都不聽，扭頭就走。

而且有了一位四十五歲、真正成熟且經驗豐富的企業家擔任總裁和財務長，我們現在可以獲得以前拿不到的各種營運資金貸款。與二十一歲的執行長不同，李·沃克可以去找像德州商銀總裁法蘭克·菲利浦這樣的人物，然後說：「你看，德士古、埃克森、孟山都，這些大企業，更不用說美國政府了，他們都有帳款尚未支付給這間公司。根據應收帳款提供我們一筆融資吧！」銀行家會說：「好吧，李，雖然不認識那孩子，但我們相信你。」

儘管如此，單靠信用貸款仍不足以帶我們到想去的地方。

我們的銷售額從一九八六財年的三千三百萬美元，上升到一九八七財年的六千萬美元。預估一九八八財年可達到一億多美元也不是什麼誇張的想法，至於在那之後，誰知道？然而誇張的是，我們手上現金只有三十多萬美元。李牢牢地控制財務，使我們保持盈利狀態，但也只是勉強維持。我們需要真正的營運資金以進行更多的研究與開發、僱用更多人才、購買更多最好的零組件，而不只是信貸額度而已。讓公司上市似乎是自然而然的發展趨勢，也是獲取我們所需資金的唯一選擇。

就在那個時候，投資銀行開始打電話來。

有很多追求者慕名而來，因為我們是年輕的熱門公司，而且越來越熱門。我們放出很多風聲，無論是關於我們正在執行的商業活動還是其背後的產品：高品質、客製化的產品，因為沒有零售通路加價，所以價格非常有競爭力。

其中有六位銀行家到奧斯汀找我們。他們預見我們將來的各

種成就，描繪了各種關於帶我們達成目標的做法。聽他們說這些內容很有趣，但每次會面結束，我和李都會互看對方，然後搖頭。聽別人講你想聽的話固然好，但當高糖效應的興奮感逐漸消失，你會開始懷疑裡面是否真的含有任何營養成分。

我們需要從大公司前輩那裡聽到真實的說法。

一九八七年春天，我和李去紐約市與當地最大的幾家投資銀行會面。說來也奇怪，我們去的前兩家公司都是我母親在休士頓任職過的公司。赫頓公司拍的電視廣告很紅，他們的經典廣告台詞是「赫頓一開口，人人洗耳恭聽」。我們不知道當時他們有些股票經紀人因為黑道洗錢正在接受聯邦調查，後來該公司很快就被迫與薛爾森・雷曼／美國運通（Shearson Lehman American Express）合併。他們辦公室讓人覺得緩慢而昏昏欲睡，可能因為那裡的人知道或感覺事跡已經敗露。

普惠投資公司也有自己受歡迎的廣告宣傳活動，其經典台詞是「謝謝你，普惠投資公司」。他們在美洲大道上有間明亮、耀眼的新總部，但無論出於什麼不同原因，那裡的氛圍也是令人振奮不起來。

高盛集團則是完全相反。他們的員工（甚至連辦公室的牆面）都散發出活力、智慧與上進心，還有成功。他們在首次公開發行（IPO）方面的業績令人驚嘆，當時正努力爭取成為我們在華爾街的合作夥伴。我和李兩人又對看一下，但這次是瞬間且直覺性的點頭：就是他們了。

高盛對我們只有兩項條件。第一，李必須放棄財務長的職位，既是總裁又是財務長會讓他缺乏足夠的客觀性，對一間上市

公司來說形象不好。第二，我們必須有真正的董事會，二人董事會是行不通的。「我們至少要有五個人。」高盛說。

我和李商量了一下，首先想到兩名在奧斯汀的最佳人選。喬治・寇茲麥特斯基（George Kozmetsky），他創辦過幾間財星一百強（Fortune 100）的公司，並擔任過德州大學商學院院長。他亦為企業家成立了一個叫做 IC2 的智庫，即建設性資本主義研究所（Institute for Constructive Capitalism）。我見過他幾次，非常尊敬他。另一名人選是退役海軍上將、前國安局局長、前中情局副局長鮑比・雷・英曼（Bobby Ray Inman）。他正在經營一間由頂尖技術公司組成的聯營企業，名為 MCC 微電子和電腦技術公司（Microelectronics and Computer Technology Corporation），他致力於找出在發明領域超越日本人的方法，當時日本人似乎正邁向主宰世界技術之路。我和李都認為他們是極佳人選，於是告訴高盛，我們會盡量說服他們加入，到時候也自然會想出第三位人選。

但高盛也認為我們現在還不應該上市，他們說這個過程既複雜又耗時，而且我們也很清楚光是公司的運作就已經忙得不可開交。他們反倒建議我們先進行私募籌資，從金融機構、高淨值的個人以及各類基金當中找尋二十到三十名股東。高盛對我們的市場性（marketability）絕對有信心。

接著，一九八七年十月十九日迎來了「黑色星期一」（Black Monday）。

那天，股市單日市值蒸發百分之二十三，是一九二九年十月黑色星期四（Black Thursday）股災損失的兩倍，時值大蕭條的

開端。李還記得，他走進我辦公室告知這項壞消息時（他當下確信我們的私募籌資計畫已經完蛋），我正忙著做自己最喜歡的消遣活動，拆解競爭對手的電腦，查看並比較對方與我們配備的差別。

也許我應該更關心一點，也許他不應該那麼操心。李已經四十六歲，容易擔憂；我那時候才二十二歲，一切都在前進。我時至今日仍然相信，就算沒有私募籌資也可以繼續發展，因為我們的成長就是如此驚人。但李瞭解資產負債表與銀行家的現實，有時這些現實的殘酷足以讓他寢不能寐；與此同時，對未來興奮不已的我卻睡得像嬰兒般香甜。

結果最後奇蹟發生了：在那個黑色星期一進行的數百筆融資中，我們是唯一的倖存者。當上千名買家退出的時候，我們的買家卻堅持了下來。為什麼？因為他們相信我們的商業模式，並認為有機會一開始就參與其中感到興奮。其中也有我的父母，他們投資了五十萬美元，這筆錢占他們當時積蓄的一大部分。因為整個技術領域還沒有別人像我們這樣，而且沒人可以否認我們的財務狀況。如果有某樣產品的年增率是百分之百，那至少說明大家喜歡這樣的產品。除非涉及違法，但我們所做的並不違法、沒有違反道德，也不容易發胖。簡直太有意思了。

進行私募籌資前不久，李偕同銷售與市場負責人來找我，說：「為什麼不乾脆叫這家公司戴爾電腦公司（這是公司的實際企業名稱），就不要用 PC's Limited 了？戴爾電腦這個名字在英國表現得不錯。」李早想這麼做了，我們為此發生過幾次小衝

突。我知道他討厭 PC's Limited 這個聽起來平凡無奇的名稱，他也知道我喜歡這個名稱，因為這個名稱代表我的孩子，是我在杜比二七一三室成立時候的名稱，現在每個月都有數百萬美元的銷售額。如果客戶們喜歡，何必改名？

我也對於以自己姓氏命名公司持懷疑態度，這可能被當成虛榮行為，而虛榮真的不是我的個性。還有一個原因，一件我不能和任何人討論的事：要是我們草創時期的熱度降溫怎麼辦？要是我們破產，像一九八〇年代中後期的許多電腦公司一樣呢？那麼屆時「戴爾電腦公司」的意義將完全不同。

我不斷想起一位叫亞當·奧斯本（Adam Osborne）的科技創業家，他在一九八〇年代初期發明了一款名為「奧斯本一號」（Osborne 1）的可攜式電腦。該款電腦一度非常受歡迎，直到他宣布即將推出升級版機型——「豪華版奧斯本」（Osborne Executive）。問題在於前一款電腦推出的時間還不夠久，但出於對新版電腦的期待，民眾立刻取消奧斯本一號的訂購，收入隨之停擺，沒有待售的新產品，而且很多供應商需要付款，所以奧斯本先生破產了。結果雪上加霜，財經作家們將這次慘敗稱為「奧斯本效應」（Osborne Effect）。沒有人希望因為這種情況被人們記得。如果我剛起步不久的公司破產，我連想像有人談論戴爾效應（Dell Effect）都不願意。

但是李和其他人繼續說服我。「PC's Limited 感覺是出售低價市場的產品，聽起來像『郵購』。」他們說，「我們正在提升自己的競爭力，希望與 IBM 和康柏電腦相提並論，我們希望我們的名稱聽起來能像在同層級中競爭。」

他們講到我很煩，我也明白他們的意思。很快地，我們開始寄出印著我姓氏而非「PC's Limited」的電腦。起初覺得怪怪的，但仍在飆升的銷量一點也沒有受到影響，我很快就習以為常了。

＊　　＊　　＊

我每天心情愉悅地工作十六小時，在辦公室吃飯，在辦公室睡覺。我的工作就是生活，公司就是我第二個家。若有人說成立一間公司可以兼顧工作與生活，那人肯定在撒謊。有哪裡好像不對勁嗎？我對成功懷抱強烈渴望，但我也是人，我知道我的生活缺少了某些東西。儘管如此，我似乎也無可奈何。

剛上德州大學的前幾個月，我交過一個女朋友，但隨著我開始忙於 PC's Limited 的成立和運作，這段關係很快就被我緊張的工作和差旅行程犧牲了。所以當巴迪‧巴頓（Buddy Patton，他是威騰電子〔Western Digital〕的推銷員，我們控制器晶片的供應商之一）跟我說：「嘿，我爸說你應該見見這個女孩子，蘇珊‧利柏曼（Susan Lieberman）」。我回他：「巴迪，我這裡有點忙，我很多事要做。」

巴迪的父親大衛‧巴頓（David Patton）在奧斯汀經營一家名為「首都紙器」（Capital City Container）的紙箱公司，向我們出售用來裝運電腦的紙箱。大衛和蘇珊‧利柏曼有過幾次生意往來，她是達拉斯房地產巨頭川莫爾‧克羅公司的廠房租賃代理。大衛對巴迪說：「欸，她是猶太人，單身；你朋友麥克‧戴爾也是猶太人，單身。不如介紹他們倆認識？」

「我爸說她很可愛喔。」巴迪對我說。

「我不知道啦，巴迪。」我說。「而且你爸說的可愛和我想的一樣嗎？不知道，我真的很忙，你幹嘛不自己去看她？」

當時剛好威騰電子也需要租借幾個場地，所以巴迪有了去見蘇珊・利柏曼的藉口。她給巴迪看了一個地點，結果正好是巴迪要找的，所以他們就簽下了租約。巴迪回到我辦公室說：「她真的很可愛，麥克。」然後遞給我一張寫有她電話號碼的紙條。可是巴迪一離開，我就把這張紙條塞進擺在桌上的字典裡面，然後就忘了。

我的字典外面用黑色皮革書套包住，其實是因為我對於在桌上放字典有點不好意思，可能是因為我提早從德州大學退學，也可能是因為英文向來不是我最擅長的科目。我有時候會聽到或讀到不懂的單字，而我總是對一切感到好奇，就會從這本祕密字典裡查單字。就在巴迪來過後不久，某天我在查找單字，大概是「intrinsic」（本質的）或「concomitant」（伴隨的）之類的字，我看到那張寫有蘇珊・利柏曼名字和電話的紙條，於是決定，管他的，打過去邀她吃午餐吧。

我們在奧斯汀一家叫 Chez Fred 的小酒館見面，從她一進門我就覺得這個女生非常可愛。金髮碧眼，運動型，不錯。當我們坐下來開始交談之後，我發現她也很聰明，熱情親切又活潑迷人。雖然別人對相親的看法不怎麼樣，但從我的角度來說，這次相親似乎進展得還算順利。那她怎麼看？依照蘇珊的說法，她對我穿著西裝幫她拉椅子的印象深刻，她也喜歡我不會吹噓講大話（顯然她和很多愛吹牛的傢伙約會過）。但後來我設法打斷這段

談話。

蘇珊問我上哪間學校，我實話實說，說我在德州大學讀了一年，然後退學創辦一間電腦公司。但她主要聽到退學的部分，而她當下想法是「啊，是喔」，我從她臉上看得出來。

「那你幾歲了？」她問。回想當年，我的臉頰圓滾滾，戴著大眼鏡，一頭亂蓬蓬的捲髮，我承認自己長得比較孩子氣。但我想蘇珊・利柏曼當時可能以為她正和一位十九歲的大學中輟生共進午餐。

我告訴她，自己再過兩週就滿二十三歲了。

「喔天啊，你還只是個孩子！」她說。

我想都沒想就脫口而出：「我不是小孩子了，我有自己的公司！」

「哪家公司？」

「PC's Limited。」

她身上的商界女強人雷達啟動。「你認識史丹・賽柯斯（Stan Sykes）嗎？」

「認識啊，他是我的製作部副總。」

「什麼意思？你的製作部副總？」

「嗯，他是我的員工。」

「等等——你就是那個在廠房區和辦公區都有據點的孩子？」她指的是我們從川莫爾・克羅公司那裡承租的倉庫和辦公室。「所以這是你的公司？」

我笑了笑說是的。接下來的午餐進展得很順利。

我必須去歐洲一個星期，參觀我們在英國的新辦公室，並研

究在歐洲設立其他辦公室據點的可能性。回來後，我又打給蘇珊・利柏曼，問她願不願意星期天去巴爾頓溪畔步道散步。她說好。我們邊走邊聊，邊聊邊走，我們聊得越多，越瞭解彼此的共同之處。等到我們回過神來，四個小時就這樣過去了。

那是一九八八年的情人節。過了三十多年的情人節，我們依然在散步聊天。

同年六月，戴爾提出上市申請，文件繳交後，我們立即收到一封小公司絕對不想從大公司那裡收到的郵件：IBM 以掛號寄來的警告函。上面寫道：「親愛的戴爾電腦公司，我們合理認為你們可能侵犯了我們的一些專利。」

雖然我嚇了一跳，但並不意外。

我們經營了四年，從一人公司發展到數百萬美元的企業，開發出各種 IBM 相容機，包含前陣子，我們的第一台 386 電腦（多虧另一位才華洋溢的新工程師大衛・倫斯福特〔David Lunsford〕）在一場激烈競爭中擊敗 IBM、康柏電腦和其他公司。《電腦雜誌》最新一期報導了這項比較測試，稱我們的機種「速度快到可以把荒漠地的沙子燒掉」。

這是個極高的評價，但 IBM 的掛號信可不這麼認為。

信函內容說得沒錯。我們發展腳步實在太快、太專注，沒有想到為我們開發的任何產品申請專利。IBM 的專利數量多到數不清，而戴爾電腦公司的專利數量為零。

李、凱利和我坐上飛機，往北飛到 IBM 位於紐約州阿蒙克（Armonk）的總部與他們會面，感覺像被叫到校長室。比那樣

更糟。私募籌得的兩千兩百萬美元已經迅速流向供應商、研發部門、不斷增加的工資，在我們急需資金的時候，藍色巨人的訴訟可能阻礙我們的首次公開發行 IPO，也可能讓我們的發展停滯不前。

戴爾此時是美國第七大個人電腦製造商。奧斯汀房地產景氣蕭條，使我們得以在植物園大道九五〇五號（9505 Arboretum Boulevard）租下一整棟九層的玻璃商辦高樓；加工製造則是在奧斯汀北部布雷克地區（Braker）的一間廠房內進行。儘管我們規模很大，而且週週都在擴張，但與 IBM 相比依然微不足道。毫不誇張，他們未來感十足的建築遍布在廣大園區內占地數英畝、修剪整齊的草坪上，看起來有點嚇人。

甚至我們走進的大樓內部也顯得冰冷、毫無生氣，使人發慌。所有男性（幾乎沒看到女性）都身穿制服：深色西裝、白色襯衫、紅色領帶。沒有人留鬍子。與衣著輕便的奧斯汀相差甚遠。

但 IBM 的授權部主管艾密特‧默薩（Emmett Murtha）表現得非常友善。握手時面帶微笑，一起坐下來喝下午茶，由他的秘書用精美瓷杯倒好端上來。

有什麼理由不友善呢？他已經吃定我們了。

不過，默薩一開始便試圖讓我們安心。他說，他並不想讓我們破產，只是要求我們每台出貨電腦支付一筆很小的費用，因為我們顯然從使用 IBM 技術中獲益。

「費用多小？」我問。

默薩笑了,「百分之三。」他說。

我和李對看了一眼。那時候我們每台電腦大約可以獲得百分之五的銷售利潤,所以百分之三是筆不小的數目。

理論上,我們可以簡單地將這筆百分之三的費用轉嫁給客戶。但如果這麼做,還能賣出這麼多電腦嗎?我們所有的競爭對手(當時美國大約三十六家個人電腦製造商)也會提高價格嗎?IBM 是不是也向康柏電腦抽取百分之三?也許康柏擁有的專利比我們多(那並不困難)。

李、凱利和我可能心裡都在想同樣的事。但還能怎麼辦呢?一九八八年六月六日,我們與 IBM 簽訂一份授權協議,根據該協議,我們獲准製造並銷售與 IBM XT、AT、PS/2 相容的個人電腦,並將向他們支付過去、現在及未來銷售具有 IBM 專利技術之機種的專利使用費作為回報。

雖然利潤少掉一大部分,但我們想應該有辦法彌補差額。

六月二十二日,我們進行首次公開發行:以每股八・五美元的價格釋出三百五十萬股。我們現在是一家上市公司,以「DELL」為代碼在納斯達克證券交易所掛牌上市,現在可以喘口氣了。

* * *

回到一九八六年,大概是李・沃克加入團隊的時候,我決定要買一棟房子。我也不知道為什麼,可能是受到李的成熟影響。我的銀行帳戶有足夠的錢支付頭期款,那陣子剛好遇到一位不錯的房產經紀人,一位名叫希拉・普羅斯基(Sheila Plotsky)

的中年女性。希拉可能把我當成銷售對象，她喜歡週末載我四處看看可能購買的物件。某個星期六下午，她帶我去城市北部一處優美的地段，那裡可以俯瞰奧斯汀西部山丘，地址是瓦爾布環路五三〇九號（5309 Valburn Circle）。

大而寬敞的現代風住宅，占地幾英畝，前院有廣闊草坪，後院有漂亮泳池。我春末時候搬進來，立刻著手將這裡布置成屬於自己的地方。屬於單身人士的擺設，比方說皮革沙發、毛絨地毯、懶骨頭。沒錯，還有塑膠植栽。沒有哪一種真正的植物承受得住我的不聞不問，更別說我的工時很長，有時在辦公室一睡就是好幾天，而且還定期要到歐洲和亞洲出差。大螢幕的索尼電視和搭配 Klipsch 大型揚聲器的立體音響擺在客廳；屋內有五間臥室，其中一間改成書房兼辦公室，所以我可以在書桌前工作，在快創（Quotron）行情數據機上管理股票投資。還有一間臥室改成居家實驗室，擺滿許多電腦原型機和零件。有時候我會在裡面待到很晚，把機器拆開，更換零件，拆焊，然後再重新焊接。

有時候我也會參與社交活動。七月四日那天，我為所有工程師舉辦了一場盛大派對，在泳池旁烤肉，擺著桶裝啤酒，配上從揚聲器傳出來的滾石樂團、吉米・罕醉克斯、門戶樂團、羅西音樂等歌曲。

這裡是適合生活的好地方，也是不錯的棲身之所。某次我要去亞洲出差，提著行李箱下樓，發現客廳地毯上有隻蠍子。我心想，糟了。我到廚房拿了一個咖啡杯蓋住蠍子，就去亞洲了。幾週後我回來時，當然早已忘得一乾二淨，但杯子還遺留在客廳地毯上。我把它撿起來，蠍子竟還活著，這種生物韌性很強。

但我和蘇珊・利柏曼開始約會後，一切就變了，尤其是當她開始在我家過夜的時候。不再有桶裝啤酒派對，不再有塑膠植栽，也不再出現蠍子。我唯一能說服她搬來同居的方法是同意每週請清潔人員打掃一次，還有，把居家實驗室變成健身房，並提供登階機。

　　我在那裡住了一段時間後，奇怪的事開始發生。我在商界的成功引來許多關注，包含當地媒體，我開始偶爾注意到路過我家的車會放慢速度看一下。有時候，真的有人會把車子停在我的車道，走來按門鈴，就只是想跟我握手打個招呼。每個人都非常友好和心懷善意，直到有個不是如此的人出現。但那是之後的故事了。

　　那年七月，我們上市後不久，有個人來按我的門鈴，是我出外散步時遇過幾次的鄰居。格倫・亨利（Glenn Henry）是位中年男性，與妻子、十幾歲兒子住在隔壁第二家，在 IBM 工作。

　　這條街上住有幾位藍色巨人公司的員工並不是什麼稀奇的事，但格倫・亨利不僅替 IBM 工作，還是 IBM 院士（IBM Fellow）。這是在美國頂尖公司中的最高榮譽。格倫是 IBM System/36 的業務副理，System/36 是一款多用戶、多任務處理系統的小型主機，主要適用於小公司。這是一份重要的工作，使他富足並得以在市區這個好地段買下好房子。他後來告訴我，我剛搬來的時候，附近謠言四起，說有位二十一歲的年輕人可能是毒販，剛剛買下瓦爾布環狀路上最大的房子。

　　那為什麼格倫・亨利那年七月下午會來按我家門鈴？原來他在《奧斯汀美國政治家報》（*Austin American-Statesman*）上看到

我們首次公開發行的消息。「我想去你們那裡工作。」他告訴我。我請他進來喝杯咖啡。

我們兩人坐下來聊天。格倫是工程師，而工程師通常不會有什麼誇張舉動，所以他主動提議跳槽來我這裡事關重大。他家有妻小，有房貸，自己也有份非常穩定的工作。他已經在 IBM 工作了二十多年，他的妻子真的很希望他繼續待下去。但談話過程中，我可以看出他覺得自己受困於毫無新意的公司文化，我們在阿蒙克會見默薩先生時也有強烈的感覺。根據格倫的描述，其他 IBM 院士和 IBM 管理階層都瞧不起個人電腦。他的上司，該公司的某位副總裁認為，個人電腦將成為大型主機的理想終端設備。僅此而已。

然而，格倫認為個人電腦改變了遊戲規則。那時候世界上大概有數百萬台個人電腦，但他認為這個數字將會成長到數十億。我也是。談得越深入，我越發覺格倫・亨利與我們的目標多麼接近。等到我們喝完咖啡，我邀請他加入我們這群此時已經將近千人歡樂的反叛軍，並率領我們的研發團隊。

距離機會剩一百五十八英里。

這句話是我們放在宿敵康柏電腦的休士頓總部外面廣告牌上的囂張標語。為了讓大家明白，標語下方有個指向西邊奧斯汀的大箭頭，還有我們公司的商標。

有些人跟隨這個箭頭加入我們的反叛部隊，像格倫・亨利一樣。從康柏電腦跳槽過來的新員工，比跳槽過去的人多。我喜歡這種方式。我喜歡這個領域的競爭，無論是對上康柏電腦的羅

德‧肯尼昂（Rod Canion）、電腦加值的比爾‧海登（Bill Hayden），還是蓋特威電腦的泰德‧維特（Ted Waitt）。

享受挑戰，贏得漂亮。

特別是與康柏電腦的競爭。他們比我們早幾年起步，從班‧羅森（Ben Rosen）那裡拿到兩千五百萬美元的創投資金，反觀我們，我的資本只有一千美元。他們擁有優秀、民主平等的企業文化，他們位於休士頓郊外的矽谷風格園區沒有預留的停車位，即使是執行長也一視同仁。康柏電腦有頂尖聰明的工程師、強大的研發能力以及與英特爾的特殊合夥關係，所以微處理器的各項進步（英特爾在這部分享有實質壟斷地位）都先流向康柏電腦。

然而康柏電腦缺乏價格優勢。他們的營運成本占收入的百分之三十六，我們精簡務實的成本只占百分之十八。他們只在零售通路販售，雖然電腦機種設計精良、值得信賴，但價格相對也很昂貴。我們知道在價格方面可以打敗他們，而且接單生產模式比他們更靈活，到府服務也讓我們在信賴度方面與他們勢均力敵。

我們真的在一個競爭激烈的領域打出一片天，好比斗膽闖進圈子的外來者，握有殺手級的商業模式。《商業週刊》（*Business Week*）稱我們是「德州最熱門的小電腦製造商」，我一點也不介意。頑皮前衛的廣告也表現出「大衛對抗巨人歌利亞」*的主題。

---

* 譯註：出自於聖經故事，意指小人物打敗巨人。

廣告宣傳對我們非常重要。我從親身經驗得知，技術人員相當關注《電腦雜誌》、《電腦世界》（PC World）以及《資訊世界》（Info World）上面的廣告。我們早期的廣告由當地一家小型廣告代理公司製作，從奧斯汀報紙開始刊登，然後拓展到全國各地媒體，文案內容簡單明瞭：「PC's Limited 來了。我們專做好產品，歡迎購買。」

　　但在私募籌資前不久，也就是改名後沒多久，我們決定是時候永遠擺脫低廉市場、平價郵購產品的形象了。聘請世界級廣告公司會花很多錢，但我和李都認為值得投資。

　　我們於一九八七年二月與賴利廣告（Hal Riney & Partners）簽約，這家活躍的舊金山廣告公司曾替酒精飲料品牌巴特士與詹姆士（Bartles & Jaymes），以及嘉露酒莊（Gallo wine）製作過引人矚目的全國性廣告。我們設定了五百萬美元的廣告預算，請賴利公司為我們製作幾則不錯的廣告，但最後不符合我們的市場定位。打從一開始，賴利公司就想打造一種鄉土氣息的企業形象：西部牛仔風，因為我們在奧斯汀。即使這種形象對我們要進軍的世界市場不完全錯誤，但存在著侷限性。我們不會戴著德州牛仔帽、穿著 Tony Lama 牛仔靴去工作，也不希望讓客戶以為我們會這麼做。

　　與賴利解約後，我們知道只有一家廣告公司適合，就是獲獎無數的 Chiat/Day 廣告公司，他們替蘋果設計了顛覆傳統的平面廣告和電視廣告，包含在一九八四年超級盃比賽期間播出，毀譽參半（但效果十足）的「一九八四」廣告。我們與 Chiat/Day 簽約時將廣告預算提高一倍，但我認為廣告效果非常值得。一九八

九年秋天，他們為我們設計了一個平面廣告，標題是「戴爾對於客戶滿意度的官方立場」（DELL'S OFFICIAL POSITION ON CUSTOMER SATISFACTION）。下面是《電腦週報》兩項民調排行榜，從價格、相容性和支持度等方面對各大電腦製造商的386和286機型進行評比。我們在兩個排行榜都位居首位，領先康柏電腦、虹志電腦（AST）、Zenith以及IBM。「總之，這兩項調查讓人大開眼界。」敘述文字寫道，「事實上，讓電腦產業的所有人都感到震驚。當然，除了我們和我們的客戶以外。我們不只贏得這兩項民調，我們處理速度20MHz、適用System 310的386電腦也剛獲《電腦雜誌》評為編輯首選。」

這個廣告讓我們從競爭中脫穎而出，也反映在銷售表現上。我們的銷售額從一九八七財年的六千九百萬美元，上升到一九八八財年的一億五千九百萬美元，再增加到一九八九財年的兩億五千七百萬美元。銷售破億當然很棒，但隨著每年幾乎翻倍成長，開始考慮銷售突破十億也不是什麼多誇張的想法。

* * *

進軍英國市場後，我們也先後在德國、加拿大（一九八八年）以及法國（一九八九年）開設子公司。從各個指標來看，一九八九年是成果特別豐碩的一年，但仍有幾個值得注意的失敗。奧林匹克項目（Project Olympic）是我們首度嘗試伺服器業務，它是相當複雜的技術開發。我們為一個叫RAID（Redundant Array of Independent Disks，容錯式獨立磁碟陣列）的儲存系統設計了自家的矽晶片，採用多個微處理器建構伺服器。但這個項

目野心太大，所以沒有成功。

那年我們也碰到庫存規劃不當的危機：我們設計的主機板缺乏靈活的記憶體配置。由於業界的記憶體晶片規格提高，導致舊庫存、無法盈利的產品過剩，讓我們苦惱不已。這是一個嚴重的失誤。

但不怕失敗是通往真正成長的唯一途徑。正如美國前第一夫人愛蓮娜‧羅斯福（Eleanor Roosevelt）所言：「你必須去做你以為自己做不到的事。」然後沿路上的每一步、每一次失敗和挫折都讓我和公司變得更強大、更有韌性。因為在奧林匹克項目的跌跤，我們發展出強大的工程設計實力，讓我們能夠迅速將該伺服器架構重新利用在與 IBM 相容的新系列電腦機種；而庫存規劃不當的危機也教會我們如何在庫存管理方面更靈活有效率。

所以就我個人而言，一九八九年是我收穫最多的一年，至今仍能引起共鳴。

隨著公司日益發展，我和比爾‧蓋茲（當然，我們和他有很多生意往來）、史帝夫‧賈伯斯也都有不錯的交情，他們都大我十歲左右，都是我非常敬佩的人物。但比爾和史帝夫都有一個我不想模仿的重要特質：他們（當時）都單身，好像都和自己的公司結婚。我真的不想十年後醒來，發現自己沒有妻子和家人。

就這樣，一九八九年十月二十八日，在我的家人和許多同事的見證下，李‧沃克擔任我的伴郎，我與蘇珊‧利柏曼結婚，展開我人生中最幸福、最有意義的旅程。雖然在商界得到了許多巨大成就，但和蘇珊結婚、共同撫養四個孩子相比，這些都相形見絀。

那種對未來充滿希望光芒的滿足感一直延續到一九九〇年初，當時《Inc.》雜誌將我評選為排名第一的年度企業家，對未滿二十五歲的人來說是莫大的榮譽。李・沃克在隨後的文章中說了一些關於我的好話，我知道李是意志堅定、心地善良的人，所以明白他說的每句話都是真誠的。他說：「麥克・戴爾所做的事情對他來說是如此自然，發自內心自然流露，所以（看起來）彷彿他採取低調的作風。他對自己的發展方向有非常清晰的願景，所以能夠跳脫背景噪音，避開通常會害創業者跌倒的陷阱。」

　　李也很謙虛，是他帶領我們克服了上述的重重陷阱。

　　但在冬天轉入春天之際，他告訴我，他該走了。

　　他後來寫道：「擔任戴爾電腦公司總裁，是一份朝五晚九的工作。」

　　這份工作需要處理困難的人事決策、關注財務、權衡利弊得失、制訂戰略方針、依州情不同個別實施，還有不計其數的內部策略操作問題。

　　我已經忘記我一開始其實不想接下這份工作。我陷入複雜多元的難題，捲入打敗 IBM 和康柏電腦的競爭之中。我忘記很久以前剛開始創業的時候，我掉了很多頭髮，背痛得很嚴重……

　　我和麥克性格迥異。他是那種在國際高科技競爭壓力下成長茁壯的商界人士。我不是。那種異常複雜的競爭舞台賦予他能量，但我已經被打垮，到了身心都無法繼續下去的地步。

壓垮李的最後一根稻草是國際出差。過去幾年，除了在戴爾美國公司的職責外，他還前往加拿大、英國、法國、德國和瑞典，協助海外子公司的設立與運作。一九九〇年三月，他去巡視我們在英國和德國的業務部門，花了十一個小時飛回奧斯汀的家，然後下背部立即開始感到難以忍受的疼痛。他在差旅途中染上了一種難以治療的腦膜炎。

是時候讓他放手了。

李說再見的時候，我們都落淚了。我們一起經歷了很多，也完成了很多事情。在這四年裡，我同時經歷了許多成長。雖然知道沒有他的日子會很難熬，但我有信心可以接著繼續往前走。

第九章

贖回戴爾

二〇一三年七月的最後幾天，我們的收購提案似乎已經走到尾聲。

七月三十日，隨著八月二日股東大會即將到來，特別委員會表示將接受我們每股十三‧七五美元的出價，並同意我們的提議，設定一個新的、較晚的股權登記日。照我們看來，將登記日往後延能讓最近押注收購的避險基金套利者投票支持我方。

但是，委員會仍堅持嚴格的表決標準：沒出席視同反對票。只有在大多數流通股投票贊成收購交易的情況下，委員會才會接受我們的出價，而根據我和銀湖在這個變化莫測的過程一開始與特別委員會敲定的投票規則，那些沒有投票的三億股股票對我們相當不利。

根據路透社七月三十一日報導，**拒絕更改投票規則，戴爾收購案搖擺不定**。「戴爾股價跌逾百分之四，低至十二‧二八美元，為一月十四日收購消息傳出以來最低，突顯股東對交易前景的不確定。」

事實上，這起交易瀕臨破裂。特別委員會曾明確告知，如果我們還是沒有拿到足夠的票數，不會再有第三次延期。

同一天，卡爾・艾康向我們董事會和股東發了另一封公開信，標題很有想像力：

讓絕望的戴爾潰敗而亡吧

信上內容呼籲特別委員會最終斷然拒絕我和銀湖：

談判達成一項價值遭低估的強迫合併（freeze-out merger）協議、不斷推動該協議獲得批准，甚至試圖放棄併購協議中最重要的股東保護條款之一（表決標準）……，麥克・戴爾已經透露出我們需要知道的一切。坦白說，如果他的強迫合併最終被駁回，我們擔心他會為了控制戴爾而做出什麼舉動。具體來說，他會不會購入更多股票，進一步增加在公司百分之十五的股份，試圖確保他對年度股東大會的控制呢？戴爾董事會必須審慎考慮這個問題，應該阻止麥克・戴爾透過買股來買票。我們認為麥克・戴爾影響力所造成的不良後果，大家已經感受到了。自從麥克・戴爾重新接任執行長以來，股價從二十四・二二美元跌到今天上午的十二・四六美元。強迫合併自始至終都是他的主意，但事實證明並不受歡迎。

董事會不該幫助他，允許他增加在戴爾公司的影響力。

這是在轉移注意力。艾康明知道從二月五日開始，我和其他聯屬股東（包含蘇珊和我的家人）尚處於等待義務（standstill

obligation）的約束狀態：我們已經同意在這次談判期間不再購買任何戴爾股票。但在提到表決標準（「最重要的股東保護條款之一……」）時，他把矛頭指向特別委員會和我之間的癥結所在，鼓勵委員會緊抓這點不放。如果他們真的堅持不改表決標準，那麼肯定會發生以下兩種可能情況之一：（1）我和銀湖將不得不透過某種方式增加我們「最好且最後」的報價，才能獲得委員會的讓步，因而增加艾康的股票價值；或者（2）我們將在投票中輸掉，交易失敗。如果交易失敗，戴爾股價可能暴跌，嚴重降低艾康的股票價值，使公司在各方面都處於弱勢。隨著我們十月的年度股東大會和董事會選舉即將到來，屆時艾康說要換掉董事會（和我）的威脅將具有真正的破壞力。與此同時，我們第二季收益下降百分之七十二。

艾康真的想要以犧牲他的戴爾股票為代價來阻止交易，只為了獲得對一家貶值公司的控制權？不太可能。我認為他在虛張聲勢，喚醒他過去剝離公司的恐懼來逼我們提高價格。

無論如何，不確定性像一股難聞的氣味瀰漫在空氣中。

三十一日上午，我和伊根去電特別委員會。亞歷克斯·曼德爾必須處理家務，所以我們和亞歷克斯的職代肯·杜波斯坦交談。「怎樣才能達成交易？」我們問。

「提出更高的價格。」肯說。

話說得簡單，執行可不容易。我們出價每增加一分錢，就代表要增加一千五百萬美元，雖然伊根已經傾盡所有，但他的合夥人已經劃出底線：十三·七五美元是他們願意出的最高價。

現在，看到這裡，你可能會想，麥克是有錢人啊！為什麼不

從他自己口袋掏個幾億美元，讓這件事告一段落？

有幾個原因。

打從一開始，也就是從我和伊根在夏威夷散步時第一次談起這個念頭的初期開始，我就知道在私有化過程中擁有一個合作夥伴對我極為重要。如果完全由我決定收購戴爾的價格，那就會產生內在矛盾：我需要一個夥伴，還有一個由獨立董事會成員所組成的特別委員會，以確保股東盡量獲得最好的交易。所以，如果我在收購接近尾聲的時候直接多扔出一些錢，可以說是非常不明智，這樣會讓銀湖顯得好像不是正式的合作夥伴。

此外，這樣會讓我個人信譽岌岌可危。我在電視上說，十三‧七五美元是我們最好且最後的出價。若是突然改口說「好吧，這是我們新的最好且最後出價」，也不是個好主意。

然而，我和銀湖也知道，無論我們現在是以每股十三‧七五還是十三‧八五美元的價格收購公司，五年後真的都無關緊要。五年後這家公司的價值不是大幅增加，就是大幅縮水，今天差個幾美分都不會有什麼影響。

伊根和我商量了一下，然後想出這個辦法：我們會在原先出價再加上八美分的特別股息，達到每股十三‧八三美元，方法是降低我在交易中的股票價格。另外，如果整個交易因為新的替代交易而取消，銀湖公司同意接受將其分手費從四億五千萬美元減到一億八千萬美元。

但我們說，這些讓步的前提是，特別委員會必須同意改變表決標準。

我們帶著修改後的提案回撥。肯說他們會討論這件事，幾小

時後再通知我們。

那天晚上杜波斯坦打給我們。「將股息提高到十三美分就成交。」

「採用新的表決標準？」

「採用新的表決標準。」

我看著伊根。他點點頭。我們都笑了。

「這真是 Mitzvah（功德無量），肯。」我說。Mitzvah 是希伯來語，意思是真正善良、體貼、道德的行為。

「謝謝，」杜波斯坦說，「我們也很開心。」

結果第二天，艾康起訴我們。

八月一日，他向德拉瓦州衡平法院提起訴訟，聲稱特別委員會成員違反了信託責任，與我和銀湖公司達成協議。艾康要求將股東對收購案的投票日迅速從九月十二日改回八月二日，並恢復原本的表決標準。

他還希望我們的年度股東大會與收購案投票日辦在同一天，理由是如果投票規則改變的決定被逆轉，他就可以獲勝，並讓新的董事會立即投票。他知道，如果特別委員會接受收購條款，而股東大會於一個月後舉行，他贏得選票的機會就會消逝。艾康指控，根據德拉瓦州法律，公司的年度股東大會必須在前一次的十三個月內舉行，而我們上一次股東大會於二〇一二年七月舉行。

這位老奸巨猾的綠票訛詐者又在耍他慣用的伎倆：把自己搞成超大麻煩，讓他的目標（也就是我和銀湖）被迫以溢價收購其

股份的方式請他走人。他告訴媒體（他們當然聽得很認真，巴不得我和卡爾的唇槍舌戰拖久一點），如果法院不作出對他有利的判決，戴爾股東（當然，特別是卡爾·艾康）將「遭受不可挽回的傷害」，因為根據重新談判後的登記日和表決標準，我們的收購交易「幾乎肯定會以不公平的票數通過」。

這些完全是自私自利的胡說八道，但激起的混亂正合他意。

《紐約時報》寫道：「德拉瓦州法官可能作出有利於艾康先生的裁決，推翻改變投票規則的決定，或是強制年度股東大會在十月前舉行。這些將使戴爾先生的收購要約再次陷入不確定的陰影中。」

我把希望寄託在接手此案的首席法官里奧·史特林身上，他先前讚揚過特別委員會，並對艾康的提議提出合理懷疑。

不過，艾康並未放棄。他於八月二日聲明：「關於戴爾的戰爭離結束還早得很。」那天我們股價上漲百分之五·五，表示即使有些股東不滿意這筆交易，但更多股東認為是好消息。三天後，艾康透露，他已經從東南資產那裡另外買下戴爾四百萬股，使他個人在戴爾持有的股份達到將近百分之九。他繼續抨擊特別委員會，以「他們自封的皇室地位」指控他們試圖「強行通過一項私有化交易」。首席法官里奧·史特林拒絕倉促行事，對艾康的起訴也不以為然。在八月十六日聽證會上，他把卡爾對董事會的指控描述成「一種形容詞攻擊，沒有名詞和動詞，因而構成貌似有理（colorable）* 的主張」。在長達二十六頁的意見書

---

* 在法律用語中，colorable 指的是可能有效的主張。

裡，史特林對特別委員會的處理給予非常有利的評價，稱讚其嚴謹的交易保護措施：積極推銷的尋購期、為艾康的盡職調查提供核銷的費用政策，若有更高的報價，委員會完全願意擱置我的出價，以及合理（而且後來減少）的分手費。法官亦指出，話說得很重，他對艾康大舉收購東南資產的戴爾股票持懷疑態度，點出他實際上從未提出一個收購戴爾的更高報價，而是在特別委員會努力從我和銀湖那裡爭取到每股再多二十三美分的同時，提出槓桿資本重組的虛幻承諾。首席法官史特林表示，如果艾康真的提出更好的價碼，委員會肯定會「在街上跳舞」。

艾康會不會像一些業內人士暗示的那樣，脅迫東南資產虧本出售戴爾股票，威脅說如果他們拒絕就退出戰場？如果我們贏，擁有大批折價股（discounted stock）就是給予他一份很好的保險，尤其是因為他之前購買的大部分股票都高於成交價。

另外，法官說他不傾向將我們十月十七日的年度股東大會提前。「我覺得很難理解，」首席法官史特林說，「法院怎麼能在董事會已經安排好的會議召開之前下令舉辦會議。法院不會捲入一場試圖對某一方有利的戰術遊戲。」

早就說過我喜歡這傢伙！

「對於戴爾的收購，這確實是訴訟威脅的終結。」《紐約時報》報導，「基本上一切都交給股東投票來定奪。艾康、東南資產和其他反對收購的人將不得不根據戴爾董事會商定的新規則來打這場仗。儘管投票仍可能讓人緊張到咬指甲，但形勢對他們不利。」

我不會咬指甲，但會踱步。走路最能幫助我思考，這段期間替鞋子增加了不少里程數。蘇珊依然是我在戴爾和銀湖以外唯一可以傾訴的人，就像剛談戀愛的時候，我們邊走邊聊。無論是在奧斯汀家裡，還是奧斯汀湖邊的農場，我們會出去徒步走兩三個小時，談論關於家裡和私有化的所有事情。談到生意，蘇珊不只是應和的回聲板，她本身也是個商人，在這十六個月的過程中，我每次都會找她商量意見。

談到我們家，她是我的人生伴侶，我的另一半。我們的四個孩子都處於不同的成長階段，有不同的樂趣和問題，所以也有很多事情需要討論。「你的幸福程度只相當於你幸福感最低的孩子。」雖然是老生常談，但不代表這句話不正確。

接著是我母親的事。二〇一三年夏天，情況看起來失去她只是早晚問題，所以蘇珊和我盡量常去休士頓探望她，工作繁重時不能如我希望的那樣頻繁，大概只能每隔一個週末去一次。我母親與蘇珊的關係非常要好，蘇珊傾盡全力讓她感到舒適。我們很幸運擁有資源可以在我父母家裡為她做很多事情：全天候照護、最先進的醫療病床和醫療設備，還有廚師。

但無論你投入多少資源，癌症終究是無情的力量，有時候我們安慰自己已經為母親盡了最大努力，卻依然無法釋懷。那年八月，儘管一場巨大的商業勝利就在眼前，但我腦中任何可能浮現即將獲勝的感覺，全被我無法克制的強大力量拋到九霄雲外。我的心理區隔能力在那些日子裡確實得到一番鍛鍊。

九月九日，艾康在最後一封（真的嗎？）致股東公開信中認

輸了。信上寫得痛心疾首，「有關公司管理的州法往往偏袒現任公司董事會與管理層，在許多方面沒什麼約束力。雖然我們必須遵守這些法律，但我們堅信司法可以且必須改變。」而且如往常那般相當有創意。「戴爾董事會如同國內許多公司的董事會，讓我想起克拉克・蓋博（Clark Gable）在《亂世佳人》（*Gone with the Wind*）中的最後一句話，他們根本『一點都不在乎』。」

談到七月十八日和七月二十四日延期的會議時，他說：

我們贏了，或者至少認為我們贏了，可是當董事會意識到輸掉選票，他們卻乾脆忽略投票結果。即使是獨裁統治，執政黨選舉失利然後忽略投票結果時，起碼會試圖提供貌似可信的理由來為自己的行為辯護。《巴倫週刊》的安德魯・巴里（Andrew Bary）明智地指出：「戴爾推延了原定於上週四針對麥克・戴爾擬收購公司提案進行的投票行程，因為顯然沒有足夠的股東支持這項交易，頗有普丁典型的行事作風。」……董事會僅憑一般籠統的「商業判斷」和德拉瓦州公司法來支持他們的行徑。我們開玩笑地問說：「戴爾和獨裁政權有什麼差別？」答案是：大多數運作正常的獨裁政權只要推延一次選舉就能獲勝……

我們已經確定要贏得九月十二日這場戰役幾乎是不可能了。因此我們得出結論，即使仍然反對麥克・戴爾與銀湖資本的提案，也繼續主張股份收買請求權，但我們不會再採取更多行動阻擋該提案。

我知道有些股東對於我們不再抗爭感到失望。然而，過去十年來，我們主要透過「股東積極主義」已使許多公司的股東價值

提高了數十億美元。我們不是靠發動自認為會失敗的戰役來實現這個目標。麥克·戴爾與銀湖資本發動了一場激烈的戰爭，根據首席法官史特林的說法，戴爾的行為符合德拉瓦州公司法。因此我們祝賀麥克·戴爾，我打算致電祝他好運（他可能需要來點運氣）。

關於董事會獨斷專行的指控是艾康自己編出來的。到七月十八日第一次延期時，特別委員會已經決定，我們的報價對公司最有利，而且最關鍵的是他們一直沒有收到卡爾提出的更高報價。七月二十四日的情況也是如此，第二次股東大會因為缺少支持票而延期。委員會已經採取所有嚴格的管制措施，完全按照私有化過程開始時制定的規則運作。特別委員會拒絕第三次延期也證明了它的公正性。

但我要替卡爾說一句：他真的有打來。

「麥克，這是一場辛苦的戰役，但你正大光明地贏了。」他說，順便忘記他差辱過我領導能力的次數，進而差辱我個人，他以最公開的方式指責我完全無能，各式各樣的公司詐欺與不法行為就更不用說了。

「謝謝。」我回他，其實心裡想的是，你找上這間公司，這間公司對我來說是世界上除了我的家人以外最重要的事，但你輸了，老兄，不勞你費心了。

「我真的希望你在新階段好運連連，」他繼續說，「我一開始就說過，我認為你在戴爾做了一些非常令人振奮的事情。」

我再次向他道謝，仍然懷疑他到底知不知道我們公司是做什

麼的。我又聽了幾分鐘，他滔滔不絕講著天知道是什麼──IBM與惠普的前景；說他認為蘋果市值被低估了多少（當時他剛剛購入該公司二十億美元股份，已經讓提姆‧庫克〔Tim Cook〕感到頭痛，這個舉動好像似曾相識）；提到他兒子的投資；聊到天氣。管他說什麼。我其實只是似聽非聽，偶爾回個「是」或「嗯」。

然後卡爾又再次恭喜我，我們單方面的談話便結束了。我真心希望再也不要見到或聽到他的消息。但話又說回來，你永遠不會知道卡爾‧艾康會做出什麼。

卡爾在信中提到，讓他感到高興的一件事是，透過他的種種努力成功替戴爾股東爭取到更高的價格。他真是太謙虛了，都沒有提到身為最大的非聯屬股東，他為自己爭取到一大筆錢。卡爾沿途走來撒過許多謊，其中之一就是聲稱他將尋求股份收買請求權。他清楚得很，這樣做可能讓他的股票在審判期間擱置多年。所以我們的交易一完成，他立即售出，現賺了幾千萬美元。這對大多數人來說已是一大筆錢，但我敢肯定，讓艾康痛苦且憤怒的是他原本可以賺到更多。

二〇一三年九月十二日，圓石城的大日子。由於沒有出席投票的股東現在只是缺席，計票不會對我們不利，臨時股東大會只花十五分鐘就作出裁決：百分之六十五的股東投票贊成我們的收購交易，不包含我和其他聯屬持股。每個為了實現這個目標而努力的人都興高采烈。「我們是全球最大的新創公司。」我告訴媒

體。這句話沒多想就脫口而出，但我越想越覺得確實如此。伊根把這次收購比作「宛如《黑色追緝令》（*Pulp Fiction*）往心臟注射腎上腺素」。

「結果在預料之中，」《華爾街日報》報導（順便忘記先前所有對於收購和我不看好的評論），「但那是經過幾個月焦慮等待後的結果。」

嗯，這點倒是真的。

還是有人抱持懷疑態度。債務評級機構標準普爾（Standard & Poor）將我們的信用評級調降至垃圾級，原因是擔心我們背負的近兩百億美元債務會削減對各項新業務的投資能力。但財務長布萊恩・格萊登向分析師保證，我們的營收流將足以償還債務。

債務是公司交易的組成之一，即使是資深財經評論人士也未必完全理解。沒錯，信用卡上的債務和超出能力範圍的消費會讓你接下來幾年都要支付昂貴帳單，這樣並不好。但如果經過深思熟慮，為購買生產性資產而融資，債務是經濟運行的重要且必要組成，可以創造巨大的成長和機會。

我不常看《紐約時報》網站上「交易錄」（DealBook）專欄的評論內容，但在這個戲劇性時刻，忍不住看了一眼。上面有些有趣的交流。紐約州帕楚格（Patchogue）的一位 JGNY 投資者發表意見：「麥克・戴爾應該離開並保住他的數十億美元。這是自尊問題（ego plane，原文如此），很簡單。戴爾和惠普一樣，其個人電腦市場都陷入窘迫局面，它們這個時候才跳進平板市場並沒有好處。雖然它們商用個人電腦的規模仍相當大，但隨著經

濟持續縮水、在民間企業沒有真正擴張，這個市場正在萎縮。」

但來自德州的克雷格（Craig）給予了犀利的回覆：

平板？你好像沒搞清楚。戴爾也許會繼續推動個人電腦和平板等產品，但私有化計畫的重點是轉移對這些產品的關注，允許更多在企業軟體和硬體的投資。購買 iPhone 等產品的消費者（通常）不曉得在應用程式所連接的「雲端」中運作的所有後端需要什麼、如何連接、如何安全連接、如何記住身分等等。戴爾已經在這個「後端」打好穩固基礎，而且已經在成長中。許多大型的雲端資料中心已經在戴爾的伺服器上運作。收購使戴爾能夠更快填補其產品組合的空白，並減少依賴不斷萎縮的個人電腦市場。

我不確定這位來自德州的克雷格是不是我們團隊成員，但他說的一點也沒錯。

幾天前，我發送了一份邀請給大約十幾人組成的行政領導團隊（ELT）、我們的董事會、戴爾在交易過程中的關鍵貢獻者、銀湖資本的所有合作夥伴，以及所有為我們提供交易建議的律師和銀行人士，總共約一百二十五人。上面寫著：

為感謝您在過去幾個月為戴爾私有化交易所做的貢獻和努力，想邀請您共度九月十二日（星期四）晚上五點到八點在敝舍舉行的德州 BBQ 派對。雖然我們還沒有完成私有化，但我想好好花點時間來表彰您的付出，並慶祝我們迄今為止的成就。

雖然那個週四奧斯汀九月的氣溫高達攝氏約三十四度，但到了傍晚五點，我山上的住宅已經降到舒適攝氏約二十九度，氣氛愉悅且歡樂。大家都知道，雖然收購交易在合法程序走完之前不算真正完成，這個過程需要幾週的時間，但程序會走完的。這場聚會好極了。

但一週後有一場規模更大的聚會，一場全球性的全員大會，讓我們整個公司十一萬名員工一同歡慶。六百名團隊成員聚集在圓石城的宴會廳，世界各地三十多處戴爾據點舉行現場直播派對，如巴拿馬首都巴拿馬市（Panama City）、巴西快樂港（Porto Alegre）、摩洛哥卡薩布蘭加（Casablanca）、愛爾蘭櫻桃木、印度班加羅爾、澳洲雪梨、法國蒙貝列等地。

那是一場非常棒的派對。圓石城的大廳裡擺滿藍色和白色的氣球，迪克・戴爾（Dick Dale）的衝浪吉他聲響起，我穿過興高采烈的人群，與左右兩側的團隊成員擊掌，接著走上舞台，望著一張張神采奕奕的面孔。我有時候會說自己是擅長模仿外向者的內向者，但那天對著成千上萬名優秀人士演講時，我真的感到興奮與自豪。

「哇，多棒的一天啊！」我說，群眾應聲附和。「非常感謝大家！謝謝世界各地和圓石城這裡加入我們的每一個人，歡迎來到世界最大的新創公司！」

這句依然是好台詞。

「我不必告訴你們這是辛苦的戰役。」我說，現場有些笑聲。這確實是傷痕累累的一年，不僅對我而言，對所有相信我們公司的人而言也是如此。

「但我們贏了。」我說，「這場戰役絕對百分之百值得。我想感謝你們所有人與我並肩作戰，你們都對我們的客戶和重要的事情展現出難以置信的奉獻精神、承諾與專注，你們的意見、你們的支持以及我們客戶與許多朋友一路走來的鼎力相助，都讓我深受激勵。」

全場響起熱烈掌聲，我感覺脖子後面的寒毛都豎了起來。我想起過去七個月的磨難，其中最困難的部分是完全不能與圈子以外的人討論事情經過。那幾個月很容易感到孤獨。回想起每次站在圓石城和世界各地相似的人群面前，竭力安撫大家卻不能透露太多，請我們成千上萬名團隊成員相信一切都會好轉。他們一直信任我、支持我，現在我想告訴他們，這對我有多麼重要。我希望戴爾團隊的每一個成員都能像我感受到的一樣，對我們的未來振奮不已。

我也希望讓他們認識我們的夥伴，他也和我們一樣激動。我向大家介紹伊根，他人在銀湖加州總部透過視訊發言。

「現在不算真正的轉型，」他說，「但你們已經完成轉型具有風險的那一部分。現在輪到你們成長和進攻的時候了。隨著時間推移，長期下來將創造更多的機會。我們看的不是短期效益，是看這裡建立和創造的東西有什麼基本的內在價值，而且具有無可取代性。就好比擁有一座島嶼，而不是擁有濱海別墅。」

展望未來，伊根說，我們團隊裡會出現各式各樣的想法，其中可能有很多最後是糟糕的想法。但那樣真是太棒了！因為重點是，我們現在擁有自由去嘗試以前從未嘗試過的東西。

後來我們透過視訊前往世界各地的三個據點：巴拿馬的巴拿

馬市、愛爾蘭的櫻桃木和印度的班加羅爾。每個據點都有地區主管介紹滿屋子興奮的團隊成員，他們揮手、鼓掌、跳起來歡呼。班加羅爾的閔毅達（Amit Midha）說：「按照真正的亞洲風格，沒有食物和糖果就不能慶祝，所以我們有蛋糕。」鏡頭拉近到一顆白色大蛋糕，上面裝飾著藍色糖衣電腦。「我們保證，」閔毅達說，「連夜派人給你送一片去。」

班加羅爾和圓石城迴盪著笑聲和歡呼。

「聽著，」我過了一會兒說，「一切努力都是為了成長、為了創新；為了回到接受風險和承擔風險的企業風氣；為了將我們的重點從短期目標轉移到更多的中長期目標，並進行我們需要的投資。你們知道的，我們在這裡不是讓對手見識而已，還要讓他們瞧瞧我們有多厲害。」

他們明白，而且很喜歡。

伴隨搖滾樂團的敲打節奏聲，一段文字的開頭出現在我身後的多視窗螢幕——

在市場不停變遷的世界裡

畫面跟著音樂跳動——

有間公司放眼未來，並掌控局勢

我們團隊成員和關注戴爾的影響力人士的一些評論開始顯示在大螢幕上，背景音樂是謬思樂團（Muse）的〈起義時刻〉（Uprising）：

他們逼迫不了我們

他們不能再作踐我們

接著，另一段文字出現……

再見了，華爾街

還有一個雙手掙脫手銬的畫面，搭配一段說明文字——

「艾康承認失敗。」——《富比世》，二〇一三年九月九日。

然後，卡爾的照片出現在這段引文的上方！他的臉上出現一個紅色圈圈，接著一條紅色對角線從上面劃過。圓石城的群眾尖叫歡呼。音樂仍繼續敲擊著。

他們控制不了我們

我們一定得勝

投票結束後約一天，我在推特上發布這段自己很喜歡的名言：

重要的不是指出強者如何跌倒、實踐家哪裡可以做更好的批評人士。榮耀是屬於實際站在競技場上的人，他的臉蒙盡灰塵、流盡血汗、英勇奮戰，他不怕犯錯，一次又一次撲空，即使沒有努力就不會犯錯也沒有缺點，但他仍確實努力去做。他知道偉大的熱情、偉大的奉獻精神，肯投身於有價值的事業中；他知道，最後若成功的話，那將是最高成就的凱旋勝利，即使最糟情況失敗了，他至少也是勇敢無畏地面對，這樣他的地位永遠不會

與那些既不懂勝利也不懂失敗的冷酷膽小人士相提並論。

——西奧多·羅斯福（Theodore Roosevelt）

我心裡想但沒說出口的是：

感謝你們的信任與信心，並為我們股票過去二十五年公開發行時增值超過百分之一萬三千五百感到自豪。

也許在未來的某個時刻，我們公司將再次發行部分或全部股份。

我不知道我們是否能像以前那樣提供超過百分之一萬三千五百的回報，但可以肯定的是我們會努力。

再會，一大票發牢騷的人、愛指揮司機的乘客、街角專家、後視鏡思想家以及事後諸葛亮。

吻別了

麥克

我非常激動，一切終於結束了，但我知道這只是另一個開始。我想起了我們想做的每件事，迫不及待要立即出發。我們已經關上身後的門，把那些閒雜人等擋在門外。我們有一個偉大的行動計畫，現在要做的就是讓它運作起來。

第二部

重返上市之路

第十章

成長與其他隱憂

李・沃克於一九九〇年的辭職代表我們起步階段的結束。

李離開以後,戴爾電腦股份有限公司像火箭般持續上升,但行進軌跡卻一直搖擺不定。

那一年,我們在《電腦雜誌》刊登了兩頁廣告。左邊頁面顯示兩款伺服器 433TE 和 425TE,上頭標題是「驚人的價格」(UNBELIEVABLE PRICES);右邊頁面顯示康柏電腦的 System Pro 486-33 伺服器,上頭標題是「驚人」(UNBELIEVABLE)。

我們的伺服器定價分別為一萬一千七百九十九美元和九千五百九十九美元,而康柏電腦的伺服器定價為兩萬四千六百九十八美元。

這則廣告文案對康柏電腦的服務與價格造成雙重打擊。文案開頭寫道:「你能忍受多花一萬塊購買一台電腦網絡或 UNIX 工作群組的伺服器,大筆額外支出卻換來不可靠的服務嗎?」內容繼續提到我們伺服器的許多優點:三百瓦靜音電源供應器、內建密碼保護功能、強效冷卻系統、獨有的內建 SmartVu 診斷顯示

器，即使顯示器出現故障也能識別問題，以及更多功能。然後廣告直接以粗體字指向我們的對手：「維修伺服器是大多數康柏電腦經銷商無法辦到的。」

當然，我們沒有透過經銷商販售伺服器，而是直接從奧斯汀總公司銷售。在銷售與服務方面，直銷模式始終是我們的招牌。我們有一支專門負責進階服務的諮詢熱線，而且廣告繼續寫道：「在極少數的情況下，無法透過電話解決問題時，全錄公司的技術人員會帶著解決辦法或零件前往您的辦公室。」

廣告最後以一句醒目的標語作結，同樣以粗體字顯示：「超越使命召喚。」

結果康柏狠狠教訓了我們一頓。

為什麼早期進軍伺服器市場的嘗試失敗？我當時就是想不明白，所以心情非常沮喪。我們擁有很多優秀的工程師，設計出一流的產品，理論上服務計畫看起來也是萬無一失。

但隨著時間推移，我逐漸意識到哪裡做錯了。我們的業務之所以突飛猛進，不僅是因為產品卓越，還有促使我們成功的原始動力，也就是與客戶的直接聯繫，從銷售經驗到交貨，以及售後的技術支援。但這次的伺服器未能達到預期目標。433TE 和 425TE 都是超棒的設備，所以我們以為單靠公司名號、憑藉品牌建立的聲譽，自然會有客戶吵著要購買。但是，購買這類產品的客戶如中大型企業、銀行和政府機構，對我們的這類產品還不太信任。人人都知道我們非常擅長製造個人電腦，但在伺服器方面幾乎是零經驗。零經驗的事實使得第二個問題更加明顯：我們伺服器的價格與康柏的落差似乎太大，令人起疑。我們的價格太低

了！正如一位客戶所說的：「搞不好你省去了什麼性能呢？」我們沒有省去任何東西，但那並不重要。康柏已經在市場上打敗我們，他們樹立了可靠的信譽，而且如同以往，他們的高價格意味著高品質。

我們不得不晚點再回到戰場，先去配備更好的武器。

一九九〇年，我們也在商業模式上做出根本性的改變：在折扣零售商和量販超市銷售我們的個人電腦。我們的經理主管們對於這項改變持兩派意見：反對派認為，零售商永遠無法提供消費者期望從戴爾那裡得到的服務與支援。而且，質疑者指出，經銷商加價不是縮減我們的利潤空間，就是迫使我們提高售價。

贊成派則指出，折扣零售商和 Price Club（好市多前身）、山姆會員店（Sam's Club）之類的量販超市，其個人電腦銷量大幅增加，而且有機會接觸到在這類商家購物的許多家庭和小企業消費者。民眾喜歡購買他們看得到、摸得到的電腦。我們當中有些人認為，打進這個市場可以迅速建立我們的品牌，每年帶來一‧二五億美元的營收。考量到這些數據，我們最後與 CompUSA、Staples 和 Price Club 簽約合作，在這些通路銷售我們的電腦和周邊設備。

接下來的兩年似乎證實質疑者的論點錯了，我們的營收持續攀升。到了一九九〇財年，我們的營收升至三‧八九億美元。我們鎖定大型機構客戶的銷售策略更成功，《財星》全球兩千強企業如埃克森、陶氏化學（Dow Chemical）、通用電氣、花旗銀行、聯邦政府與州政府，還有教育與醫療機構，他們與我們的快速成長有很大關係。

一九九一年，我們以五‧四六億美元的銷售額擠進《財星》五百強企業，排名第四百九十位，這對我個人和整個團隊來說是相當自豪的時刻。當時我們公司成立才七年，我年僅二十六歲。兒時讀著每月寄來家裡又厚又大本的《財星》雜誌的我可以想像得到將來有這麼一天嗎？好吧，我承認我可以。因為我總是懷抱遠大夢想。但我認為，即使是年輕時期企圖心旺盛的我，也想像不到一九九二年一月三十一日我們所處的門檻，那時候我們一九九二財年的銷售額達到八‧九億美元，距離傳說中的十億大關似乎觸手可及，甚至可望突破。

＊　　＊　　＊

我和蘇珊的第一個孩子琪拉誕生於一九九二年一月，年輕充滿企圖心的我當然無法預料自己的反應如何。從她出生的那一刻起，我就深深愛上她，陶醉在身為人父的感覺之中。我記得她從醫院回家後的幾天，我在她房間抱著她，心想，哇，真的是一大轉變。

直到擁有自己的孩子，我才明白為人父母的困境。

如同所有父母馬上就會學到的，要操心很多新事物便是其中一部分。我當然也很快面臨到這個課題，我們把琪拉從醫院帶回家後，她整個人開始發青。

一般人第一個反應是，我們該打九一一嗎？但孩子呼吸正常，她只是發青，所以我們打電話給我母親。

「怎麼不替她披個毯子？」母親說。

於是我們用毯子裹著她，原來她只是冷到了。誰知道嬰兒冷

的時候會發青發紫？我母親知道，現在我們也知道了。

那很簡單。但並非所有事情都是如此。

一九九三年春天是我們公司成立九週年，我和蘇珊結婚才兩年半。蘇珊是個商人，所以她理解我對公司的關注程度，理解我經常分神的原因。如果想贏得奧運金牌，你必須狂熱投入。如果想擁有一段成功的關係，你必須擁有愛、信任、尊重與承諾。我和妻子都深刻感受到這些元素，但這並沒有讓我的工作與家庭生活之間不可避免的失衡變得比較簡單。

而且生活總是會有意想不到的轉折。

在琪拉十六個月大的某個週末，也就是一九九三年五月中旬，蘇珊與一位老朋友要慶祝遲來的成年禮。我們所有家人和許多朋友都在城裡。顯然有人發現這點，認為我們那天晚上可能不在家。

我們將寶寶交給保母後就去參加慶祝活動，享受一段美好的時光。

過了一陣子，蘇珊打電話回家，想知道家裡的情況如何。結果接電話的不是保母，而是奧斯汀市警局的某位警官。

可想而知，蘇珊開始驚慌失措。

我心裡的區隔化機制全面啟動後才得以安撫她，讓她在幾分鐘後冷靜下來，然後接起電話與警官交談。

「先生，有人闖進你家。」他說。

我的心有那麼一瞬間像掉入電梯井般。「有人受傷嗎？」我問。

「沒有，先生，大家都很好。」警官說。「你女兒和保母都

沒事。」

不用說，我們很快就到家了。

事發經過：我們在瓦爾布環路住家後院的後方是個陡坡，有一道二十英尺高的擋土牆，防止土石坍塌以保護房子的安全。原來有個傢伙夥同共犯，騎著越野車來到擋土牆牆腳，然後下車翻過牆，從健身房的一個窗戶闖進屋內。我們有安裝警報系統，但只有所有人都不在時才會打開，所以那天晚上是關著的。我們雖然有架設幾台攝影機，但這傢伙顯然知道攝影機的位置，瞭解房屋的格局，也知道去哪裡可以找到他想要的東西，主要是珠寶。

保母聽到動靜後，抱著琪拉走到我們臥室查看情況，結果看到一名身穿黑衣、戴面具的人。不知道為什麼那名男子沒有看她，也不知道她沉著冷靜地把琪拉帶進我們更衣室，關上燈，靜靜地抱著她。竊賊得到他想要的東西離開後，她才報警。

我們原本以為，身為奧斯汀地方名人的危險僅限於刻意開車路過的愚蠢行徑：慢慢駛過我家門口的汽車，偶爾有些以為走過來按門鈴是好主意的支持者。但這起事件把危險上升到新的高度。在默特・梅耶森（Mort Meyerson）*的建議下，我打電話給羅斯・佩羅（Ross Perot），據說他相當瞭解維安問題，而且美國典型的南方白人羅斯立即採取了行動。「我們要這樣做。」他用純正德州口音說，也照做了。他派來他的維安團隊負責人，建立

---

* 默特在建立 EDS 期間曾與羅斯・佩羅密切合作。他一直是我和戴爾公司的顧問，直到一九九一年，默特離職去協助羅斯首次參選總統。

一套全新的系統，在警衛室有名警衛二十四小時監控。

這是一起可怕的事件，幸好是沒有付出嚴重代價的警示鐘，原本情況可能會非常、非常糟糕。這段插曲意味著某種純真的終結，我和大多數人一樣，曾以為我們可以過好自己的生活，一切都會好起來，但事實證明並非如此。名氣也沒那麼重要。但從那時候開始，情況開始改變。所幸我們一九九一年在奧斯汀西部山上買了一塊地，並開始設計新家。是時候在我們和我們所生活的複雜世界之間騰出一點空間了。

我們盡可能在歐洲拓展可能的據點，不過當時的俄羅斯還沒有真正開放。我們將重點轉向亞洲，世界有三分之二的人口都居住在那裡。我們公司的商標顯然需要更新，因為它們只是一串字母，而世界上很多地方都不使用這些字母。

一九九二年初，由紐約思睿高設計公司（Siegel+Gale）設計的新商標首度出現在我們截至一月三十日的財政報告上。新商標有個看似細微的變化，但這個變化對我們來說非常重要：設計師把戴爾的「E」向左傾斜三十度，就讓頁面上普通的單詞變成強大、人人皆可識別的視覺符號，一個符合我們作為世界級公司日益成長的特性。

根據思睿高設計公司的說法，「新的圖形標識……象徵公司鬥志旺盛的精神，透過直接向客戶銷售的模式，引起電腦產業界的注意。」或者如同我常說的：「這個『E』開口朝上代表不斷成長與進步。」

我們確實在成長部分表現極佳。

一九九三年一月三十一日，戴爾突破傳說中的十億美元大關，甚至更多。最新的財年結果出爐時，我們公布的銷售額不是十億，而是二十億。確切來說，是二十‧一四億美元。

　　據說公司營收達到十億美元就會遇到瓶頸，而經營一間十億企業所需要的系統和工具與經營一間一億企業所需要的差別很大。我們其實沒有遇到十億美元的瓶頸，而是直接跳過這個瓶頸了。但事態越來越混亂。

　　我們簡直發展得太快了。公司各個部門都確信他們正在制訂自己的計畫，但把結果彙整起來就會發現一個大問題。實際上，公司沒有一個部門能夠完全支撐我們現在所達到的水準，每個方面都趕不上發展的速度，包含我們的能力、制度、人員以及資本結構。這個達到十億規模的新戴爾消耗了更多資本。那個時期我延聘的重要員工之一是湯姆‧梅瑞迪斯（Tom Meredith），他於一九九二年一月以財務長身分加入我們，此前是昇陽電腦（Sun Microsystems）的財務主管。湯姆剛來不久，我就幫他取了一個綽號：杞人憂天者。只是半開玩笑的。因為湯姆對我們消耗資本的速度深感擔憂，他說我們的口號是成長、成長、成長，實際上應該是流動性、盈利能力、成長，要按此順序才對。

　　改變很困難。我們意識到自己不得不刻意放慢擴張速度，增加更多的能力，當時面臨的一大挑戰是要招聘和培養人才以管理一間規模顯然達到數十億美元的企業。我們可以看見一條銷售額從二十億或三十億美元成長到一百億美元的路徑，實際上我們也有個在未來幾年從三十億美元成長到一百二十億美元的計畫。但

具體該怎麼做？誰來領導我們實現這個目標？

我們的快速擴張意味著每個部門都需要大量的新進員工，從工程、銷售、技術支援、IT、行銷到人資等等。我們亦將董事會的人數從五人增加到七人。一九九一年，在默特·梅耶森的建議下，我們增加了曾與羅斯·佩羅密切合作的傑出德州律師湯姆·魯斯（Tom Luce）；一九九二年，加入了曾在哈佛大學和喬治城大學（Georgetown University）擔任財金教授的黑人女性克勞汀·馬龍（Claudine Malone）。我覺得多元視角將有助於不斷成長的公司，也希望確保我們盡量擁有不同的觀點。

從一九八八年到一九九三年之間，公司成員從六百五十人增加到將近五千人，而且每週都會加入幾十位新進員工。儘管我們早期擁有許多人才（傑伊·貝爾、格倫·亨利、大衛·倫斯福特和其他人，我們有真的很驚人的天才），但是一切發展得很快，以至於還無法吸引到一批固定的核心人員，以其所需的穩定性和可預測性擴展業務（達到目前規模的十倍？五十倍？）。

我才意識到，把我們從 A 點帶到 B 點的人，可能不是把我們從 B 點帶到 C 點的人。

我們先前才度過早期的融資危機、FCC 的許可危機、IBM 的專利危機以及記憶體晶片的庫存危機。現在又碰上人事危機，而且情況不妙。

八〇年代後期，我聘了一個人，就叫他山姆吧，他負責我們所有的銷售與行銷。山姆的履歷出色，過去負責過 IBM 的銷售與行銷，成功建立了藍色巨人的經銷商計畫。後來他去幫坦迪無

線電屋（Tandy Radio Shack）*重新樹立品牌形象，也有令人驚豔的表現。

山姆來到戴爾後，為我們面向大企業的銷售策略提出許多令人印象深刻的新點子。我安排了一群較年輕的高階主管在他底下工作，他另外又聘請了更多的人員。山姆為我們做了一些非常好的事，但後來發生了其他事情。一天，我在走廊上聽到關閉的會議室門後（那時候我們還沒有開放辦公室）有人在大呼小叫。我心想，嗯，有點奇怪，我們通常不會在這裡亂吼亂叫。

於是我走進會議室，看見山姆滿臉通紅，正對著他底下幾位年輕人大發雷霆。他的氣焰在看到我的那一刻彷彿全滅。「這裡發生什麼事了？」我問。

「嗯，我們在討論事情，麥克。」山姆回我。

「好。」我說，「但你們能不能小聲點？」

原來山姆有嚴重的酗酒問題。我們辦公室旁邊有間飯店，裡面附設酒吧，每天晚上他都會到那裡喝個爛醉，然後醉醺醺地開車回家，非常糟糕。據我所知，他中午用餐時間也會喝醉。

我和其他一些主管曾介入勸說，要他去參加治療計畫。但他在那裡沒待多久，也沒有在我們這裡待很久。

差不多同個時期，我們也聘請了一位人力資源部門的資深副總，就叫他泰德吧。泰德從摩托羅拉來到我們公司，他在那裡很受歡迎，我以為他是個很棒的人。他在我們這裡工作幾年後，某天另一位副總來到我辦公室說：「麥克，你必須先坐下來聽這件

---

* 譯註：坦迪於一九六三年收購無線電屋。

事。」

「好，」我說完，然後坐下：「什麼事？」

「我們覺得泰德有問題。」他說。

「他還好嗎？有什麼問題？」

「呃，」這位副總說，「泰德在 IT 部門的第二梯次請了一個人。」

「好，他負責人力資源，那是他的工作。怎麼了嗎？」

「可是，我們 IT 部門沒有第二梯次。」副總說。

「聽起來有點奇怪。」我說，「你問過他嗎？他怎麼說？」

「實際情況比這個更複雜一點，」他說，「他請的那個人是脫衣舞孃。」

原來，已婚有小孩的泰德給了他女友（脫衣舞孃）一份不必負什麼職責的工作。因為他女友想要更多的錢，所以來公司說她要一大筆錢才肯離開。

不必多說，離開的人是泰德。他的所作所為不僅顯示出他的判斷力很差，當然，竊取公司財物表示他立即得走人，所以也不必進一步討論了。

我們發展得很快，公司員工人數的增加速度幾乎與營收一樣快，而這種發展包庇了很多罪惡，要讓自己與可能發生的不當情事絕緣幾乎是不可能的事。但這又是一個失去純真的時刻。我覺得這種行為應該受到譴責，不明白為什麼會有人願意冒險毀掉自己人生中最重要的關係。也許我太天真，但也是因為我專注於公司發展，從來沒想過會發生這樣的事情。

我知道訂定原則是我的工作，高層的原則真的很重要。從那

時起，我們制定了這樣的政策：只要你是副總或副總以上的職位，不得進行任何會對公司帶來負面影響的事情。如果你是副總或副總以上職位，還考慮去女人不穿衣服的地方，千萬別這麼做。

泰德沒有通過戴爾的智商測試。他太笨了，不能在這裡工作。

對於新產品而言，在贏家出現之前通常會有很多原型和反覆修改版本。我們讓一小群客戶試用來測試這些產品，從小規模開始有助於提升我們的平均成功率。等到真正推出一款產品，我們就可以迅速從大規模客戶回饋中瞭解它的實際效果。我們汲取經驗並持續改良，每項新產品都從前一代產品的各方面吸收經驗教訓，從設計和性能、可製造性到可維護性等等。整個公司也有同樣的過程，在銷售、服務與支援、供應鏈方面不斷進步。日本人稱之為「kaizen」（かいぜん），即持續改進。

然而對每家公司來說（包含戴爾在內），持續改進是理想而非現實。成功並不是一條向上延伸的直線，中間會經過失敗、學習、再嘗試，然後（但願）成功。你有多成功，實際上取決於你處理失敗的能力，以及你從失敗中學到了多少。許多人沒有發揮出最大的潛能，因為他們害怕失敗。在避免失敗的過程中，他們自己也失去一位偉大的老師。還有許多人因為缺乏機會、資本、知識或技術而失敗。堅持不懈是通往成功道路上非常重要的素質。成功本身也具有挑戰，避免自滿是首要且最大的挑戰。這就是為什麼「kaizen」、「PBNS」（pleased but never satisfied，滿

意但永不滿足）從一開始就成為我們文化的一部分。

　　我總是會在我的辦公室裡放一些紀念品，有些是私人的（家庭用品之類的），有些則會讓我想起這家公司在發展過程所經歷的高峰與低谷。低谷很重要，雖然記住成功很重要，但記住失敗也很重要。我們有些產品非常失敗，甚至從未推出過，其中一個我保存很久的紀念品是一九九〇年代初期一款行動電腦（mobile computer）的原型。

　　今天很難想像，但真正的可攜式電腦在三十年前是遙不可及的理想。最早的可攜式電腦出現在八〇年代初期，當時是被稱為行李的大型設備，沒有電池，必須插上電源使用。它們基本上是可攜式桌機。雖然技術進步，但對於包含戴爾在內的所有科技公司來說，製造筆記型電腦的前幾年光景並不美好。在一九九〇年一則影片中，我和格倫・亨利自豪地介紹我們新的 212N 和 320N 筆電。我的娃娃臉戴著大眼鏡，鄭重地點出這些機種的頂尖規格：「世界級性能、標準 VGA 顯示器、全功能鍵盤」，還有重量約二・八公斤！寬約二十一公分，長約二十七・九公分，厚度約五公分，這種機型是九〇年代早期技術的笨重小石板。與我們二〇二一年的 XPS 13 相比，寬約十九・八公分，長二十九公分，機身厚度只有約一・四七公分，重量僅一・二四公斤，而且運作性能難以言喻地更為強大，將兩者相互比較似乎不太公平。

　　身為我們產品部門的資深副總裁，格倫將公司的工程人員從七人擴增到幾百人，負責管理的產品組合從三種增加到四十多種，並與一位名叫泰瑞・帕克（Terry Parks）的傑出工程師聯

手，打造了一個龐大而繁忙的專利項目。泰瑞很聰明，但安靜到不行，我從來沒聽過他說一句話。格倫本身是優秀的工程師，但平心而論，我認為管理人員不是他的熱情所在。他只會坐在會議室裡看著一堆產品規格表，喝著難喝的 Tab 無糖可樂然後吃年糕，他的工程師則絡繹不絕地試圖與他討論，格倫偶爾會從文件中抬起頭來說：「不是，不是這樣，你搞錯了。」然後叫他們去解決問題。

公司的所有產品都令我驕傲，但到了九〇年代初期，我強烈意識到，筆記型電腦是我們技術上的致命弱點。為了展開一場改造這個我們業務關鍵部分的重大活動，我覺得我們需要新的領導者，也需要新的想法。

我不必費勁去觀察誰做得比較好。在經歷筆記型電腦的坎坷起步之後，蘋果與索尼合作，於一九九一年推出了 PowerBook，而且一開始就靠這款電腦取得巨大成功，迅速把它變成價值十億美元的業務，占所有筆電銷售比例的百分之四十。開發 PowerBook 的工程師團隊負責人是一位敦厚老實、風趣、三十四歲、性格外向的人，名叫約翰・麥迪卡（John Medica）。

約翰非常、非常擅長自己所做的事，除了電機工程之外，他最強技能之一是建立和激勵企業團隊。他是個很有個性的人，不會把自己看得太重，他名片上的頭銜寫著「老大」（Big Shot）。能把他挖角來戴爾真是破天荒的成功。約翰接受了我們的盛情邀約，但有一個我不知情的條件，直到有天我走進他的辦公室，發現他坐在辦公桌前，底下卻傳來**噹啷**、**噹啷**、**噹啷**的巨大聲響。

「這裡發生什麼事？還好嗎？」我問。

約翰笑了一下，「喔沒事，我很好。」他說完後，我看到那隻大狗坐在他腳邊，靠著桌子搖尾巴，**噹啷、噹啷、噹啷**。我當下才知道，約翰加入我們的條件是可以每天帶著他的英國牧羊犬瑪吉・梅（Maggie Mae）一起工作。

約翰上任幾個月後，我們又增加了一位來自蘋果的生力軍：艾瑞克・哈斯勒姆（Eric Harslem）。他原本是蘋果公司麥金塔部門的副總裁，現在擔任我們產品部門的資深副總，接替後來出任技術長的格倫。艾瑞克的任務是監督我們整個產品線的開發與行銷。他和約翰一來，尤其是約翰，就對現狀進行了重大改革。一九九三年，公司真的需要他們來改變。

一九九四財年的第一季度（一九九三年二月到五月初），我們的成長痛變得非常明顯。利潤下降了百分之四十八，這是我們上市以來第一個季度出現虧損，而且現金短缺。由於華爾街興趣缺缺，我們不得不撤回二次股票發行（secondary stock offering）。一月到六月間，我們的股價從一月的歷史高點四十七・七五美元跌到七月的十五・八七美元。我們提醒投資者注意，情勢可能還要過兩個季度才能好轉。

我們不得不做出一些重大改變，而這些改變多半會帶來傷害。

我們的筆電業務尤其令人傷腦筋。因為蓬勃發展的個人電腦業務占用我們太多認知頻寬，根本無法好好關注筆電問題。其他主要電腦製造商當時約有百分之二十的收入來自筆電，康柏電腦是百分之三十，而我們只有百分之六。在筆電領域面臨的挑戰也

意味著，我們採用英特爾四八六處理器的可攜式電腦上市時間較晚。

約翰·麥迪卡的任務是帶領我們成為筆電界的玩家，而且他立即行動，旗開得勝。他一到公司便仔細查看我們目前的產品陣容和繪圖板上的新型號，發現兩者都有嚴重的不足之處。我們一直在銷售的機型320SLi和325SLi不僅效能低落，而且有個設計缺陷，即電容器在物理壓力和過熱情況下可能破裂，可能會引起火災。約翰得出結論，等到我們可以推出新電腦的時候，技術上也已過時了。那年十月，他召回了一萬七千台電腦，禁止再銷售320SLi和325SLi型號，徹底砍掉新產品系列。由於修復舊機和暫停新機推出，我們的財務成本超過兩千萬美元。此舉對我們士氣的打擊影響更大。接下來的幾個月裡，在約翰監督新一代筆電系列開發之際，我們只能坐在場邊觀望快速成長的個人電腦市場。

筆電中斷的成本，加上改善內部流程的成本，總計將達到七千五百萬到八千五百萬美元，也許還更多。

一九九三年，我聽到的每則消息似乎都變得越來越糟。除了蘇珊，我沒有告訴任何人，在那一年的很長一段時間裡，我都處於慢慢上升的恐慌狀態。

然後新的一年來了，也是戴爾電腦股份有限公司成立的十週年，更多的助力與希望隨之而來。

我們聘請了貝恩策略顧問公司（Bain & Co）來指引我們度過這次危機，他們的合夥人之一凱文·羅林斯讓我印象特別深

刻。與其說凱文是產品專家，不如說他是策略專家，他的經驗主要與航太公司有關。而且從一開始，他就比我以前共事過的任何人都更瞭解我們的業務。他立即瞄準我們其中一項策略：透過山姆會員店和沃爾瑪（Walmart）等大型連鎖店銷售我們的個人電腦，該決策至今已實施三年時間。凱文強烈覺得這些零售銷售所帶來的收入不值得我們為此投入那麼多，他認為，經銷商實際上成為那些在店內購買我們電腦的消費者與我們之間的屏障，使戴爾失去了與這些顧客的重要溝通管道，我們無法從那些消費者那裡瞭解他們對該產品性能的看法。**直銷**模式是我們的招牌，這種間接做法可能破壞我們建立的一切。

所以，我們就這樣停止透過經銷通路販售。

有些財經記者和金融分析師（高調地）表示，不斷改變做法會讓我們看起來優柔寡斷。外界總是會說三道四，可是對一家公司來說，還有比暫時看起來不錯更嚴重的事情。我們迫切需要重組，重要的是別理會那些喋喋不休的聲音，堅持執行計畫。

但該執行哪個計畫……？

我們是世界第五大電腦公司，已經突破二十億美元大關，越來越接近三十億美元，我們打算衝到一百億美元。我完全贊成實現這個雄心壯志，但另一方面的我也在想：好，現在我們準備前進一百億美元了嗎？真的嗎？這會變成超大規模的公司，但我們還有很多事情不知道該怎麼做。

我想我們需要更多的協助，所以我聯絡獵才公司海德思哲（Heidrick & Struggles）。「請找個可以與我合作將公司業務從三十億美元推到一百億美元的人，」我告訴他們，「希望是在供應

鏈和技術方面具有廣泛國際經驗和專業知識的人。」

海德思哲提問：「那麼，他們要擔任什麼角色？」

「我們還不知道。」我老實回答。

他們開始寄人才簡歷給我。有些人我一看就直覺反應「不、不、不行」，但其中有幾位（少數）讓我說出「好、好、好」。這些就是我面談的人選，其中最多「好」的人選是摩托羅拉的默特・托佛（Mort Topfer）。

默特當年五十七歲。他在摩托羅拉待了二十三年，最終當上陸地行動裝置（Land Mobile Products）部門，也就是無線電對講機部門的總裁。這是在行動手機產業蓬勃崛起之前的事。摩托羅拉的行動裝置在工業、執法和軍事等領域具有多種用途，而陸地行動裝置是該公司的重心，當摩托羅拉還是世界備受推崇的公司之一時，這個國際部門市值為三十億美元。默特負責製造、銷售和市場行銷，他幾乎掌握了所有的業務。

而且我立刻喜歡上他。他出生於布魯克林，身上仍保有許多布魯克林的氣息，我指的不僅是他的口音，還有他親切熱情又堅韌不屈的個性，而且超級聰明。他在技術方面擁有豐富的經驗，我也喜歡他沒有急切想離開摩托羅拉，他在那裡工作很開心，也為自己的成就感到自豪。他和妻子前陣子在拉斯維加斯蓋了一座安養院，打算在摩托羅拉工作幾年後搬到那裡永久定居。

他也符合我的另一項條件。我們需要找一位非常高層級的人進公司，基本上可以與我並肩工作，帶領公司走向下一個重要里程碑。如果這個人四十五歲或五十歲，在他底下的人難免會想

「我已經失去機會了」。但默特（我想但還沒說）可能是明智的長者或德高望重的前輩，是一位不會真正威脅到任何人、只是來幫忙的人。

我和默特於一九九四年一月首次見面，之後我們又聚了幾次，只是為了繼續討論如何經營一間上百億美元的全球企業。他不是在接受面試，單純只是給我意見，而且他說的每件事都很有道理。

然而，在我們見過幾次面之後，我似乎感覺到他的想法出現變化，他對於幫助我們提升到下一個層級的挑戰越來越感興趣。於是我向他發出工作邀請，並提供一個我覺得每個人（尤其是默特）都能接受的頭銜：副董事長（vice chairman）。他加入我們不久後，我們成立了所謂的「董事長辦公室」（Office of the Chairman, OOC），強調他與我共同工作的事實。

默特立刻就進入了工作模式，在我們需要的時候提供協助。我們需要協助。我們最大的需求之一是他非常瞭解的部分，亦即我們正經歷國際版圖的快速擴張，尤其是在亞洲。我們在馬來西亞檳城設立了一家工廠，奠定進軍中國和日本的基礎；在愛爾蘭（和德州）擴大生產。除了發展業務之外，我們也需要強大的營運紀律，而默特帶來了這點，對我們助益甚鉅。他也證實了我的直覺，凱文・羅林斯雖然仍是貝恩的正式員工，但以他對我們公司出色的戰略理解，他已經成為我們高級管理團隊實質上且重要的一分子。

這個安排是有點怪：平日凱文與我們一起在德州工作，週末他會飛回波士頓與家人團聚。然後由貝恩支付薪水給他。但每週

凱文、默特和我都有一次晚餐會議，凱文制訂議程，對我們從人事、新投資領域、新產品的所有決定都有發言權。

那一年，我們推出了一款重要的新產品，也就是約翰・麥迪卡與他團隊開發出來的筆記型電腦，我們稱之為「Latitude」。正如我的預期，約翰與他的團隊端出一台漂亮的電腦：堅固、設計精良、相當注重細節。記憶卡易於拆卸；磁碟機可以取出，換上第二顆電池就能延長續航時間。電池壽命是 Latitude 的一大賣點，這真的是突破性的設計。無論是基本操作模式還是高階 XP 版本，都可以在不充電的情況下使用八小時。XP 款採用重量較輕的鋰離子電池，這在當時是一項新技術。而且如同以往，我們的價格極具競爭力：基本款是一千四百美元，XP 款為三千兩百美元。相比之下，康柏的 Contura 基本款筆電為二千七百四十七美元，豪華進階款 Contura 4/25CX 為四千零五十五美元。坐在場邊旁觀筆記型電腦市場蓬勃發展是一件痛苦的事，想贏回市場並不容易，但我們暗自相信自己辦得到。我們相信自己握有王牌，時間會證明我們是對的。*

還有另一個必須關注的產品機會。

一九九三年十一月，我們在巴黎召開董事會議，我和凱文（當時他仍是貝恩公司顧問的身分）做了簡報，說明我們為什麼需要大力發展伺服器業務，以及為什麼不投入這部分可能會有真

---

* 自一九九四年推出 Latitude 系列以來，我們已經出貨超過四億台筆記型電腦。在撰寫本書之前的四個季度，筆電每秒鐘就賣出一台以上。每分鐘七台、每小時四千一百七十一台……

正的麻煩。會議剛開始時，董事會態度是「你們為什麼非做不可」，到最後變成「那你們怎麼還沒著手」。

關於重新進入伺服器市場以鎖定企業客戶的部分，我們已經考慮很久，九〇年代早期發生的某些事件聯合起來也對我們造成問題。像是網威（Novell）、3COM 和 Banyan（以及近期推出 Windows NT 的微軟）這類軟體開發商正在開發伺服器操作系統，讓企業公司得以建立客戶端／伺服器為主的網路系統（主從式網路系統），這些系統開始在大大小小的公司中湧現。我們在休士頓的宿敵康柏電腦，以其採用英特爾處理器的 SystemPro 伺服器早已取得領先地位。

伺服器市場最引人注目的一點是它的利潤之高：這些都是複雜的設備，其利潤比電腦高很多。康柏正在靠伺服器帶來的豐厚利潤來抵銷其透過高價位和零售商銷售個人電腦所獲得的微薄利潤。然而，即使我們的設備更划算、更可靠，我們的服務機構也是最好，要讓各家公司從康柏伺服器跳槽改用我們的伺服器仍是一項艱鉅的挑戰。如果我是系統管理員，已經學會怎麼使用 SystemPro，然後有人跟我說「我們想買其他伺服器」，我很可能會說：「不用了，我已經習慣用這個。」就個人電腦而言，從這個品牌跳到另一個品牌相對簡單，但伺服器就不一樣了。

另一方面，我們也計算過，如果康柏獨霸伺服器市場，他們將坐擁龐大利潤得以進攻電腦市場，逼得我們關門大吉。

這點引起我們的注意。

我們曾考慮收購三家小型的伺服器公司：Sequent、Tricord、以及 NetFrame。但最後得出的結論是，建立一個專門負責的工

程師團隊，生產我們自己的設備會比較容易一點。一九九四年初，我們推出了 PowerEdge 系列伺服器，（一開始）有兩種型號：適用於中小型網絡環境的 SP 和適用於中大型網絡的 XE。同年，我們從 Sequent 聘請賴瑞・伊凡（Larry Evans）擔任伺服器工程部副總裁，負責管理我們的伺服器業務。很快地，我們將與康柏一較高下。

除了看到伺服器的可能性外，我們還決定進攻另一條戰線，即當時人稱產業界的專業工作站部分。與個人電腦相比，工作站是具有超強圖形處理和顯示性能的專業電腦，適用於晶片設計師、建築師和其他需要進階功能的人進行電腦輔助設計與模擬。

那時候昇陽電腦（該公司後來被甲骨文收購）和惠普（收購了工作站領域早期領導者阿波羅電腦〔Apollo Computer〕）主導了這個領域。兩家公司都是垂直整合（生產其他公司外包的零組件，甚至設計自家的微處理器），並且都從這些產品中獲得了可觀利潤，這也有助於推動它們在伺服器與儲存領域的發展。

我們強烈認為，考量到像英特爾這類公司在微處理器方面的快速發展，加上 Windows 系統的改良，我們可以建立足夠強大的工作站來運作這些專業的應用程序，並在此過程中為客戶提供更大的價值。如果成功，我們可以把價格壓到仍可以盈利的程度，但昇陽電腦和惠普卻不能。工作站領域的總利潤可能會縮水，但如果成功，我們最終將獲得一大部分的利潤。

這是傑夫・克拉克第一個大好機會。自一九八七年加入戴爾

以來，他展現出身為工程師的巨大才能，現在他已經準備好領導公司這個重要的新部門。一九九七年，我們推出了第一台工作站。這項行動並非沒有挑戰，但傑夫大獲成功，最終帶領我們拿下市占率第一。幾年後，昇陽電腦完全退出工作站市場，惠普則發展出一種試圖模仿我們的戰略。

一九九四年，全世界只有兩千七百多個網站；前一年只有一百三十個，再前一年只有十個。那時候還沒有 Google、沒有維基百科（Wikipedia）、沒有 YouTube 或推特。但從那年開始，出現了「www.dell.com」。

自從十幾歲使用過海斯數據機和電腦電子布告欄系統（CBBS）以來，我一直對線上交流的無限可能和網路效應（network effects）深感興趣。隨著全球資訊網（World Wide Web）的興起與運作，我（和其他許多人）認為它的潛力無窮。網路發展早期最令人興奮的就是資訊，從一九九〇年代初期到中期，每週都有越來越多的數據資料上傳到網路上。一開始，我們的網站也是與資訊相關：早期使用者和精通技術的用戶（當時幾乎只有這類使用者）可以造訪我們的網站，獲得產品的相關技術資料和提供技術支援的電子郵件地址。

一九九五年，全球網站數量激增到兩萬三千多個，網際網路的發展也日趨成熟，我們的網站也變得更加複雜：使用者可以獲得技術資訊，潛在買家可以在網站上配置他們的理想電腦並知道確切價格。一九九五年，一個叫「亞馬遜」（Amazon）的小網站誕生，也是我開始對於把直銷模式帶到網路上產生濃厚興趣的時

候。

電子商務的發展之所以落後線上資料檢索的原因只有一個：保障網路購物安全的方法當時才開發出來不久，而且消費者還不習慣透過這種方式購物（現在看起來再正常不過！），他們害怕把自己的信用卡號碼放到乙太網路上，誰知道會發生什麼事。但隨著保護網站、瀏覽器和伺服器安全的辦法持續發展，電子商務漸漸流行起來。我們希望盡可能領先潮流。

在我看來，網路購物和我們的直銷模式簡直絕配。九〇年代初期，我向董事會提出這套方法，並表示與目前透過電話或傳真進行的銷售相比，網路銷售可以讓世界各地的客戶以更快、更有效（且更便宜）的方式獲得我們產品的相關資訊。潛在買家可以線上搭配自己的理想電腦、獲得與之相關的技術資訊，並且購買，然後還可以追蹤電腦的製造和運送進度。電子商務亦將為我們創造規模經濟，使銷售團隊和整個銷售過程更快速、更有效率。

我們的網站於一九九六年六月開始銷售個人電腦和筆記型電腦，同年十二月也開始線上銷售 PowerEdge 伺服器。同年底，我們迎來了另一個里程碑：線上銷售量達到每天一百萬美元。

一九九六年到了尾聲，我和默特總算說服凱文·羅林斯將他實質上的工作安排正式化，以資深副總裁身分加入我們。凱文正式為戴爾工作幾週之後，我安排他負責我們在北美和南美的業務，這個部分約占我們收入百分之七十。

一九九五年，《財星》雜誌刊登了一篇關於我們的文章，標題魯莽無禮：〈麥克·戴爾起死回生：一群老傢伙是如何讓麥

克・戴爾成長，並像大企業一樣經營他的公司〉當然，那也是一種看法。從我的角度來看，在公司發展和演變的不同階段，我曾向許多年長、經驗豐富的高層主管討教，從李・沃克、默特・梅耶森到默特・托佛，每個人都以自己的方式提供很大的幫助。

不過，儘管我剛滿三十歲，是管理團隊最年輕的一員，但沒有人強迫我成長。我是一位丈夫和父親，已經在業界工作十多年，也有戰鬥的傷疤可以佐證。而且團隊已經各就各位，可以走得更長遠。一九九四年到一九九六年的高速成長期間，我們成功擴張的關鍵之一就是在全球各地召募公司所需的人才。人力資源副總裁茱莉・薩克特（Julie Sackett）勇於接受挑戰，幫助我們將團隊規模從約六千人增加到一萬兩千人，為下一個階段的成長奠定基礎。有了默特和凱文，還有湯姆・梅瑞迪斯、艾瑞克・哈斯勒姆、約翰・麥迪卡、傑夫・克拉克，以及其他許多有才幹的高級主管、上萬名充滿激情與敬業精神的團隊夥伴在我身邊，我覺得一百億美元甚至更多，都是可能實現的目標。

到了一九九六年底，前景似乎無可限量。

第十一章

全力以赴

回到一九八八年十一月，也就是我們上市幾個月後，我為我們的新公司寫了一份價值聲明（statement of values），嘗試歸納我們的企業文化。那是一張用點陣列印的單頁文件，發給我們由兩百多名形形色色的隊員組成的小型雜牌軍看。我希望他們仔細閱讀，因為我句句發自內心，對於自己寫下的每個部分都有深刻的感受。

標題如下：

1. **提供優質的產品和優良的客戶服務：企業**
2. **尊重他人：人**
3. **員工將在各個層面學習和成長：過程**
4. **每件事都做到最好！：標準**

然後內容（停止全部大寫以便閱讀）如下：

1. 戴爾電腦公司的使命是直接向終端使用者提供高品質的電腦，外加高水準的客戶服務。

我們致力於積極回應客戶需求。與客戶的一對一關係是我們成功的關鍵，因為它提供了一個架構，使我們可以在這個架構下回應客戶不斷變化的需求。

公司將努力滿足業務相關各方的合法要求，不管是來自客戶、員工、供應商、特殊利益集團、社區還是股東。

2. 尊重他人：

公司鼓勵並獎勵員工的主動性、團隊精神、責任感與卓越。我們將以物超所值的價格提供高品質的產品和及時周到的服務。我們永遠在所有交易中遵守最高的法律與道德標準。

人才是公司最大的資產。我們會提供一個吸引、激勵和留住業界最佳人才的環境。員工能參與影響自己工作的決策，並從自己的努力中獲得回報。我們永遠獎勵卓越的表現。

3. 不斷學習：

靈活性、變化、反應能力是組織永遠實現成功的關鍵特徵。我們應該始終保持學習態度，不斷預測和理解競爭環境中的變化，制訂戰略來利用新的機會。我們將運用所學知識，不斷挑戰業務運作所依據的假設。

管理者將賦予他人權力，並消除阻礙他人充分發揮生產力的障礙。

4. 公司會將每件事都做到最好！

麥克・戴爾

一九八八年十一月二日

寫這些內容時我才二十三歲，我那間不起眼的新創小公司還只是全美數百間電腦公司的其中一家，雖然取得一些成功，但同時正如我們所看到的，它也在幾個關鍵時刻險些倒閉。如今，我已經五十幾歲了，掌管一個擁有超過十五萬名團隊夥伴的全球組織，三十多年前寫的內容依然管用。我們在前進的每一步都堅守著這些價值觀，沒有它們，我們就不會成為今日的公司。

　　隨著戴爾在八〇年代和九〇年代的發展，我也逐漸對比爾·蓋茲和史帝夫·賈伯斯有相當程度的瞭解。蓋茲是協作廠商與商業夥伴，其公司製作我們電腦使用的操作系統；賈伯斯則是想成為商業夥伴的創辦人同行，最終我們成了朋友。史帝夫在一九八五年到一九九七年被逐出蘋果期間創辦了 NeXT 公司，試圖讓該公司的電腦和軟體成為高等教育和大企業的重要新設備。但與我們的個人電腦和伺服器不同，NeXT 工作站雖然是一款美觀的產品，但價格昂貴，難以在市場立足，尤其是在各大院校裡，所以一九九三年賈伯斯轉而專門從事軟體開發。我們九〇年代中期開發網站時，使用的工具之一是一款名叫 WebObjects 的軟體，就是 NeXT 公司開發的產品。

　　那年史帝夫來過我家幾次，試圖說服我在我們的個人電腦上使用 NeXT 操作系統，認為它比微軟的 Windows 系統好，還可以靠它進攻昇陽電腦主導的 Unix 工作站市場。雖然他的想法有些道理，但幾乎沒有應用程式移植到他的操作系統，詢問或感興趣的客戶更少。

　　不過他非常堅持不懈，一九九七年初回到蘋果不久後，他又

向我提出另一項商業提議。他和他的團隊想出了如何將 Mac 操作系統移植到我們電腦正在使用的英特爾 X86 架構上的方法。史帝夫來找我說：「嘿，你看，這可以在戴爾電腦上運作。」他的想法是提供 Mac 操作系統授權，這樣我們可以提供 Windows 或 Mac 操作系統的電腦。我挺感興趣的，可是他給我們的提案差得離譜。

我告訴史帝夫：「好啊，我們每賣出一台裝有 Mac 操作系統的電腦，就支付你們一筆授權金。」但他擔心我們銷售配置其操作系統的電腦會侵略 Mac 電腦市場，因為我們的規模更大，比蘋果銷售出的電腦多更多，而且我們的成本結構非常有效。

史帝夫反過來建議：「不如這樣，你們每年銷售數千萬台電腦，每台都支付使用費給我們，這樣你不用考慮安裝 Windows 或 Mac 操作系統，可以所有電腦都安裝，讓客戶決定使用哪一款。」

問題顯而易見：他所說的專利使用費高達數億美元，而且這個算法根本行不通，因為我們的大多數客戶（尤其是大型企業客戶）不是真的想使用 Mac 操作系統。如果史帝夫的提議只是「每次使用 Mac 操作系統都要付費」，那麼這個提議就很有意思，但連我們沒使用的時候都要付錢……想得美，史帝夫！他的提議還有另一個問題，即使在同樣差的條件下，他也不能保證我們未來幾年還能使用 Mac 操作系統。這表示我們就算創造更多的用戶，也無法確保繼續支援他們使用。

史帝夫和我互相保持一定距離的尊重與友善。他的生日是二月二十四日，比我晚一天，多年來我們經常發現彼此同時在夏威

夷。史帝夫喜歡夏威夷大島上的柯納度假村會館（Kona Village Hotel），我碰巧是度假村持有人，後來度假村在他逝世前幾個月遭到三一一大海嘯侵襲摧毀。我們有時候會一起散步，聊聊工作與生活，但無論什麼原因，我們永遠不可能成為商業夥伴。有時候科技媒體會試圖把我們定位成強大的競爭對手以此自娛娛人，例如一九八七年，史帝夫曾無意間對戴爾怎樣製造「毫無新意的米色盒子」透露一些意見，結果這番話引起了外界關注。這件事沒有影響到我。首先，我們的米色盒子做得很好！但最主要是因為史帝夫這番話是那種無傷大雅的垃圾話，在我們這行很常見，也提供了一定的娛樂價值。昇陽電腦共同創辦人史考特・麥克里尼（Scott McNealy）就以嘲諷其他公司聞名，某次有人問他對康柏可攜式電腦的看法如何，他回說：「嗯，他們塑膠外殼和把手做得很棒。」

不過，在一九九七年十月於奧蘭多舉辦的 Gartner Symposium/ITxpo 資訊科技發展國際研討會上，我無意間提供太多娛樂價值。那陣子戴爾正處於巔峰時期，而蘋果適逢危急之際。賈伯斯在董事會解雇吉爾・艾米利歐（Gil Amelio）之後出任臨時執行長一職，儘管史帝夫提出了一系列卓越的產品點子如 iMac（一九九八年）、iPod（二〇〇一年）、iPhone（二〇〇七）、iPad（二〇一〇），並在接下來幾年間將蘋果變成一家萬眾矚目的公司，但在一九九七年的秋天之際，蘋果瀕臨破產邊緣，不得不向微軟借貸以維持公司運轉。當時我在奧蘭多研討會台上接受問答，主持人在幾千名 IT 高級主管面前問我，如果我是蘋果的執行長，會怎麼挽救蘋果公司。

坦白說，這個問題讓我感到惱怒，似乎有人為了娛樂性刻意藉此引起一些爭論。所以我說出我的感受：「嗯，我不是蘋果的執行長，我不知道。你怎麼不問問別人？」

但對方顯然不滿意這個回答，於是又問了一次。我還是誠實回應：「呃，我真的不是專門提供建議給公司的人。」

那傢伙不是覺得我忸怩作態，就是他根本克制不了自己想問。「說嘛！」他說，「你會怎麼做？」

此時我感到有點沮喪。也許不只有點。「我會怎麼做呢？」我附和後說：「我會把公司收掉，把錢還給股東。」

這段話引起了觀眾的強烈反應，很多人笑出來，甚至有些人倒抽一口氣。這傢伙總算得到他想聽的答案：娛樂效果。

然後事情就此一發不可收拾，我的話被斷章取義，傳遍各家通訊社和科技網站。「戴爾說蘋果應該關門大吉！」這句在接下來的幾週和幾個月裡取悅了很多人。見鬼！這句話到底多有魔力，居然到今天還有人討論。

我太蠢了，不夠專業。我任由自己被煽動，變成茶餘飯後的對象、蘋果的大敵。我才不是，還差得遠。事實上，蘋果真的不是我心中的困擾，幾乎不在我的雷達範圍內。我有很多事情要做，要和團隊一起經營戴爾，還要應付我們的直接競爭對手康柏、IBM、惠普。

但處境窘迫（擔任臨時執行長，自己共同創辦的公司還沒有完全接納他）的史帝夫，顯然被那些話中傷了。他寄給我的電子郵件上寫道：「執行長應該要有格調，我想那應該不是你的意見。」於是我打給他，解釋當時說那些話的情形和想法。他感覺

還可以，似乎已經理解。

然後，過了幾個星期，史帝夫召集旗下數百位經理，共同推動蘋果新的網路商店和用於製造與分銷的接單生產系統（感覺很熟悉？），他站在舞台上拿我開玩笑。

他把我的放大照片投射在身後的螢幕，上面還有我被斷章取義的話：「關門大吉，把錢還給股東。」

此舉從他的經理們那裡得到預料中的反應，全場噓聲。

「我想，我需要時間冷靜一下。」史帝夫告訴他們，「我多少能理解麥克可能會有點不悅，因為我們採用他們首創的模式，而且還做得更好！我們基本上是以這家店為網路電商設立新的標準。我能理解，他是個好勝的傢伙，但話雖如此……」

接著，他身後螢幕出現一張我微笑的放大照片。

「所以我想，麥克，我們要告訴你的是，」史帝夫說，「我們有了新的產品、新的商店以及新的接單生產模式，老弟，我們就要追上你了。」

就在這時，我微笑的臉被加上一個大大的標靶。群眾爆出熱烈掌聲。

好，時至今天很難想像，隨著史帝夫離世後，極其成功的蘋果與非常成功的戴爾和平共處，但在 iPhone 問世的十年前，蘋果確實是處於劣勢的一方，為生存而掙扎，就像我們在幾個關鍵時刻經歷過的那樣。提到這間公司時，很少見到不以「舉步維艱」或「瀕臨破產」之類的措辭作開頭。所以史帝夫在那一刻已經做好了攻擊的準備，他需要一個主要敵人來凝聚部隊心力，而我們就是他的主要敵人。即使蘋果和戴爾真的是兩間完全不同的

公司。

換作是我，可能也會這麼做。十六年後，我也做了同樣的事情，還記得艾康與紅色對角線嗎？當自己創辦的公司正在為生存掙扎，任誰都會不惜一切代價這麼做。

然而，成功後的作為才是偉大公司與優秀公司之間的區別所在。

我們拿下了節節勝利。

同月下旬（一九九七年十月），亞洲金融危機引發的線上交易大幅增加，對納斯達克交易所的電腦系統帶來沉重壓力，因此該交易所向我們訂購了八套新一代 PowerEdge 精密伺服器系統。我們在三十六小時內出貨，按照納斯達克交易所的規格客製，並且經過全面測試。納斯達克的互動服務主管感到很驚訝，因為我們不僅處理迅速，而且沒有額外收取費用。「起初戴爾吸引我們下訂的是價格，」他說，「但現在這個不是問題，他們的售後支援與服務是我們現在合作的原因。」

到九〇年代後期，價格、支援與服務繼續推動我們伺服器、個人電腦、筆電和周邊設備的銷售不斷上升。一九九八年，我們的銷售額突破一百二十億美元，超越 IBM 與蘋果成為世界第二大的個人電腦公司。此時只有康柏電腦凌駕我們之上，而我們已經將他們視為目標。我們的銷售總額在一九九九年攀升至一百八十億美元，二〇〇〇年達到兩百五十億美元。到了二〇〇〇年時，我們在圓石城總部與歐洲、中東、非洲、亞洲、日本以及南美洲等分支據點已經有三萬六千名團隊夥伴。我們的股票向來是

納斯達克交易所表現最好的幾支，股價不斷飆漲，並於一九九五年、九六年、九七年、九八年（兩度）以及九九年進行二比一股票分割。我們的發展趨勢相當猛烈。

蘇珊和我在那段期間經常散步和交談，數算我們的福分，思考該怎麼分享出去。擁有四個可愛的孩子讓我們意識到我們和他們有多麼幸運，然而世界上有很多孩子沒那麼幸運。

父母教導我們幾個兄弟關於「tzedakah」（希伯來語：慈善）和「tikkun olam」（希伯來語：修復世界）的道理，他們也以身作則，所以我開始相信，回饋社會可能是我工作最重要的部分。蘇珊和我想過許多可以運用不斷增加的慈善力量去實踐的事情，但最後我們決定把重點擺在城市貧窮孩童身上，這就是我們於一九九九年十二月成立麥克與蘇珊戴爾基金會（MSDF）的初衷。

我們最早的倡議行動之一是在德州中部家裡想出來的，受到美國衛生及公共服務部日前制定的兒童健康保險計畫（State Children's Health Insurance Program, SCHIP，後來改名為 CHIP）所啟發。根據這項計畫，聯邦政府提供各州配套資金，以涵蓋那些收入負擔不起私人醫療保險，卻沒有窮到可以獲得醫療補助的家庭中未納保孩童。問題是加入該計畫的過程很複雜，需要填寫冗長的申請表格，而且還要負擔部分自付金額。於是基金會制定了「Insure-A-Kid」項目，協助家庭加入聯邦政府的兒童健康保險計畫並資助他們自付額費用。

幾年後，聯邦政府提高兒童健保計畫資金，使得「Insure-A-Kid」項目變得多餘。但基金會繼續致力於改善德州中部的教育

和兒童健康，並很快走向全球，將觸角延伸到美國、南非和印度的主要城市地區。

我們不是唯一從科技趨勢中獲益的公司。隨著二十世紀臨近尾聲，民眾對科技和網路事物的需求似乎永不滿足，於是科技股普遍大漲。有時候我和默特、凱文會討論這個問題，然後說：「看來市場正在為我們沒有做的事情預付款項，也許我們將來會做，但也可能不會。」不過在這場科技狂熱中，我們似乎做得比其他人好一點。

在供應端，我們的優勢包括嚴格的品質控制、精簡庫存、與上游供應商的關係緊密以及有效率的現金流管理。在需求端，我們繼續遵照一九八八年的價值準則第一條：讓客戶滿意，密切關注他或她不斷變化的需求。

但準則第二條的第二部分：員工能參與影響自己工作的決策，並從自己的努力中獲得回報。有些事情已經失控。

幾乎與各家成長型公司一樣，我們也有一種「所有權文化」（ownership culture）：希望公司裡每個人都是公司的主人，這表示公司會以股票期權獎勵業績良好的員工。所以，隨著我們的股價不斷飆升，從一九八九年最後一個交易日到一九九九年底股價漲幅達百分之九萬一千八百六十三，許多團隊夥伴都變得相當富有。接著有趣的事情發生了。有人會說：「喔，這是我價值三十萬美元的立體音響。」他們這麼說並不是指這個音響要價三十萬美元，實際上是十萬美元，但如果沒有賣掉股票改買音響，他們就會有三十萬美元，因為股票只漲不跌。我們的很多員工因持有

股票而致富，成為眾所皆知的「戴爾富豪」（Dellionaires），尤其在奧斯汀，我們是城鎮最大的科技業雇主，炫耀性消費尤其引人注目。這些人真的多達數千人。

於是所有權文化有了全新的涵義。股價水漲船高，股市讓許多人受惠，人們紛紛買船，買大船。人們也購買豪宅跑車。感覺很不錯，我也樂見這麼多員工從努力工作中獲得回報，然後犒賞自己。

但接下來股市泡沫破裂。

進入二〇〇〇年後，所有千禧蟲危機（我們和其他人一樣也採取大量的預防措施）基本上都不了了之。但隨著時間推移，整個科技產業確實有些變化。二〇〇〇年一開始，美國線上（America Online）與時代華納集團（Time Warner）合併，那是截至當時為止史上規模最大的併購案。然而，到了四月，整個產業界開始出現寒蟬效應。日本經濟已經開始衰退；美國起訴微軟壟斷一案（United States v. Microsoft）的判決對微軟不利，導致該公司的股價下跌，掀起納斯達克交易所一波拋售潮。到十一月，網路股已經從高點下跌百分之七十五，美股蒸發一兆七千五百億美元。

我們也經歷了那段痛苦歲月。二〇〇〇年一月三日，我們股價為五十‧四〇美元。到了同年的最後一個交易日，股價已跌至十七‧二七美元。收益連續五個季度低於華爾街和內部預期數字，二〇〇一年，我們不得不進行有史以來第一輪裁員，二月份裁掉約一千七百多人，五月份又裁掉四千人。

這件事尤其令人難受。我真的很討厭裁員，畢竟那都是我們

而非被裁掉的員工的錯，所以我們盡量像防範瘟疫那樣避免裁員。有很多避免裁員的方法，可以停止招聘新員工；可以請求員工自願離開，提供他們自願離職的誘因；可以減薪減班；可以停發獎金。有各式各樣的手段和轉圜餘地。

但這是我們第一次不得不請人離開，請我們的員工離開，即使這種情況在科技業很普遍，也不會讓事情變得比較簡單。

另一方面，禍不單行。如果整個產業都在下滑，你就會想：「好吧，我們抵擋得住地心引力嗎？可能無法。」你總是得回去思考：我們能掌控什麼？與整個產業相比，我們的情況如何？整體需求情況如何？怎麼管理我們的業務以獲得最佳的中長期結果？需求大幅上升，然後又大幅下降。好吧，我們只能先處理好這個問題。

＊　　＊　　＊

二〇〇〇年發生的事情也不全然令人沮喪與絕望。自從一九九〇年代中期放棄零售通路以來，我們便將銷售個人電腦的精力集中在最大客戶身上：財星五百強企業、政府機關、醫療照護機構、各大專院校。我們的品牌給人一種非常講求實用的感覺，這點對於向企業銷售來說很好。然而，與此同時，個人電腦市場成長最快的部分是直接銷售給一般消費者，很少有公司可以兼顧面向企業和面向消費者的銷售（索尼是最明顯的例外）。雖然個人電腦業務做得不錯，但我們一直在追求成長，所以當我們的廣告代理商靈獅國際（Lowe Worldwide）提議推出一項活動，讓戴爾更貼近消費者（尤其是年輕消費族群）時，那個時機點似乎剛剛

好。

　　靈獅的點子是拍攝一系列的電視廣告，找一位早熟的孩子主演，他能夠滔滔不絕說出我們電腦的規格，賦予品牌人性化的面貌。廣告商甚至為這孩子想了史蒂芬這個名字和角色個性設定，他既精通科技，又傻得很可愛。靈獅認為他們可能得挑選十二歲到十五歲的人來飾演，隨後便發布了試鏡消息。

　　試鏡消息引起眾多兒童演員（和星媽）的熱烈回應，最後得到這份工作的是一名來自查塔努加（Chattanooga）的十九歲男孩，名叫班‧柯提斯（Ben Curtis）。班是個英俊的年輕人，有著一頭茂密金髮和朝氣蓬勃的臉蛋，眉毛上揚，看起來就像「傻得可愛」的化身。在第一支廣告中，班飾演的史蒂芬站在臥室裡對著鏡頭講話，背景是他老爸一邊在史蒂芬的電腦上打電動，一邊鬼吼鬼叫。「嘿，媽。」班說，「是我，史蒂芬。聽著，我們得談談老爸的事。我想他該擁有自己的電腦了，現在妳可以幫他買一台全配的戴爾電腦，搭配英特爾奔騰第三代（Pentium III）處理器，有點像我那台，只要八百二十九美元。」

　　電視廣告一播出就大獲成功，但真正廣受大眾歡迎的是幾位廣告天才給予建議之後的那支廣告。他們建議強調班‧柯提斯的浪子特質，有點像電影《開放的美國學府》（*Fast Times at Ridgemont High*）裡面的傑夫‧斯皮可利（Jeff Spicoli），再加上《阿比阿弟的冒險》（*Bill & Ted's Excellent Adventure*）中阿比和阿弟的綜合體，他們還替他創了一句口頭禪：「老兄，你該買台戴爾了！」

　　結果就像朝著汽油點燃一根火柴。從那一刻起，那些廣告

（還有那句口號）突然爆紅。班·柯提斯立刻一下子成了名人，我們的個人電腦銷售直線上升：二〇〇一年前三個季度，整個產業的個人電腦銷售下降百分之三十一，而我們的市占率卻上升百分之十六·五，比上一年增加一倍多。

有一段時間，一切進展順利，但就像經常發生的那樣，當基於某個角色的廣告宣傳變得難以控制，我們開始覺得這些廣告越來越聚焦在史蒂芬身上，而非產品本身。所以我們展開新的宣傳活動，與班·柯提斯分道揚鑣，「戴爾小子」（Dell Dude）也漸漸成為歷史。不過，還是很多人記得這句口頭禪！

二〇〇一年七月，我得到一份驚喜，獲《執行長雜誌》（*Chief Executive*）選為年度最佳執行長。這項殊榮特別令人欣慰，不僅因為我當時三十六歲，是迄今為止最年輕的獲獎人，歷屆還有一些非常傑出的前輩（比爾·蓋茲於一九九四年獲獎、安迪·葛羅夫於一九九七年獲獎），而且投票給你的都是執行長同行。我真的覺得自己好像被一個顯赫的兄弟會接納了。

同時，我也知道一間公司的領導人通常會得到過多的讚賞或指責，比他或她應得的更多。這就是伴隨領導力而來的事情，你可以從英雄瞬間變成狗熊。成功絕對是團體運動，我很幸運能夠領導一支偉大的團隊。我真的只能代表他們接受這個獎項。

與個人榮譽一樣令我高興的是，它反映了外界對我們公司的看法。我們堅韌不摧、勇於創新，有能力挺過難關，也能享受美好時光。我當時說：「如果在我們公司規模每年成長一倍、股價每年上漲幾百個百分點的時候，給我這個獎項可能比較容易，但

在這個對於整個產業和經濟來說都充滿挑戰的一年，獲得這個獎項可能格外有意義。」

但事實是，網路泡沫化對我們的打擊沒有其他公司那麼嚴重。很大一部分是因為精簡而快速的商業模式，相對獨立於傳統銷售管道，使我們得以隔絕麻煩，但不幸卻降臨到規模更大、行動更緩慢的競爭對手身上，康柏、惠普、昇陽、IBM。我們二〇〇二財年的營收僅下降百分之二，但市占率卻增加了。

儘管如此，科技榮景的落幕仍暴露出我們企業文化的缺陷，而爆發性成長期容易掩蓋這些缺陷。有時候潮水退去，岸上就會看到一些先前沒注意到的東西＊，而那些事物未必盡然美好。

經歷裁員之後，我們（指的是高層管理人員）意識到我們必須重新吸引我們的勞動力。由於先前讓一些人離開，我們已經打破了信任關係，等於向團隊成員釋放出強硬的新訊息：你的工作沒有保障。現在有一份隱含新的僱傭合約：只要我們有生意，只要你符合我們需求的技能，只要你的表現良好，就可以保住飯碗；但如果有任何一項不符合要求，你可能就會丟掉飯碗。

在這些沒有妥協餘地的新條件下，該如何激勵我們的員工？

關於這個問題，凱文・羅林斯和我有很多看法。

凱文正式與戴爾簽約後不久，就加入了我和默特・托佛在董事長室的工作行列，但一九九九年，默特在協助我們攀上七年急

＊　或如華倫・巴菲特（Warren Buffett）所言：「只有當潮水退去，才知道誰在裸泳。」

速成長的巔峰之後，最終決定退休。現在凱文和我一起領導公司。就像李‧沃克和我或默特和我一樣，凱文和我也有互補之處：他傾向從戰略角度思考，而我的思考自然傾向技術層面。我們是貨真價實的團隊，兩人辦公室相鄰，以活動式玻璃隔間做區隔，我們總是將它敞開著。

除了卓越的戰略洞察力，凱文也為我們的領導力帶來同等重要的特質。他是虔誠的摩門教徒，行事有原則，工作勤奮、敬業、認真。他對網路泡沫化暴露出我們企業文化的缺陷感到不安，於是二〇〇一年春天和我開始討論是否需要一份新的聲明，類似於我一九八八年所寫的那份，以書面形式闡述我們認為他和我以及公司每個人都應該遵循的價值觀與信仰。凱文和我都同意，公司已經有一套深植核心的價值觀，但時空和環境將這些價值觀念埋得太深，需要重新把它們帶回陽光下。

我們已經在全公司上下進行一項名為「告訴戴爾」（Tell Dell）的調查計畫很長一段時間。這份民調採自願且匿名，參與度總是很高。那段期間，我們得知很多痛心的事情。

我們發現，扁平化組織允許各級主管無須獲得上級批准就能作出經營決策，這點有助於我們作為一間公司快速且有效率地行動，但也導致了一些過度行為。我們有許多主管取得傲人業績，但前進過程中打破太多玻璃，沒有與同事攜手合作。我們的爆發性成長和不斷強調爭取市占率的心態，發展出一種往往讓業績數字蓋過團隊合作和客戶滿意度的文化。無論銷售領導人有沒有考慮到團隊成員的感受，都可以得到晉升與獎勵。

然而最糟糕的是，我們發現近半數的團隊成員表示，如果薪

資報酬相同，他們會去別家公司工作。我們剛剛經歷一波令人振奮的繁榮時期，而現在迎來了陰暗面：顯然戴爾吸引眾多人才前來，他們簽約是因為以為在這裡工作可以致富。現在他們意識到自己可能發不了財，開始思考自己在戴爾做什麼。

「我發現，我們在整體員工中創造出一種股價文化，一種財務業績文化，一種『對我有什麼好處』的文化。」凱文後來說，「除了賺錢或股價上漲之外，這間公司必須有更多我們熱愛的事物。」

心理學先驅亞伯拉罕・馬斯洛（Abraham Maslow）談論過人類需求的層次結構，並將這些需求以金字塔形式呈現。金字塔底層是生理需求，如食物、水、居住環境等；再上一層是安全需求，如人身安全、就業、健康；接著往上移動，是愛與歸屬感、尊嚴；然後最高層次是自我實現。

對公司的團隊成員來說也差不多。在金字塔底層，他們需要收入養家活口，而每間公司都會提供薪資。但在更高層次，你希望員工投入到他們工作，許多公司會被排除在外。在金字塔頂端則排除了更多的公司，你真正想要的是讓員工理解公司的宗旨並從中受到鼓舞。希望他們感覺自己做的事對所有客戶都非常重要，並為更大的目標服務，發揮人的潛能。希望他們這樣想：「哇，我實際在做一些真正有意義的事情，我們所做的事情對世界很重要，每天早上都有理由起床。」而不是感覺像，「我在呆伯特（Dilbert）卡通中，上班、打卡、賺錢、下班回家，然後日復一日。」賺錢當然使人滿足，但感覺自己是偉大和有意義事物的一部分則是另一種更高層次的滿足。

當我們在二〇〇一年夏末思考這一切時，傳說中的黑天鵝來了。

　　我在西岸出差，原本要去華盛頓特區，但後來取消行程回到奧斯汀。九月十日到家時已經很晚，第二天早上，我踩在跑步機上看新聞，此時螢幕下方出現一則新聞快訊：飛機衝撞世貿中心。

　　看起來不是什麼好事，我心想。

　　接著另一架飛機撞上第二棟大樓，我想，天啊！

　　我趕緊從跑步機下來，打給住在紐約市的弟弟亞當。他沒接。

　　哎呀，情況不妙，亞當在哪裡？他還好嗎？

　　幾分鐘後事態逐漸清晰，美國正處於極其可怕的災難之中。我打電話給人力資源主管保羅‧麥金儂（Paul McKinnon）。「喂，看到新聞了嗎？」我說，「我們的人都在哪裡？找出每個人。機上有我們的人嗎？建築物裡面有沒有？那個區域有沒有？」

　　團隊已經動起來。幸運的是，機上沒有我們任何員工。但我們有一位技術人員接到維修電話要前往雙子星大樓服務，所以我們試圖聯繫他，找出他的所在位置。可是聯絡不上。但在紐約和華盛頓特區的其他員工都查到了，除了這位還下落不明，大家都平安沒事。我們一直想盡各種辦法聯絡他，傳簡訊、發電郵、打電話，都沒有回應。當然，手機網路也完全掛掉，沒有一樣能用。

後來才搞清楚我們的服務人員出了什麼事。他在市中心搭地鐵，拎著裡面裝著零組件的提袋，準備前往其中一棟大樓執行維修服務。他走出列車，爬上樓梯來到街上，抬頭看到濃煙、大火和混亂場面，然後快步往另一個方向走去。事實證明，此舉非常明智。他以最快速度趕到中城（Midtown），平安抵達。

由於飛機全部停駛，我們的人員滯留在全國各地。我們聽到各式各樣情況，我們的員工花了一倍或兩倍以上的價格租車，踏上漫長的公路之旅返家。

巨大的悲傷和恐懼迅速蔓延整個國家。

同時，我們許多從世貿中心、周邊建築物和五角大廈辦公室裡逃出來的客戶在工作方面遇到嚴重難題。國防部、美國運通、普惠投資公司以及其他許多公司約有六、七萬人需要立即恢復業務運作，可是沒有電腦辦不到，他們的辦公室已經被摧毀了。許多人不得不居家辦公，但要用什麼工作？所以客戶打給我們，說他們需要電腦，而且數量驚人：一萬台、一萬兩千台、二萬台，只要我們製作得出來，把貨送過去。

我去了位於北奧斯汀的工廠，召開臨時全員大會，討論仍在上演的悲劇事件。我發言時，可以看到員工的痛苦表情，他們深切的悲傷反映了我當時的感受，許多人在哭泣。

「我完全明白你們有多難受。」我說。「我們大家都很難受，也應該如此。但是別忘了，實際上我們可以在幫助國家重新振作方面發揮驚人的作用。客戶需要我們，他們仰賴我們，而我們需要幫助他們振作並繼續前進。我們必須幫助證券交易所恢復運轉，也必須協助國防部。所以，讓我們大家回到工作崗位，把事

情做好。」

當時航班停飛，我們必須想辦法把這些電腦從工廠運到客戶那邊。後來想出了一個辦法。在四十八小時內，用卡車將大批電腦運到華盛頓特區和紐約地區。

美國開始運作起來，但那段期間的昏暗沮喪氣氛持續了很久。對許多人來說，當然也包括我們公司在內，那是一段沉澱省思的時期。我們感覺到迫切需要審視與強化戴爾的企業文化，於是聘請了一家外部公司進行職場文化評估（culture audit），評估我們作為一家組織的優勢與劣勢。評估的其中一部分要對包含凱文和我在內的高層管理人員進行三百六十度評量（360-degree reviews）。早在九月底，我和凱文就開始與每個地區副總裁見面，討論價值觀並得到回饋。在這些會議上，凱文和我都起身談論我們自己的三百六十度評量。我知道我對於那些聽不進去或表現不稱職的人容易不耐煩，在讚揚良好表現方面又太過遲鈍。「我有些需要努力的地方，」我說了不只一次，「現在尚未達成，我想變得更好。」

每個人都體認到，當營收、利潤和股價都在成長時，很容易忽略自己所做一切的主要目的。反過來說，當你的公司營收、利潤和股價都在下跌時，無論企業文化有多好，也不算是優秀的公司。

作為一家公司，我們該如何實現內部平衡，成為一間在順境和逆境中都能保持平衡的公司？怎麼樣才能吸引和激勵我們的團隊成員，（在我們提高營收、利潤和股價的同時）創造出一種不只是以營收、利潤和股價為主的文化？

回想當初公司只有我一人時，我有一套自認為很重要的價值觀，但我不必把這些告訴任何人。可是隨著越來越多人加入公司，事情變得越來越複雜。隨著公司發展，一切開始越來越細分。銷售人員能理解我們的價值觀，因為他們都在與客戶溝通，技術支援人員也是；但製造和供應鏈團隊的成員離客戶聲音有點遠。為了解決這個問題，我們特地安排客戶參觀我們的生產製作現場。我們瞭解到，講述公司故事的最好方式就是透過他們的故事。我們的客戶想要完成什麼？他們的挑戰是什麼？尤其是哪些新的、尚未解決的挑戰？瞭解這些新的、尚未解決的挑戰是我們作為一間公司要成功就必須持續努力的重要部分。為什麼他們所做的事對世界很重要？而我們是如何幫助他們去做這些事？

我們一致認為，創造忠誠的客戶必須成為新價值聲明中不可動搖的基礎。所以我們要開始行動了。

精明務實的企業人士喜歡以輕蔑的口吻談論「感性」（Touchy-feely）這個詞。諷刺漫畫會呈現這樣的畫面：一位顧問來到大公司，讓大家圍坐在營火旁，齊聲高唱「Kumbaya」。但那些精明務實的人會問，這種溫暖朦朧的感覺能長久嗎？那麼資產負債表會有什麼變化？

而凱文的卓越過人之處在於，他總能看到那些感性事物的實際重要性。他知道，一間沒有靈魂的公司會以各種方式分崩離析，欠缺高明務實商業戰略的公司也會很快走向滅亡。因此，就在董事長室與其他行政領導團隊以及各部門副總裁制定我們新的

價值聲明時，凱文和我也在制定策略，以讓我們走出網路泡沫化，進入未來幾年。

我們一開始就明白，宏觀經濟、企業存亡以及美國經濟在過去半世紀以來都經歷了繁榮和蕭條的週期。我們知道我們正處於其中一個週期，也知道我們會走出去。真正的問題是，戴爾如何擺脫這個週期循環，甚至變得比以前更強大？

我們的想法是將公司規模擴大成三倍。

有人可能會說：「什麼？整個產業才經歷撞牆期，國內生產總值已經降到負值，全球都存在宏觀經濟問題，我們卻要將公司規模擴張到三倍？」一開始我們內部有些聲音就是這麼說的。

但我們的解決方案其實很簡單。在這段期間降低價格，攫取更多市占率，以便 IT 方面的支出回收時，我們的荷包占有率（share of wallet）也會提高許多，進而在未來獲得更多的市占率。由於供應鏈的成本優勢和持續發展的客戶關係，我們自然有能力做到這些。

於是這項計畫立即開始實施。

同時，我們的新價值聲明也在擬定。十一月和十二月，一份聲明在我們區域研討會上逐漸成形；二〇〇二年一月，我們將聲明分發給區域行政主管檢查。同月下旬，在奧斯汀召開的全球行政管理委員會（Global Executive Management Committee）會議上，我們對於這份價值聲明進行最終修訂。我們稱它為「戴爾靈魂」（Soul of Dell）。

雖然是針對公司內部所訂定，但我們知道，外界看到任何一部分我們都會引以為豪。該聲明基於五項關鍵原則：

忠實顧客

我們相信，提供物超所值的優質體驗能創造忠實顧客。

戴爾團隊

我們相信，持續成功的關鍵在於團隊合作，以及每位成員都有機會學習、發展與成長。

坦誠溝通

我們相信，所有行動貫徹坦誠溝通的價值。

全球公民

我們相信，有責任感地參與國際市場運作的價值。

致勝精神

我們對於每件事都抱持想要獲勝的熱情。

這份新宣言是從我一九八八年的價值聲明逐漸形成的，那時候我們才剛開始涉足國內和全球市場。到了二〇〇二年，我們已經在全球市場證明自己的實力，但仍希望重申自己的基本價值觀，並談論新的價值觀。

十四年間發生了一些微妙但重大的變化。一九八八年，我們對於使命的描述是「直接向終端使用者提供高品質的電腦，外加高水準的客戶服務」；在二〇〇二年，我們談到「提供最好的產品與服務，主打最高品質和最相關技術」。產品變得多樣化，服務也和一般服務有著天壤之別。我們正在為二十一世紀的轉型定位，從原先的個人電腦公司發展成現在包含伺服器，並大舉進軍軟體和服務市場。

我們於二〇〇二年承諾「透過持續提供有價值且非凡卓越的

客戶體驗，從競爭脫穎而出」，這點在我們前進的每個階段都有落實。但是戴爾團隊的部分必須解決「戴爾富豪」心態和裁員問題。這份新宣言始於我們對菁英管理的承諾，並在強調團隊合作和培養各級員工領導能力之後，才談到財務獎勵（「維護與我們市場相關之成功企業相比具有競爭力的基本薪資與福利計畫」）。

與一九八八年聲明一樣，新的行為準則也強調戴爾公司內外的道德行為，但裡面更進一步提到我們有時在繁榮期容易忽略的問題：「培養與客戶、夥伴、供應商以及彼此間的開放、雙向溝通」，並且「經由無階級和無官僚作風的結構進行組織、溝通與運作」。

一九八八年，我們的國際業務才剛起步（一九八七年在英國，一九八八年在加拿大和德國），當時宣言尚未提及在其他國家拓展業務的影響。所以新規則必須表明我們身為全球公民的責任：「理解和尊重所有國家的法律、價值觀與文化」和「個人或組織，都要積極為我們稱為家的每個社會做出貢獻」。

我最初的聲明結果雖然鼓舞人心，但有點模糊（「公司會將每件事都做到最好！」），而新宣言最後的「致勝精神」部分則是更具體：

我們致力於……
- 建立卓越的經營文化
- 提供非凡的客戶體驗
- 領先於全球市場

- 成為公認優秀的公司和理想的工作場所

最後，同樣重要的是：

- 隨著時間提供更好的股東回報

　　倒數第二點是我給那些問我「如果不能致富，為什麼要留下來」的人的回答。答覆那些想成為「戴爾富豪」的人，「因為這裡就是我們理想的地方。」
　　但提供更好的股東回報（如我們所見）會比較複雜一點。

第十二章

綠寶石計畫

你為什麼不乾脆一走了之？

經過二〇一二年至一三年的激烈鬥爭之後，不只一人問過我這個問題。為什麼不乾脆把那些為努力買回自己公司而頭痛心痛傷腦筋的事情拋開呢？過去二十八年來，我已經賺了很多錢。我大可開始過著幸福的新生活，在夏威夷海灘上漫步，撿撿貝殼。或者再開一間公司，創造新的傳奇。

在我們私有化後不久，一位記者問了我這個問題，我給她一個簡單的答覆，一個發自內心的答案。我不想要另一間公司。這間公司有我的姓氏。「我死後都會掛記著這間公司，」我說，「我喜歡這樣，我覺得很有趣。能夠以上市公司辦不到的方式掌控自己命運，我感到無比激動。」

我告訴她，現在唯一需要進行的投資者對話，就是與「自我」對話。

這間公司雖然有我的姓氏，但重要性遠勝於我。我們是一支傑出的團隊，全體十一萬同仁。我強烈感覺到，私有化將讓我們

有機會造福客戶，同時也在造福戴爾。

就這樣，二〇一三年十月三十日，我們關上對外的大門，捲起袖子，開始工作。

這裡有一則故事，可以讓你瞭解這裡最初的日子是什麼模樣。那年秋天的某日早上，傑夫‧克拉克來到我和其他行政領導團隊成員面前，提出了關於建立戴爾未來業務架構的戰略建議。他談到我們前進所需的能力，例如改善線上體驗、強化數位履約、充實自助化服務支援。這是相當廣泛全面的計畫，需要一大筆的資金來執行，需要數億美元左右。我的回應是這樣：「謝謝你讓我們注意到這點，傑夫。董事會已經召開，也做出了決定。董事會決定著手執行該計畫。」

突然間，枷鎖真的被打破了。每季公布財報的倒數計時器已經關起來，我們可以在最有效的時候立即實施公司的重大決策。戴爾比以往行動得更快、更靈活。那年秋天我們召開全公司會議，向大家宣布所有要做的事情：投資銷售與研發、增加銷售能力、擴大市占率、不在競爭中退縮。

我們說完所有要做的事情，然後就開始行動。馬上執行。

起初人們還有點懷疑。「這是私募股權，那要怎麼運作？」有些人問。我們必須澄清，銀湖是我們的財務合作夥伴，但他們不會監督我們，他們知道我們有一支在各方面都實力堅強的團隊。但舊思維難改。我們會召開行政領導團隊會議，然後銷售主管加入討論，有點猶豫地說：「好吧，中小企業有很多可能性，這個領域有巨大的成長，經營利潤非常誘人，我們想再增加七百

名銷售人員。」

我回：「好啊，為何不增加一千五百名？」

一開始有些人會露出困惑的眼神。

每次開會我都會說：「什麼時候開會才可以不用要求你們加快在中小企業的開發腳步？」對我們來說，銷售給中小企業是非常重要的，它們是所有經濟的骨幹，但通常得不到充足的服務，而且高度分散。為了積極爭取這個族群，我們必須雇用新的銷售人員，並對現職員工進行再培訓。這些都是重新想像可能性的藝術：向這些中小企業銷售，成為它們信任的顧問，然後我們就有機會出售整套解決方案組合，包含軟硬體、系統、儲科、資安以及技術服務，並透過戴爾金融服務公司為整個項目提供資金。

以前的情況是，「如果招聘那麼多員工，下一季每股盈餘就會減少〇‧〇二美元，我們就無法達到預期目標。」現在情況則是，「不，不，別想太多，儘管去投資吧。」

但是很快地，員工看到我們確實在執行說過要做的事情之後，變得非常有活力，全公司上下都振奮不已。關於這方面的證明不僅是傳聞而已。我們採用了淨推薦值（Net Promoter Score, NPS），這是貝恩公司二〇〇三年開發的工具，用以衡量供應商（公司或雇主，這裡是指戴爾）與消費者（客戶或員工，這裡是指戴爾團隊成員）之間的關係。在私有化後的幾週和幾個月內，我們員工的淨推薦值直線上升，並維持在百分比的高位。

我們的公眾形象也發生很大的變化。《華爾街日報》、《巴倫週刊》以及《金融時報》等每日財經媒體，在我們私有化的那一

刻就對我們失去了興趣,意思好像是「他們沒有股票,所以我們不在乎了」。但產業媒體以及《連線》、《財星》、《富比世》出刊時間較長的雜誌,繼續找尋我們故事的看點,只是現在有比較正向的轉變,意思好像是:「好吧,他們打贏了這場史詩般的戰鬥,現在奪回自己的公司,也有了大計畫,他們會成功嗎?」

一開始就發揮作用。我們的市占率每季都在增加,償還債務的速度比所有人的預期還要快,包含我們在內。現金流強勁,因為我們再次成長。《富比世》在二〇一三年十一月寫道:「『新』的戴爾起步就達到幾項前景看好的指標。」

這間以直接銷售出名的公司如今擁有超過十四萬個通路夥伴(代理商),從二〇〇八年占比為零,增至現今在戴爾每年將近六百億美元營收中約占一百六十億美元。過去四年接受專業培訓的銷售人員增加一倍,達到七千人。三分之二的企業客戶第一次接觸戴爾品牌是購買個人電腦,其中百分之九十的客戶會繼續購買其他產品與服務。竅門在於讓銷售團隊進行交叉銷售(cross-sell)。他們的努力進展到哪裡?「我們處於第二局到第三局階段。」個人電腦業務負責人傑夫・克拉克表示。

我們以不同的方式處理舊業務,也以非常不同的方式處理新業務。在個人電腦方面,我們開始看到證明我多年來直覺的證據:關於個人電腦走向滅亡的報導真的言過其實。大家發現未來並不是個人電腦與智慧型手機的對抗,兩者是相輔相成,而非相斥關係。你永遠無法阻止人們帶著智慧型手機去上班,甚至在家

裡或辦公室用手機從事一些工作；有些人（但少很多）也喜歡他們的平板電腦。但基於各種理由，個人電腦還是最容易操作的設備，我們仍然銷售大量的個人電腦，只是現在心態有所不同。

我們嘗試過拓展其他業務，像是我們二○一○年推出的 Android 平板手機 Streak。但問題不僅是大部分利潤（包含搜尋引擎和 Android 應用程式商店）都流進 Google 口袋，剩餘利潤也多半流向了生產顯示器、電池和記憶體等零組件公司。二○一一年，我們推出一款採滑蓋式鍵盤的精巧智慧手機 Venue。其實這是相當不錯的設計，問題在於其採用 Windows Mobile 行動作業系統，在服務和應用程式都打不過 Google 和蘋果之後，Windows Mobile 注定要失敗。我們把裝置換成 Android 系統，但在那裡也無利可圖。

所以，我們的旗艦產品就是電腦。個人電腦銷售占我們營收百分之四十五，但利潤只占百分之十五到二十。個人電腦一直是低利潤商品，但由於我們以更低的價格直接銷售給客戶，並提供最佳支援與售後服務的商業模式帶來巨大的銷量（或我們稱之為規模），所以成為市場上的主力。儘管諸多專家大聲且可怕地預言個人電腦將走向滅亡，但從戴爾私有化完成到撰寫本書的這段時間，戴爾個人電腦的市占率仍連續七年（二十八個季度）增加。

然而，我幾乎一開始就知道，除了個人電腦之外還有一個更大的市場。從一九九○年代初期開始，任何放眼未來的人都看得出來，雖然實際的個人電腦和伺服器（實體有形的設備）仍然不可或缺，但設備裡面的無形幽靈即軟體將在科技中占重要地

位。從商業角度來看，軟體主宰一切。

與毛利率只有百分之十五到二十的電腦不同，儲存陣列的毛利率可能高達百分之六十，因為其所需軟體更多。當然，如果單純販售軟體，那麼利潤可能達到百分之九十八，因為原物料方面沒有商品成本，軟體只是由位元構成。

軟體的魅力在於，開發一個能創造大量價值的程式可能要價一百萬美元，但你可以賣給一個客戶、一百萬個客戶或是十億個客戶。你打造它的成本沒有改變，所以如果你的軟體擁有眾多使用者，那麼它的利潤會非常可觀。

在二〇〇〇年後期，我們開始把個人電腦視為潛在的虧本商品（loss leader），將此降價吸引客戶上門以提高軟體和服務的銷售。事實上，我們下了很大功夫致力於推動公司往個人電腦以外的領域發展，但沒有得到充分的信任，這是我們將公司私有化的主要原因之一。

事情正以各種方式拼湊起來。

早在私有化以前就開始了。九〇年代後期網際網路的出現，使人類獲取到比任何人想像還多的數據資料。到二〇〇〇年代初期，科技世界以極快的速度變化。我們從一九九〇年代中期開始在伺服器業務領域有所斬獲，較高的利潤對我們的盈虧狀況幫助很大。但隨著世界資料量呈指數成長，無論實體伺服器多麼強大都無法處理全部資料的情況越來越明顯。解決方案早已存在。

虛擬化概念早於微處理器系統，你可以在一九六〇年代後期IBM的大型主機上發現它。該想法是在主機內安裝模擬主機的

軟體，以此方式在實際主機內設立任意數量的虛擬主機。這些虛擬電腦彼此分隔，以免蔓延式地接連當機，它們可以執行特定任務然後停用，或者工作負載可以從一台虛擬電腦移動到另一台。這一切都在幾毫秒內完成，然而實際主機可能相隔幾千英里。隨著微處理器日益強大，越來越多虛擬電腦可以安裝在大型主機中。矽谷的科技公司開始研究怎麼將個人電腦和伺服器虛擬化。

在帕羅奧圖（Palo Alto）一間名為 VMware 的新創公司是這領域的先驅。其突破性的產品即虛擬化軟體，能讓用戶在一台電腦上操作多個作業系統。你可以在桌面上同時操作 Unix 和 Windows，或者使用兩款不同版本的 Windows，或者在 Mac 上使用 Windows。二〇〇一年七月，VMware 成為第一間在商業上成功實現 X86 架構虛擬化的公司，為虛擬伺服器的發展開啟了大門。二〇〇二年初，戴爾與高盛集團以及其他幾家合作夥伴一起，率先向 VMware 挹資兩千萬美元。

在另一邊的海岸，總部位於麻州的 EMC 公司已經成為網路資訊儲存系統的世界領導者。EMC 的當紅產品是一款名為 Symmetrix 且性能強大的軟硬體資料儲存陣列，該產品在企業級公司中取得巨大成功，這些企業皆為世界排名前一百到兩百的企業。二〇〇一年十月，基於我和 EMC 的優秀執行長喬·圖奇（Joe Tucci）的長久情誼，戴爾與 EMC 締結策略聯盟，這個市場規模預計二〇〇五年將達到一千億美元。

我第一次見到喬是在一九九四年，當時他是王安實驗室

（Wang Laboratories）*的董事長兼執行長，那時是他加入 EMC 的五年前，而我非常尊敬他這位企業領導人和策略家。很高興能和他一起共事。

對 EMC 來說，合夥等於提供了一個新的強大分銷管道，可以接觸企業行號以外的客戶。由於他們的產品銷售利潤很高，所以增加戴爾這個管道對 EMC 的營收來源有極大貢獻。合夥也幫助 EMC 更能與其他儲存系統公司競爭，例如 NetApp，這些公司已經開發了銷售管道，可以向企業排名前一百至兩百以外的公司銷售產品。而且他們與我們結盟，表示我們不會與 NetApp 或其他儲存公司合作。最後，這種合夥關係讓 EMC 得以利用戴爾龐大的採購能力，幫助他們降低磁碟機等零組件的材料成本，進一步提高利潤。

對於戴爾來說，此次結盟使我們能夠將 EMC 的高性能儲存產品加進我們快速成長的伺服器業務，也為我們帶來一位重要的新客戶，因為 EMC 同意在他們的儲存系統中使用我們的伺服器。合夥關係幫助我們進一步深入這些企業客戶的資料中心，也使我們和 EMC 能夠超越雙方共同的競爭對手：IBM、康柏以及惠普的伺服器與儲存業務。

然後，在二○○四年一月，EMC 收購 VMware。後來它們二○○七年將 VMware 上市，持股比例降到百分之八十一。

這間過去在帕羅奧圖的新創公司現在有了更大發展。VMware 在伺服器虛擬化方面的進展之快，以至於到二○○○年

---

*　譯註：即後來更名的王安電腦。

代中期，如果你在一間擁有伺服器的公司工作，卻沒有使用虛擬化技術，等於完全做錯了——這就好比企業的智力測試。這項技術是如此值錢，操作又簡單。VMware 像野火一樣猛烈蔓延開來。

此次的收購新聞稿稱：「VMware 將在 EMC 的策略中扮演關鍵角色，提供跨越異質 IT 基礎架構（heterogeneous IT infrastructure）的虛擬技術，以降低部署成本和簡化操作，建立單一且集中的共同儲存和運算資源。」

以白話解釋就是，VMware 的虛擬化能力已經從個人電腦和伺服器轉移到儲存、網路以及資安領域，意即所謂的「異質 IT 基礎架構」，也就是雲端。

對喬・圖奇而言，最終證明收購 VMware 是筆聰明至極的投資。

與戴爾結盟也是如此。我們的問題是，EMC 靠著高利潤和在頂尖企業的巨大影響力收割了大部分的利潤。這點讓我開始擔心，也讓我開始考慮，然後二○○七年進行了我們首次的重大收購，即收購儲存公司 EqualLogic。

從表面看，EqualLogic 之於我們似乎是不錯的收購。該公司發展迅速，正準備上市，已經印了發行股票的公開說明書。他們也有一款優秀、設計精美的產品，鎖定中、低階儲存客群，避開EMC 主攻的市場甜蜜點。所以我們覺得可以在不破壞與 EMC 關係的情況下收購 EqualLogic，而且它將為我們帶來一些自己的智慧財產權，我們能以誘人的利潤出售。

我記得我走去我們的實驗室，那裡有支團隊專門測試和評估

當時市面上的幾款儲存平台。工程師往往認為自己可以設計出所有東西。如果告訴他們：「我們想製造一款中階儲存陣列。」他們會說：「好，我們會去做。」但真的要做出來，比說得困難許多。

所以他們開始考慮其他公司的平台，將選擇範圍縮小到三款，其中一款是 EqualLogic 的。我記得那天和我們七位工程師討論，然後向他們提出這個問題：「好，假設你有十萬美元，可以把它放在銀行賺十年利息，或者是拿去購買 EqualLogic 首次公開發行股票，但十年不能出售。你會怎麼做？」七人當中有六人說他們會拿十萬美元投資 EqualLogic，即使那個平台不是他們自己建立的。於是我說：「好，那麼我們要買下 EqualLogic。」在 EqualLogic 上市之前，我們用十四億美元的價格把它從市場手中搶了過來。

這個價格從任何時候看都是不小的數目，而且對當時的我們確實是一大筆錢，我重新擔任執行長才過了幾個月，而且那時候還是一間上市公司，股東們非常謹慎地關注我們的一舉一動。在這樣刺眼的聚光燈下，EqualLogic 引發了一個有趣問題。

我們可以收購一間產品很棒、銷售額達到一億美元的公司，憑靠我們廣泛的客戶關係，可以在相對短的時間內，也許只要幾年，就能將其營收增加到七億、八億、九億，甚至十億美元，在營收方面！你可以讓這些收購迅速得到豐厚回報。但挑戰在於，這些收購達到一定高度後往往趨於平緩，停留在自己的軌道上。收購一間在其領域內排名第六或第七的公司，想要將它提升到排名第三或第二，甚至拉到第一，幾乎是不可能的事。具有主

導地位的公司，如果他們繼續投資並提供其客戶完善服務，通常難以被取代。雖然不是不可能，但這個情況很少發生。

同時，我一直在想 EMC 與 VMware 的事，這兩間即將成為 IT 基礎架構領域最重要的公司。所以我打電話給喬‧圖奇，詢問他對戴爾和 EMC 完全合併的看法如何。

喬認為這可能是一件極好的事，可以說是史上規模最大的科技合併案。所以我們二〇〇八年和二〇〇九年都在仔細研究這個問題。我們指的是喬和我，以及我們各自的行政領導高層和董事會，加上投資銀行、顧問以及律師團隊。雙方分別有貝恩和麥肯錫兩家顧問公司提供詳盡的分析報告與數百張幻燈片，我們也有代號，EMC 是綠寶石（Emerald），戴爾是鑽石（Diamond）。我們會到沒人會認出來的地方，去不太可能出現的城市，在沒有名氣的飯店開會，甚至召開過兩家公司的董事會聯席會議。

然後金融危機出現，突然沒有人再談論合併的事。

我們成為私人公司後的早期發展比我預期得還好，我的公司是自己可以控制的，而我的人生，上帝自有安排。

我母親在癌症復發後，勇敢地與病魔抗爭了五年，蘇珊幫她取了一個綽號叫「媽媽鬥士」，但二〇一四年一月，她顯然輸掉了這場戰鬥。她離開休士頓安德森癌症中心，在臨終關懷護士的照顧下返家。情人節的前一天在家病逝。

如果往好的一面想，那就是我們最後臨終幾天都和她待在一起。每個人都必須道別，她告訴我們接下來五十年該做什麼。渾身散發自然活力的人也抵擋不了自然界的生老病死。

她是我最好的人生導師。我在她喪禮上發言時這樣說：

我是我母親的兒子。

她快樂、積極，而且非常聰明。總是面帶微笑，勇敢而堅定。

她從不告訴我們該做什麼，但因為她，我們知道該做什麼。

她知道我們幾個兄弟在人生的每個時刻需要什麼。

她告訴我們可以去做任何事。

她激發我們的創造力、好奇心，以及學習、實驗和追求所愛的渴望。

她教導我們應尊重所有的人，但要明智選擇與我們相處的人。去分享、去愛、去照顧彼此。

她給予我們需要的一切甚至更多。

天啊，我太幸運了。

《富比世》雜誌當時刊登一篇封面故事，標題是「戴爾不會輸」，講述我商業的成功，尤其是私有化的成功。這些讚美說來好聽，但事實上，人生在世，失去摯愛的時候，我們都輸了，輸得慘痛，世間再多成功也無法彌補。

來談談心理區隔：我仍然為母親的事情悲傷哀痛，但同時也一直為我們重新成為私人公司的進步興奮激動。（我讓自己有這種感覺，因為我知道母親也會為此感到高興。）我們的市占率持續增加，繼續償還債務，現金不斷流入。我們比典型上市公司承受了更多波動，但這是因為我們進行的各種投資，有些回報很快有些很慢，有些甚至根本沒有回報。作為上市公司，我們不可能

輕舉妄動，股東們肯定討厭這種跌宕起落。不過現在，隨著私有化帶來的時間與前景，我們可以享受這種儘管營收有漲有跌，但整體趨勢仍是持續向上的情況。

私有化僅過了幾個月後，由於對公司進展充滿信心，我和伊根‧杜爾班開始討論，除了有機（內部固有）投資之外，還能做些什麼以進一步加快公司轉型的努力。我們考慮了許多新的收購計畫，主要是在軟體領域。

但我和伊根一致認為，前景最遠大、最醒目、最有明亮的目標是 EMC/VMware。

伊根從一些銀行家那裡聽說，有幾間大公司正在考慮收購 EMC，也實際開始採取行動。我們當時還不知道更具體的情況，但我發現如果是我們收購的話會很有意思。EMC 由三間較大的公司和幾間較小的公司組成。三大公司若與我們合併簡直絕配：一間是 EMC 資訊基礎架構（EMC Information Infrastructure），資料儲存系統領域的佼佼領導者，可以和我們的伺服器完美融合；VMware，虛擬化技術的先驅，持續探索不必使用實體設備的新方法；以及從 EMC 與 VMware 分出來的軟體開發新創公司 Pivotal，該公司創設一個開發雲端軟體的平台。Pivotal 的執行長保羅‧馬瑞茲（Paul Maritz）是前 VMware 執行長，一位傑出的人才，我經常仰賴他的技術資源與建言。戴爾和 EMC 合併將打造出一間實力驚人堅強的公司。但有可能辦到嗎？

五年來，隨著戴爾和 EMC 在電腦系統、儲存以及資安方面的實力不斷增強，先前合併取消的挫敗感一直揮之不去，我一直覺得我們錯過了把兩支互補「頂尖隊伍」組成一支科技界「夢幻

球隊」的大好機會。於是那年夏天，我和伊根開始重新考慮這個想法。

我們會往這個方向思考似乎是自然而然的事。因為我們與 EMC 結盟的歷史可以追溯到很久以前，而且機會罕見，EMC 和 VMware 在各自產業領域都是當之無愧的「頂尖隊伍」。正如我先前提到，欲大幅改變一間公司的市場地位是相當困難的事，所以收購排名第二或第五的企業（通常是待售的公司）是更難達成目標的辦法。一般情況，排名第一的公司不會出售，或者收購價極高，或者它們是更大公司的子公司，無法收購。

合併戴爾、EMC 和 VMware 的想法令我相當興奮，伊根也有同感。因為這將是一件規模空前的合併案，成為世界上資訊技術基礎架構領域首屈一指的公司，擁有最好的產品、技術以及最大的規模。完全符合我們（戴爾與 EMC）客戶的需求。我們聯合起來將能夠以前所未有的方式協助客戶，並同時大獲全勝。

客戶需要且希望得到我們的協助。隨著數位資訊的急速發展令人頭暈目眩，客戶無法將所有時間都拿來學習如何使用各種新技術，如軟體、資料、人工智慧、機器學習、神經網絡，以建立自己的競爭優勢。他們不想當系統整合商。按照我的構想，戴爾、EMC、VMware 及 Pivotal 之間令人驚艷的能力可以創建平台，讓客戶經由整合與自動化管道使用新技術。

但戴爾自己準備好邁出這一大步了嗎？

大型科技公司的真正轉型極為罕見，我認為是因為公司本身發展出特定能力，也有固定客源，所以改變很難。牛牽到北京還是牛。出生是狗，死也不會變成貓。

然而，轉型是我在二〇一四年非常關注的問題。我們不是靠著保守路線才將戴爾提升到業界領先地位，我們將公司私有化也不是基於安全起見。為了跟上數據資料爆炸性增長並保持領先地位，科技公司必須做好打破慣例的準備，在世界一流的規模上採取大膽行動。我們準備好了。我也準備好了。

　　因此，二〇一四年八月，我打電話給喬・圖奇，詢問他對於我們兩間公司以戴爾收購的形式合併有何看法。

　　雙方於二〇〇八年和〇九年第一次探討合併問題時，我們仍是上市公司。但現在已經私有化，我告訴喬，收購過程會簡單許多，因為我是戴爾的控制股東，還有一個非常支持我的合作夥伴銀湖。

　　另一方面，我承認，由於 EMC 的市值約五百九十億美元，無論是從財務上還是文化上來看，收購都是一項艱鉅的任務。對於一間來自德州的私人公司而言，要收購麻州最大的上市公司絕非易事。

　　但喬有動機，而且從善如流。他已經六十幾歲，早已動了退休念頭好一陣子，只是礙於 EMC 內部沒有適合的接班人，才多次推延退休計畫。由戴爾公司主導的合併案將使我成為他的接班人，也將增加 EMC 所需的能力。喬已經意識到這個產業一直在改變，光做儲存系統而不做伺服器公司並不是一個理想的長久策略。

　　然而，雖然喬喜歡且信任我，就像我喜歡並信任他一樣，但 EMC 是上市公司，這項決定權最終屬於董事會。一般情況，執行長會提出建議。但正如我們進行私有化的情況，董事會有責任

為股東爭取最高價值，並確保探究所有替代方案，包含繼續維持獨立公司身分。要出售公司的一部分嗎？要進行股票回購嗎？找尋任何可能的買家，但也可能保持獨立性？董事會必須考慮所有的選項。

基於保密協議，喬和我不得談論其他追求者，但沒有這種限制（而且總是渴望促成他們可能從中獲利的交易）的投資銀行家們已經在我和伊根耳邊竊竊私語，說這些追求者（有兩間公司）可能是誰。讓整件事變得非常有趣的是，如果任何一個追求者打敗我們，那對我們來說將是一個真正的問題。

矽谷網路巨頭思科系統公司（截至二〇一四年四月的市值為一千兩百億美元）早期表示過有興趣收購 EMC，但從一開始就很明顯，思科有自己的問題要解決。首先，該公司當時正在進行企業重組，並裁撤全球數千名員工。另外，儘管思科已經宣布將新的重點擺在物聯網，並收購了幾家公司來進一步推動這項舉措，但確實沒有進行大規模收購的經驗，他們在這方面一直非常謹慎。最近一次收購網路安全硬體／軟體公司 Sourcefire，花費二十七億美元；而收購 EMC 的成本是這個數字的二十至三十倍。另一個更複雜的問題是思科執行長約翰・錢伯斯（John Chambers）本人屆臨退休，對於接手如此龐大的項目，他可能也是百感交集。錢伯斯在王安實驗室為喬・圖奇工作過。

但有個人打從心底對於收購 EMC 非常感興趣，那就是惠普的執行長梅格・惠特曼（Meg Whitman）。

前 eBay 執行長梅格於二〇一一年加入惠普時，她面對的是

一間具有傳奇色彩卻陷入困境的公司。一九三九年，比爾‧惠特（Bill Hewlett）與大衛‧普克（David Packard）在帕羅奧圖的小車庫裡創立了這間美國最早的科技巨頭，在執行長卡莉‧菲奧莉娜（Carly Fiorina）的領導下，一帆風順挺進二十一世紀。二〇〇二年收購康柏之後，惠普似乎準備在個人電腦市場與我們一較高下。但合併結果最後令人失望（惠普二〇〇二年暫時拿下個人電腦銷售第一，然後隔年將領先位置還給我們），菲奧莉娜與她的董事會發生衝突，最後二〇〇五年，以董事會要求她辭職告終。惠普隨後經歷了十年動盪，董事會顯得混亂無能，執行長們來來去去，偶爾還出現一些有的沒的醜聞。

菲奧莉娜之後是羅伯特‧魏曼（Robert Wayman），魏曼之後是馬克‧賀德。接著賀德因可能違反惠普商業行為準則（經費核銷違規和性騷擾指控）而遭調查，最後被解雇。馬克後來成為甲骨文總裁和共同執行長，於二〇一九年逝世。凱西‧雷斯賈克（Cathie Lesjak）隨後臨時接手了一段時間。二〇一〇年，惠普董事會選擇里奧‧艾波德克（Leo Apotheker）擔任惠普多年來的第四位領導人，但那時董事會引起了一些不必要的關注。在《紐約時報》一篇關於新執行長的文章中，詹姆斯‧斯圖爾特（James B. Stewart）寫道：「採訪過幾位現任和前任董事，以及參與尋找艾波德克的相關人士之後，我們發現，這個董事會雖由許多成就非凡的人士組成，但作為一個團隊卻充滿仇恨、懷疑、不信任、個人野心以及權力爭奪，讓董事會功能幾乎喪失。」

艾波德克的短暫任期果然有問題。儘管惠普於二〇〇六年重

新奪回個人電腦銷售世界第一的位置，但這個市場的低利潤性質讓軟體背景的艾波德克並沒有因此感到興奮。與我們不同，他不欣賞個人電腦的優點，電腦既是生財工具，也是追加銷售商品軟體與服務的乘載工具。當艾波德克宣布計劃出售或分拆惠普的個人電腦部門，並以一百一十億美元收購英國軟體公司 Autonomy（此舉將大幅推動惠普的軟體業務，但也耗盡公司的現金儲備）時，惠普董事會解雇了他，並聘任自己人接替他的位置：梅格・惠特曼。

梅格是傑出的人才，畢業於普林斯頓大學和哈佛商學院，加入 eBay 之前曾在 P&G 寶僑（Procter & Gamble）、貝恩顧問（Bain & Company）以及玩具製造商孩之寶（Hasbro）擔任高級主管職務，後來在 eBay 擔任執行長的十年期間（一九九八年至二〇〇八年），將該公司打造成電商企業龍頭。無論是過去還是現在，她都是非常聰明且正派的人，天生的領袖，但她的背景主要在消費產品領域，與惠普完全不同。惠普對她來說是未知的領域。

她在二〇一一年秋天接任後的第一份公告就推翻了艾波德克的計畫：她說，惠普一定會保留個人電腦部門。然而，到了二〇一四年夏末，情況發生了很大的變化。

二〇一四年九月八日，我飛到矽谷與幾間合作公司的執行長會面，這是我的定期差旅。這一次，我與硬碟大廠希捷（Seagate，我早期接觸個人電腦時，一度被稱為 Shugart）的董事長史帝夫・盧克佐（Steve Luczo）、資料儲存網絡公司博科

（Brocade）的洛伊德・卡尼（Lloyd Carney）、繪圖晶片大廠輝達（NVIDIA）的黃仁勳，以及半導體廠博通（Broadcom）的史考特・麥葛瑞格（Scott McGregor）在一起。上述所有公司都是EMC 與 VMware 的合作夥伴，在此次差旅中，我在不透露任何訊息的情況下努力瞭解這些領導人對 EMC 這間公司的看法，還有他們認為誰是真正的競爭對手。

那年夏末的週一，我見了另一位執行長。我與 VMware 的帕特・格爾辛格（Pat Gelsinger）共進午餐，刻意安排在一天當中最久的會議，因為我有很多事情想要瞭解。一九八六年某日早上，我出現在英特爾聖塔克拉拉（Santa Clara）總公司求與總裁安迪・葛羅夫會面，我從那時候就認識帕特了。這有點像走進迪士尼樂園要求見到華特・迪士尼本人那樣。葛羅夫博士是科技界真正的傳奇人物，匈牙利移民，二十一歲來美國時幾乎身無分文，不太會講英語，但後來將英特爾從一間普通的記憶體晶片製造商，改造成全球最重要的微處理器製造商。而我當時不過是無名之輩，只是個意志堅強的二十一歲年輕人，想製造最好的個人電腦來讓小公司起步，而這需要英特爾 286 晶片才能辦到，但可惡，我沒買到足夠的晶片。所以我坐在英特爾的大廳，警衛要求離開，我說在見到葛羅夫博士之前，我哪裡都不去。安迪肯定聽說了大廳裡那位纏人的年輕人，因為我最後終於見到他，告訴他我想把 PC's Limited 打造成一間大公司。從那天起，他就變成我的朋友，而安迪的技術助理帕特・格爾辛格也是，他只比我年長幾歲。

帕特與安迪一起工作，他是原始 80486 處理器的架構師，

後來晉升為英特爾首任技術長。葛羅夫博士退休幾年後，帕特離開英特爾加入 EMC，擔任 EMC 資訊基礎架構產品部門的總裁兼營運長。二○一二年，董事會任命他為 EMC 半獨立子公司 VMware 新任執行長，於是戴爾與 EMC 的長期合作關係以及我與帕特的長久情誼以一種令人興奮的新方式結合起來。

他不知道二○一四年九月那頓午餐我在想什麼，但無論如何，他和我有很多話要聊。那年二月，VMware 將戴爾列為其頭號全球 OEM（原始設備製造商）合作夥伴；八月在 VMworld 大會上，戴爾與 VMware 宣布一系列創新的企業解決方案，包括戴爾針對 VMware 的工程解決方案（Dell Engineered Solutions for VMware），它是 VxRail 的前身，這種超融合基礎架構應用將為我們雙方帶來巨大的成功（銷售額超過五十億美元）。

而這些只是剛開始。正如我與帕特會面的簡短紀錄所述，「過去一年來，戴爾高層與 VMware 一直保持互動，重點在於推動聯合解決方案，並加強我們的工程和銷售關係。」

我們長期的合作關係當然也有挑戰。帕特的公司擴大其管理軟體產品組合，並將軟體打包成產品套件，這對關係造成一些緊張氣氛，而且與戴爾幾項資產重疊：使用者體驗管理工具 Foglight、桌面虛擬化軟體 vWorkspace，以及我們的企業行動管理解決方案（Enterprise Mobility Management）套件。VMware 也開始拓展合作關係，除了戴爾這類 OEM 夥伴，也開始與 ODM（原始設計製造商）合作，例如美超微電腦（Supermicro），以增加其銷售範圍。

但我和帕特都覺得，我們合作的優勢遠大於挑戰。離開時，

我感覺到 VMware 與 EMC 和戴爾的關係穩固，並且很可能繼續保持下去，而這是公司合併的重要基礎，除了喬·圖奇和伊根·杜爾班，我還沒向任何人透露過關於合併的消息。

平常一年當中（指的是被意外打亂以前，你我都曾經擁有的那種平凡日子），我大概會有一百天的時間到處奔走出差。離家很遠，長時間不在家。幸好我熱愛我的工作，喜歡與客戶、合作夥伴和供應商以及世界各地的團隊成員見面。而且我天生好奇，所見所聞皆新鮮事物會令我興奮。在許多方面，我仍然是一九八五年的那個我，那時首度踏上遠東之旅，時時刻刻都感到雀躍不已。

但一九八五年我才二十歲，現在已不再是二十歲。當時健康不是我考慮的事，但我現在肯定很關心健康問題。我有許多英年早逝的同事和朋友，為了家庭、事業以及自己，我想盡可能維持身體健康。如果沒有健康，一切都將失去意義。

我認為健康是一種階級制度，基礎是睡眠。想想看：如果一個月不能運動，也許心情會不開心，但你可以做到。如果一、兩個星期不能吃東西，雖然不舒服，但（只要能保持水分）你可以熬過去。可是如果三天不能睡覺，那麼你的狀態就會變得很差。跨越不同時區本來就不太容易睡好覺，而我又跨越了多個時區。

這些年來，我已經開發出一些可以在旅途中盡量獲得最佳睡眠的方法。如果你想知道的話，我可以傳授個幾招。其中一招是，如果你要去跨很多時區的地方，那麼出發前兩三天晚上的睡

覺時間要越來越早。另一招是，抵達後，早上第一件事就是起床鍛鍊身體。任何情況都不要在中午或傍晚睡覺，否則你會把自己搞得一團糟，我有過一兩次的慘痛教訓。你必須盡快讓自己適應新的時區。

二〇一四年九月第二個星期，對我而言是相當典型的一週。離開矽谷後，我回到奧斯汀待了幾天，然後十二號星期五飛到紐約參加 Catalyst 董事會會議，Catalyst 是促進友善女性工作環境的非營利組織。第二天早上，我飛往東方，進行為期一週的差旅，到杜哈（Doha）、利雅德（Riyadh）、阿布達比（Abu Dhabi）、柏林（我還去探望在德國擔任內科醫生的堂弟納頓・戴爾〔Natan Del〕，短暫但愉快的相聚）和布魯塞爾與客戶見面，接著掉頭往西飛行五千英里到科羅拉多州亞斯本。

我的目的地是「The Weekend」：這是政治、全球安全、教育、科學和技術等各領域專家齊聚一堂的盛會。那一年，發言人包含前國防部長兼中情局局長羅伯特・蓋茲（Robert Gates）、前財政部長漢克・鮑爾森（Hank Paulson）、約旦王后拉尼婭・阿布杜拉（Queen Rania al-Abdullah）、前英國首相湯尼・布萊爾（Tony Blair），以及其他許多名人。我只是在那裡欣賞這個場景，傾聽和學習，但我很快就發現自己聽到的比預期還多。

在晚餐前的雞尾酒招待會上，我看到一張熟悉的面孔：保羅・辛格爾（Paul Singer），避險基金艾略特管理公司（Elliott Management）的創始人兼共同執行長。四十年來，保羅的避險基金已經透過對市場和證券進行（通常是悲觀的）逆向押注而取得巨大成功，他的一位投資組合經理傑希・柯恩（Jesse Cohn）

最近到奧斯汀試圖說服我肯定這個我老早想過的主意，也就是與EMC合併。

此時讓我感到不安的是，保羅・辛格爾在這個招待會上把我逼到角落，繼續加強他屬下提議合併的攻勢，關於這個部分，我（當然）不能說什麼。我只是微笑點點頭，再點頭微笑，直到保羅說完並明白我的意思（我想）：我從不對謠言和猜測發表評論。

我很少因為聽到晚餐鈴響這麼開心過。

那是九月十九日星期五晚上。星期天上午，回到奧斯汀後，我的目光直接落在《華爾街日報》網站首頁的一個標題：

EMC 考慮合併，多重選項

在積極人士的壓力下，加上執行長即將退休，這家資料儲存巨頭走到了十字路口

哎唷，我想，這下子有趣了。

該文章是這樣開頭：

據知情人士透露，近一年來 EMC 一直與惠普斷斷續續進行合併談判，不過最近相關對話結束，尚不清楚談判是否重啟。

知情人士指出，最近與 EMC 進行談判的另一家公司是戴爾。目前仍不清楚兩家公司之間的談判進度到哪裡。其中一名知情人士說，鑑於兩家公司的相對規模，戴爾不太可能考慮全面收購 EMC，反而可能尋求購買包含其核心儲存業務在內的資產……

考量到 EMC 與惠普兩家公司合計市值接近一千三百億美元，談判若成功將是市場上的重磅交易，一名知情人士表示，他們本來設想採取全股票交易形式進行對等合併（merger of equals）。

　　知情人士、其中一名知情人士……我非常確定所謂的知情人士是哪些人：不講道德的投資銀行家或銀行業者渴望促成可能從中獲利的交易，或者艾略特公司的某個人渴望促成可能從中獲利的交易，抑或是兩者都有。

　　無論如何，我聽到關於惠普的傳聞是正確的。八月底，我打給喬‧圖奇討論合併事宜，他沒辦法告訴我的是梅格‧惠特曼即將搶先我一步。

　　後來我發現，梅格在二〇一三年十一月第一次打電話給喬，討論惠普收購 EMC 的可能性，時間點就在我們私有化最終獲批准後不久。她肯定想知道我們為什麼不自己尋求收購，也許她認為私有化讓我們注意力分散。惠普與 EMC 的談判大部分在二〇一四年期間進行，進展相當順利。兩間公司最終同意用以股換股方式交易：惠普不必花錢借錢來收購 EMC，而是讓 EMC 股東以一對一方式換取惠普股票。不需要大量的股權和債務！等到塵埃落定，所有股份將合併成新的巨頭，成為一間完全有能力在五S 領域打敗我們的公司——服務（services）、軟體（software）、儲存（storage）、伺服器（servers）、安全性（security），而這是我們一直努力追求的目標。

惠普與 EMC 談妥握手協議（handshake agreement）*，但協議在最後一刻並沒有達成。據我所知，惠普在最後關鍵時候表示，實際上「我們股票應該比你們股票溢價百分之五，因為我們業績比你們好」。對 EMC 董事會來說，這是違背信任。遊戲結束。原本會是一項轟動市場的重磅交易和重磅合併案，創造出可以統治雲端基礎架構和安全領域、對我們公司造成嚴重危機的巨頭企業，現在突然一切都結束了。我認為，惠普最終因為微不足道的小錢而失去這項交易，儘管我非常喜歡且欽佩梅格・惠特曼，但我覺得這是她的一大失誤。

　　無論《華爾街日報》這篇報導是不是哪個陰險的投資銀行家策劃所為，以挑起一些事件，但二〇一四年秋季的科技界已經發生了許多大事，而且都不是正面的。

　　惠普處於困境（當時有位評論人士稱其為「深陷困境的科技公司，最賺錢的產品剩下墨水」），EMC 受到艾略特的壓力，其他上市的科技巨頭也在苦苦掙扎。甲骨文的利潤因為賴瑞・埃里森（Larry Ellison）的離職傳聞（但他沒有）而縮水，微軟裁員一萬八千人，大型軟體公司 CA 科技（CA Inc.）和肯微科技（Compuware）也遇到了麻煩。

　　有人說這些公司代表的是過去而非未來。有人表示，未來的浪潮屬於應運網路而生的亞馬遜、Google、Facebook、Twitter、Yahoo 奇摩及其他許多公司。但在私有制度保護下、誕生在杜比

---

*　譯註：指口頭上對交易的允諾。

二七一三室的戴爾已經開始研究一個企業組合，如果我們能成功的話，那將是令人驚訝的規模，科技史上最大的規模（高達六百多億美元）。

如果我們能成功的話。

《華爾街日報》那篇文章發表三天後，我再次打電話給喬・圖奇，談論我們現在所處的全新環境。電話原定講十五分鐘，但我和喬講得更久，因為我們開始討論如何應對擺在眼前的巨大挑戰。首先，我們一致認為，展開行動的過程嚴格保密是最至關重要的。於是代號再次出籠。我們是迪納利山，EMC 是綠寶石，VMware 是鉻雲母（Verdite），合併議題就是綠寶石計畫（Project Emerald）。

回想那段時間，從二〇一四年夏天到一五年秋天，我幾乎每次與重要客戶和合作夥伴開會時，都在想（但沒說出口）：與 EMC 和 VMware 合併有意義嗎？這些客戶與合作夥伴會有什麼反應？我們團隊會有什麼反應？哪些會成功？我們會遇到什麼挑戰？在這些會議上，我以各種方式深入探究這些問題的答案，同時盡我所能不透露一絲訊息。潛在的合併就像私有化，都是經過深思熟慮的最終決定。在決定採取行動之前，要仔細考慮很長一段時間。

第十三章

哈里・尤的突發奇想

　　二〇一四年十月七日，梅格・惠特曼宣布的事情正是她三年前接掌惠普領導權時承諾不做的事：將公司一分為二。惠普公司（HP Inc.）將保有仍在盈利的個人電腦和印表機業務；惠普企業（Hewlett-Packard Enterprise，由梅格領導）將負責公司的伺服器、儲存、網路、軟體以及服務，正是與 EMC 合併後能相輔相成且擴大的領域。很難不將此舉視為這間曾經輝煌的公司進一步衰落。

　　現在，由於思科也退出競爭，我們有了一條自己完成合併的明確途徑，還是那句話，如果我們能弄清楚到底該怎麼做的話。秋末，喬・圖奇和我又通了幾次電話，打算在一月會面，那個時候我們都會出席達沃斯世界經濟論壇（World Economic Forum in Davos）。

　　聖誕節隔天，我和伊根在夏威夷沿著海岸邊的小路又走了很久，走的路線和兩年前我們第一次討論私有化時一樣。這期間發生太多事情，現在有太多可以討論的事情。但當然，我們的關係

在這兩年裡已經徹底改變。當時，伊根只是個聰明的傢伙，我想探聽他對戴爾私有化的想法；現在，他是一位好朋友兼值得信賴的商業夥伴。

剛開始散步的一小段時間，我們聊了朋友間會聊的事情：聊他家三個小孩（年紀比我的孩子小很多）和我家四個小孩的近況，問他聖誕節過得怎麼樣（我們二十四日剛過完光明節）。我們還討論最近索尼影業遭大規模駭客攻擊（疑似北韓所為），索尼撤銷爭議電影《名嘴出任務》（The Interview）在戲院上映。當然，我們也都想知道，惠普即將拆分成兩間公司可能創造什麼樣的機會。

接著話題便自然而然帶到大規模合併的各個方面：哪些可以繼續，哪些可能做錯、兩家企業合併可以帶來哪些收入成長的機會、我們前進的道路還有什麼阻礙。現在仍有相當多阻礙。

我們各自的客戶與合作夥伴對這次收購會有什麼反應？競爭對手會有什麼反應？潛在的金融買家或策略性追求者（科技產業的競爭對手）中，或兩者皆有，還有誰會出價更高？積極人士（艾略特或其他人）的干預會產生什麼影響？

然後繼續探討一個依然複雜且困難的主題，該如何為這筆交易融資？

美麗的浪花和晴朗的藍天似乎在說：生活很簡單，享受它吧。但伊根和我都知道，雖然這句話在聖誕節過後的夏威夷沿岸步道上可能顯得真實，可是前方的道路會很艱難。

儘管有很多記者和攝影師在報導達沃斯，我和喬還是設法找

到一間閒置的會議室，讓我們可以在裡面交談而不引起任何注意。三月初，我們在華盛頓特區參加科技執行長協會（Technology CEO Council）會議時再度碰面。我和喬反覆討論的話題都一樣：我們兩間公司合併後的收入與成本會產生怎樣的加乘效果？VMware在新公司扮演的角色是什麼？總部位於波士頓的EMC、總部位於矽谷的VMware以及總部位於奧斯汀的戴爾，三方之間的文化差異會造成什麼影響？該如何運用這筆巨大交易？兩間公司團隊當中，有哪些領導人最有能力執行我們的戰略？

我們意識到現在是時候讓討論跳脫一對一的範圍，於是計劃於四月初舉行會議，基於保密考量，地點選在我奧斯汀的家。除了我和喬之外，與會者包括伊根、EMC董事會成員暨前技術諮詢公司埃森哲（Accenture）的前執行長比爾・格林（Bill Green）以及EMC負責企業策略的執行副總哈里・尤（Harry You，他曾在甲骨文擔任財務長）。

四月三日，聖週五，我們召集起來開會。在五個小時的會議過程，討論的嚴肅性又往上升一個檔次。不過查克顯然對這次高級別會議很感興趣，他突然探頭跟大家打招呼，讓緊張氣氛緩解了不少。我們開始研究收入與成本的加乘效果：我們一直以為前者遠多於後者，事實證明，兩間公司之間的收入加乘性比我們預期的還要大。但仍有個財務問題：將我們能預期的所有股票和債務加起來，仍然負擔不起EMC在VMware的百分之八十一股份。不過，伊根（實力雄厚，在銀湖擁有許多成功紀錄）表示，他非常樂觀地認為我們無論如何都會完成這項任務。

休會後，喬和比爾返回波士頓，伊根和哈里飛回加州。根據伊根後來告訴我的，他和哈里反覆地思考融資問題，突然哈里說：「我們可以試試別的辦法。」

早在一九八四年，通用汽車（General Motors）為找尋在未來科技領域的立足點，希望收購羅斯‧佩羅的電子資料系統公司（Electronic Data Systems, EDS），幫助實現汽車製造商多款電腦系統的標準化，並涉足 EDS 的醫療保健和薪資自動化業務。但這項收購交易最初遇到阻礙，因為通用汽車提議以普通股來支付 EDS 的部分費用。佩羅和團隊認為他們公司是靈活、高成長、高科技的潮流引領者，不願將他們的財富命運與成長緩慢、保守派汽車公司綁在一起。更令他們擔心的是，通用汽車如此龐大，EDS 的成功可能因為合併而消失，而 EDS 員工提出的任何創新都無法改變通用汽車這艘舊型大戰艦的股價。

於是，參與這項交易的投資銀行家想出一招天才的解決方法：通用汽車 E 類普通股（GM Class E Common Stock），也就是所謂的「追蹤股票」。

E 類普通股在財務上與通用汽車現有的普通股完全平等，只是通用汽車公司將根據 EDS 公司的收益而非通用汽車的收益來支付股息。此舉直接激勵 EDS 員工去改善並建立自己的業務，也讓合併得以推進。

時間再跳到一九九五年，當時通用汽車經歷了十年之久的企業聯盟，雖然獲利豐厚，但風波不斷，打算與 EDS 拆分，重新做回汽車製造商。尤其是通用汽車希望在不用承擔鉅額稅收的情況下，出售目前價值一百億美元的追蹤股票。當時哈里‧尤，是

雷曼兄弟控股公司（Lehman Brothers）的一名年輕投資銀行家，他的任務是幫忙想出解決這個問題的辦法。通用汽車最終解決了這個問題，把追蹤股票轉給「通用汽車時薪制退休基金」（GM Hourly-Rate Pension Plan）。在此過程中，哈里‧尤成為追蹤股票這個新奇金融工具的學生。

轉眼二十年過去，哈里‧尤和伊根‧杜爾班搭乘伊根的飛機往西飛，試圖找出戴爾公司如何拿出六百億美元與 EMC 合併。在西南部的某個地方，哈里想到了通用汽車與 EDS 的案例。

哈里說，如果我們為 VMware 發行新的股票，這種股票不反映公司所有權，而是追蹤公司的業績，怎麼樣？然後，我們就可以在交易中透過在 EMC 股票上增加 VMware 的追蹤股票，以提高支付給 EMC 股東的對價。伊根對這個想法非常興奮，他和哈里直接在機上用餐巾紙，勾勒出 VMware 追蹤股票如何在戴爾與 EMC 合併案中發揮作用的草圖。

由於我們已經為這件事持續合作六個月，真的是攜手共事的合作夥伴，所以伊根一落地就從他車裡打給我，激動地告訴我哈里‧尤的突發奇想。

我對追蹤股票只略知皮毛。記得通用汽車的 E 類股票是因為我對羅斯‧佩羅的故事研究得非常深入，但我並沒有完全理解這個概念。所以我就去學了。這是我的方法，我會不斷鑽研某個主題，直到感覺自己徹底理解為止。有時候這需要大量的鑽研工作。我上網，打開我的彭博終端機（Bloomberg terminal），閱讀所有關於這種特殊金融工具，以及使用過該工具的公司資料。我在網路上找到財金教授關於追蹤股票利弊的各種論文。我開始感

覺有點樂觀，此次大規模合併的聖母峰也許是我們能夠攀登的一座高山。

我全力以赴從各個角度瞭解 EMC 和 VMware，深入調查以找到任何弱點、任何被忽略的面向與任何我不懂的部分。我整理了一份最近幾年離開 EMC 的最高層管理人員名單，設法與這些人進行一對一會面，以瞭解公司的狀況。通常會面的目的是聲稱與戴爾的工作機會相關，但其中有一兩次情況我們真的聘僱了對方。儘管如此，對我來說與高層主管們見面不是什麼新鮮事，即使沒有職位空缺，我也會去瞭解他們，以防有機會出現。我經常追蹤我們行業內外的優秀人才。

為什麼不乾脆避開這些密謀策畫？（我可以聽見你在問）為什麼不直接收購幾間儲存和虛擬化領域的新創公司，將它們整合到戴爾公司？這個過程又稱為科技界的珍珠鍊戰略（string-of-pearls strategy），此做法成本遠低於收購 EMC 和 VMware 的成本。沒錯，這兩間公司雖然在儲存和虛擬化領域都有難以置信的強勢地位，但那裡也有許多挑戰者，諸多新創公司試著推翻它們。矽谷的沙丘路（Sand Hill Road）已經成為許多總部設在那裡的風險投資業者的代名詞（在科技領域的知名度與華爾街在金融圈的名氣相當），過去沙丘路仍為許多新的儲存新創企業提供資金，EMC 經常會在它們壯大後收購起來。雖然這種方法有其優點（透過收購實現研發的形式），但也有其侷限性，其中一點就是非常昂貴：股東可以清楚感覺到自己股票價值被稀釋了。

在我看來，想要實現產業整合（而且所有跡象都顯示整合是無可避免的趨勢），一間領先的公司在某程度上需要具有規模和

原始創新能力，也就是研發實力，才能創造出一代又一代的領先產品。沒錯，有了內部創新，也就有了小型收購，但沙丘路之所以不斷支持新成立的儲存公司，有時以獨角獸企業的估值資助，是因為這些企業很可能被更大的公司（通常是 EMC 本身）或透過首次公開發行上市。

然而，世界在變，產業也在改變，隨著時間推移，沙丘路開始資助其他時髦的領域。顧客永遠是市場最終的法官與陪審團。儘管新興公司和技術對 VMware 構成威脅，但帕特與 VMware 團隊在創新與收購方面表現出色，保住了公司的競爭優勢。

不過，作為（非常）深思熟慮的決策過程一部分，我仍與計畫挑戰 EMC 與 VMware 的每間公司都見了面，瞭解珍珠鍊戰略是否可行。而我發現，雖然這些新創公司有些有趣的想法，但它們無法將想法規模化，也沒有顯示出任何可以良好整合的跡象。

還有一個問題：這些公司都處於嚴重虧損狀態。它們的風險投資業者（暫時）願意繼續支持並資助它們的虧損，與此同時，它們的估值仍是天文數字。到目前為止，我們的收購戰略已經告訴我，你幾乎不太可能收購一堆新創公司來挑戰像 EMC/VMware 這樣的行業領先者。EMC/VMware 的價格標籤上雖然有很多零，但相對那些公司目前的現金流和我們對其未來盈利能力的預測，這個估值似乎很划得來。

摩根大通集團（JPMorgan Chase）的詹姆斯·班布里奇·李

（James Bainbridge Lee，大家都叫他吉米），曾是我們私有化過程的關鍵財務顧問之一，此時他在 EMC 合併交易中擔任顧問和首席投資銀行家。身為該領域的重要人物，吉米是美國發展槓桿融資市場的先驅，幾乎一手創造了現代聯合貸款（syndicated-loan）市場。頂著銀髮後梳油頭造型，雙頰像蘋果肌泛紅，機智過人，吉米就是那種超群不凡的傳奇人物，才華洋溢、熱情奔放，渾身充滿活力。

五月二十八日星期四，吉米、伊根和我進行了一次詳細而漫長的電話交談，探討我們為這筆交易融資時仍然面臨的挑戰。一向樂觀的吉米看到的是各種可能性，而不是阻礙。他詳細地說明自己對於如何實現目標的看法：銀湖資本和我（包含負責管理我們家族投資的 MSDy）可以投入五十億或六十億美元的股本；VMware 追蹤股票可以補償約一百八十億美元。他還提到淡馬錫（Temasek），負責新加坡政府投資事務的主權財富基金（也是我們私有化的主要投資者之一），作為可能的股權來源。

但這樣我們仍需借貸約五百億美元，這是前所未有的數目。我們該怎麼說服銀行以不太沉重的利率借給我們所需的資金？我們又該如何說服 EMC 董事會相信這筆交易是值得的？

吉米一點也不擔心銀行。「相信我，我們會搞定聯合貸款的。」他接著說，現在真正重要的是要說服董事會，讓他們明白 EMC 的業務與戴爾的業務具有強烈的互補性，合併是為了成長與新的機會，奧斯汀與波士頓可以合作良好。

「他們希望得到保證。」吉米說，「畢竟他們是麻州最大的上市公司，而你們是德州的私人公司，這樣要怎麼運作？你們會

帶來許多問題嗎？他們董事會背負很多責任，當然，首要責任是為股東爭取最好價格。但他們也考慮到自己的精神遺產，從長遠來看會希望公司和員工都有好的結果。」

「告訴他們，你打算在波士頓找間公寓。」吉米說。「告訴他們，你會在那邊認真花上一些時間，盡全力確保一切運作順利。他們會喜歡聽到這些。」我覺得這是個好主意，我也這麼跟他說。記得我們結束通話時，吉米說他要和兒子去衝浪，聲音聽起來很開心。在我看來，這點和他的金融智慧一樣令人欽佩。

家庭也是我週末的重頭戲，這是快樂的馬拉松考驗：我們大女兒琪拉以優異的成績從紐約波基普西（Poughkeepsie）的瓦沙大學畢業，龍鳳胎查克與茱麗葉也從奧斯汀的聖安德魯高中（St. Andrew's Upper School）畢業。活動自週五開跑，我們先在家裡為查克與茱麗葉舉辦晚宴，約有二十五名親友參加。他們的畢業典禮是第二天早上，所以上午結束後我們直接從那裡趕去機場，飛到波基普西。週六晚上是琪拉的畢業晚宴，週日是畢業典禮。一個週末要趕三場畢業典禮，幸好我們都能到場參加，還有祖父母陪同，除了我們都非常想念的母親。

當我見到 EMC 已故共同創辦人理查·艾根（Richard Egan）的兒子傑克·艾根（Jack Egan）時，我也想到了家庭。傑克是獨立董事會成員，是公司起源的關鍵人物。沒有他的支持，EMC 根本無法出售，所以我六月八日去波士頓尋求支持。

那是一場保密到家的會面，選在海港上方的一間飯店房間內用餐，只有四個人參加：傑克、哈里·尤、伊根和我。傑克希望

在沒有喬・圖奇的監督或影響的情況下探討合併議題,所以喬(完全恰當地)迴避了。哈里出席只是代表 EMC 管理層並觀察討論過程。吃完飯,聊完天,伊根和我開始向傑克保證,他父親的公司會得到完善管理。我們使出渾身解數,句句真心誠意。

傑克第一個問題就切中我心:EMC 是麻州最大的上市公司,與波士頓有密切的經濟與文化關係,戴爾對於波士頓和在地社會的承諾是什麼?

或許是因為我本身也是創辦人,但不僅止於此,我說,我認為珍惜公司成立的歷史與精神遺產包含錯誤等等是很重要的事情。我告訴傑克,我們會永遠記住、尊重並紀念那些開創 EMC 與 VMware 的人,以及他們是如何做到的。

我告訴他,EMC、VMware 和戴爾三間公司都堅定致力於參與各自的社會,就我們而言,這個理念在合併後也會擴及波士頓。首先,我說(想到吉米時笑了一下),我會在波士頓買間公寓,然後在 EMC 位於霍浦金頓(Hopkinton)的總部工作時在這座城市待上一段時間,那裡距離麻州收費公路(Mass Pike)僅二十英里。

傑克點點頭,然後問我關於合併後的公司戰略與計畫。

我告訴傑克,EMC 與戴爾會是一支夢幻組合:全球最大的私人控股科技公司,擁有最好的產業技術、產品、技術人才以及強大的銷售部隊。對於 EMC 的股東和戴爾的客戶及合作夥伴來說,合併是雙贏交易。

我說,我們從私有化過程清楚得知,合併後公司的私有化結構將為銷售與創新投資帶來自由,能夠專注於長期目標,不受季

度業績的限制。投資的自由度還只是開端，合併創造的資本結構將是投資能力的力量倍增器（force multiplier）。資料的爆發性成長，全世界正朝著一兆台聯網設備的方向發展，市場需求與日俱增。客戶發現他們對於儲存與安全的需求每天都在飆升，他們需要求助一間能夠提供廣泛解決方案的公司。

當然，客戶總是在尋找值得信賴的合作夥伴。基礎工作已經準備就緒：EMC 受到許多大型企業客戶所熟知和喜愛，戴爾則是數百萬中小企業的首選。我們兩間公司的結合將為各種規模的客戶提供一個更強大、更值得信賴的合作夥伴，一個在當今科技領域（伺服器、儲存、虛擬化、雲端軟體、個人電腦）都處於主導地位的合作夥伴，這個夥伴還準備引領未來科技，包含數位轉型、軟體定義資料中心、融合與超榮和基礎架構、混合雲（Hybrid Cloud）、移動性以及安全性。

（我說）兩間公司都有成熟的創新引擎，團結合作會讓我們擁有更大的規模、更好的供應鏈，以及最重要的更多商業客戶，這將使 EMC 戴爾比世界上任何一家科技公司都具備更大的市場影響力。

綜合上述，我告訴傑克，戴爾加上 EMC 將是重要的資訊科技基礎設備霸主，在協助客戶身處資料爆炸時代下實現資訊科技轉型方面具有獨特地位。我說，沒有其他公司得以匹敵。

聚會到尾聲，傑克點點頭，我們明白他同意了。現在我們要做的就是說服董事會的其他成員。喔，還有籌集最後的五百億美元。

我們還差幾步就要抵達目的地，不過那幾步很大。

即使我們（戴爾）準備奉上現有業務的全部股票，基本上是成功私有化的兩倍或三倍，加上將近四十五億美元的新資本（二十八億美元來自我個人和 MSD 資本〔MSD Capital〕，十一億來自銀湖資本，五億美元來自淡馬錫），吉米・李認為銀行會覺得這些總股本不足以支持完成收購所需的債務。因此我們開始研究夾層貸款（mezzanine debt），結合債務和股權的融資方式，如果交易失敗，潛在允許貸款人將債務轉換成股權。由於這種轉換特性，這類債務被視為股權。成本也昂貴，利率明顯高於我們要承擔的其他債務。我們認為可能需要高達一百億美元的夾層貸款。

我們很快得出結論，新加坡主權財富基金淡馬錫是我們最好、可能也是唯一可行的合作夥伴。不過，把雞蛋都放在同一個籃子還是很可怕。那個夏天，事情似乎走到淡馬錫不想投資一百億美元的話，這個交易就進行不下去的局面。

在接下來幾個星期，我們和淡馬錫協商潛在條款的同時，繼續完善並強化我們的資本結構，力求 (1) 減少所需的新資本數額；(2) 增加可用的新債務資本數額；(3) 盡量減少債務資本的成本；(4) 盡量提高戴爾對 VMware 的直接所有權。

和傑克見面後第九天，二〇一五年六月十七日星期三下午，我正在看我的彭博終端機，螢幕上突然跳出一則讓我頭皮發麻的新聞，消息稱吉米・李逝世。後來得知，吉米在康乃狄克家中運動時暈倒，緊急送醫後仍回天乏術。他才六十二歲，走得太早了。

這個消息對於我們所有深愛吉米的人（很多人）來說是沉重的打擊。而且還發生在這筆鉅額交易進行到一半的時候，籌集資金路上一直有他帶領著我們。在這樣的時刻，就像我母親逝世的時候，我的心理區隔化能力也受到極大的考驗。我的思緒在為吉米的家人朋友感到悲痛、思考生命的短暫無常，以及手上緊迫的公事之間分裂。數萬人將受到這筆交易的影響。該怎樣做才對得起他們？誰能取代吉米·李的位置？

　　吉米·李擁有異於常人的強大能力，這是大家都知道的。他一直是促成這次合併的火箭助推器。而吉米的小助理，或者可能被推出來接替他的人，都不是吉米本人。我為此苦惱了一天左右，然後電話響了，是吉米的老闆，摩根大通集團的執行長傑米·戴蒙（Jamie Dimon）打來的。我認識傑米很久了，對這位領導人一直懷抱著極高的敬意。而他在電話內所說的事讓我更加敬重他，他將接手吉米的任務，引導這筆交易順利完成。

　　隨著交易進展，分析越來越深入。

　　兩間公司都聘請諮詢公司協助研究綠寶石計畫的收入和成本的加乘效果：貝恩負責戴爾，麥肯錫負責EMC。八月下旬，我們在一家為保密起見而選擇的偏僻飯店召開會議，地點是紐澤西北部荒無人煙的凱悅飯店，我們和EMC外加一群銀行業者和律師團隊，一起審查顧問的調查結果。

　　前一晚，喬·圖奇、比爾·格林、哈里·尤、伊根和我幾個人找了家附近的餐館，在翻修的火車車廂裡一起吃飯。第二天有正經事要忙，但那天晚上我們餐桌上的氣氛友好且愉快，也許這

就是讓「這個想法」浮出檯面的原因。

我記得我們整場都在笑，聊些有的沒的，像是走進銀行坐下來和幾位貸款人員說：「我想借五百億美元。」這幾乎就是我們當時的處境，聽起來有點滑稽。但突然間，伊根神情嚴肅了一下，伸出食指。

「於是銀行說：『好啊，那你們打算怎麼還款？』」他說：「然後我們回，『嗯，實際上我們有多種還款方式。』」

我們全部靜下來，聽他怎麼說。

「其一就是我們有一個東西叫做 ISG（基礎架構解決方案事業群），它是 EMC 已有三十多年歷史的儲存業務與戴爾世界一流伺服器業務的結合。然後我們有另一個東西叫做個人電腦業務，它帶來了這些現金流。」

「接著，」他說，「我們還有一個東西叫做 VMware。即使我們發行追蹤股票，但我們資產負債表也有百分之八十一的 VMware 實際普通股。它在紐約證券交易所交易 VMware 的股票價值約四百億美元。由於合併之後，我們的資產負債表上將有 VMware 百分之八十一的股份，所以我們在該公司的股權將遠大於沒有 VMware 的時候。因此，各位銀行先生女士，我們實際上有多種還款方式。」

伊根笑了笑：「而且，最棒的是，我們真的不需要靠淡馬錫那筆昂貴的夾層貸款。」

是我記錯了嗎？還是喬、比爾、哈里和我真的都不由自主鼓掌？可以肯定的是，當時我們所有人都在笑。

我們聯繫了評級機構的諮詢服務，討論我們的融資提議，並為我們的融資和資本結構尋求暫定的評級。我們的最終結構現在包括 EMC 現有投資級債券的展延，但最重要的是，透過提出伊根關於 VMware 無懈可擊的論點，我們能夠為必須籌集的大部分新債券獲得投資級別評級。

這是一大突破。

投資級別債券市場更加深入，利用這點，我們就能增加可用新債務資本的數額並降低其成本，從而不再需要從淡馬錫那裡籌集任何昂貴的優先股來為交易提供資金。現在我們可以看到一條通往勝利的道路……

……還有一個主要障礙。

九月二日星期三早上，我和伊根來到時報廣場的世達律師事務所（Skadden Arps）辦公室，參加一場可說是我職業生涯以來最盛大的會議。「站出來說明或放棄」的時刻到了，這天 EMC 董事會將以銳利的目光審視我和我的公司，決定我們是否有資格收購他們公司，決定我是否有資格領導整個團隊，沒有壓力。

有一位朋友和我們在一起，大大緩解了我的緊張情緒：傑米·戴蒙。

一間大會議室裡坐滿 EMC 董事會成員、管理層、銀行業者和律師，擺了一台攝影機和麥克風揚聲器，對著所有無法到場的人：幾十個人等著聽我說話。我把這個場合當成一次求職面試，雖然有信心，但同時也清楚意識到這件事所涉利害關係極為重大。

董事會有很多疑問。

他們想瞭解我們的計畫，也想知道事情會如何變化。他們想知道我們會如何保持 VMware 生態系統的獨立性；想知道我們將如何繼續慈善與社區參與，這是 EMC 的文化核心。我竭盡所能大力宣傳。

我解釋了作為專注於長遠目標的私人公司，我們如何得以更有效率運作。我提到幾個月前我為《華爾街日報》撰寫的評論，說明私有化如何為我們帶來回報。在該篇文章中，我說私有化釋放我們團隊成員的熱情，他們現在可以自由地優先專注於為客戶創新，這部分在努力滿足華爾街每季財報時不太可能辦到。

回想起東南資產管理公司讓我們經歷的考驗，提到艾略特管理公司仍在讓 EMC 經歷的類似考驗，我提醒董事會，私有化也讓公司擺脫了積極投資人士的壓力。

我說明我們對於團隊成員的保留與發展計畫。我說，我們計劃保留絕大多數的高級管理人員，因為我們的合併主要是為了成長和收入的加乘效果；我提醒董事會，惠普將裁撤許多職位。我告訴董事會，EMC、VMware 和 Pivotal 絕大多數非常優秀人才將與我們團隊相輔相成。

我重申我和我們對於波士頓與麻州的承諾，如同我告訴傑克的那樣，我跟他們說我計劃在波士頓買間公寓。我承諾我們將繼續推展 EMC 已經開始與周圍社區連結的偉大工作，例如與州政府合作，將 STEM 教育（科學、技術、工程、數學）和靈感引入 K-12 學校 *；向當地慈善機構捐贈數百萬美元；志願服務數千小

---

*　譯註：指幼兒園到十二年級。

時，協助支持環境保護與救災。我承諾，我們將尊重、保護和慶祝該公司的優秀文化。我說，我非常尊重喬和他團隊創造的產物和創造的方式，我們只是打算延伸發展，而不是改變。

會議進行約一小時後，現場一度陷入安靜。然後有位董事會成員率先用問題打破沉默。

「這次合併會讓你工作量增加很多，你的工作已經夠多了。」他說，「我們有點納悶，你能多投入到這件事上？」

「聽我說，這間公司有我的姓氏，它是我的生命。」我說完，然後笑了笑：「而且，你們當中有小孩的會懂，我那對雙胞胎已經長大，他們現在都上大學了，所以我有很多空閒時間。」

這番話引起一陣笑聲。但會議室一安靜下來，另一位董事神情嚴肅看了我一眼。「你有資金嗎？」他問，「我們現在談的是一大筆錢喔。」

我一句話都還沒說，傑米就先開口。「有，」他說，「他們有錢。」

這次全場笑聲更大了。

接著又是一陣沉默，明顯感受到這位發言者的威望與地位份量。這一刻我永遠不會忘記，這也是我永遠感謝傑米的事情。

會議結束後，我打給 EMC 和 VMware 的每一位高級主管，詢問是否願意留在新公司。他們每個人都答應了。

我們越來越接近目標，一切開始變得非常真實。

我回到奧斯汀，然後九月五日星期六離開，展開為期一週的商務之旅，參訪我們在亞洲的據點。第一站，班加羅爾。我父親

陪同我出差，他偶爾會跟著來，這讓我們有共度時光的絕佳機會。他可以享受觀光的樂趣，也喜歡尾隨在後看我工作的樣子。當別人問起他是誰，他會自豪地回說：「我是創始人的創始人。」

我們從班加羅爾出發，繼續前往上海，接著到東京。然後父親回到休士頓，那個週末我和蘇珊在猶他州南部一處偏僻、與世隔絕的小度假村見面，我們喜歡去那裡健走。

也許是時差的關係，但是距離宣布史上最大科技收購案只剩一個月的時間，而且即將到來，所以我半夜醒來心跳加速，腦袋塞滿一堆需要做的事情以及該如何完成的問題。事實是，在內心深處我不確定整件事會如何發展。太多細節需要解決，這些細節只有少數人知道，我不能讓更多人參與解決問題。我不容易恐慌，以前從未經歷過這樣的事情，但這可能是我恐慌症發作的模樣。我寫下一堆想法，盯著星星看了一會兒，終於能回去睡覺。

二〇一五年十月十二日星期一早上，我們宣布了一個重大消息：在一項比以前最大技術類交易（惠普二〇〇二年以三百三十億美元收購康柏）規模大一倍的交易中，戴爾和 EMC 合併成一間擁有逾十五萬名團隊成員的公司，稱為戴爾科技公司，由我來領導。我們真的成功了，用四十五億美元的股權（加上戴爾公司的全部股權）收購了一間六百七十億美元的公司。我們的債務融資意想不到的成功，就像騎著摩托車在鋼索上橫越尼加拉大瀑布一樣。

反彈立刻出現。

我們的競爭對手說：「喔，他們得花好幾年時間來解決問題、不可能行得通、他們會遇到各種問題、客人應該改向我們購買。」

梅格‧惠特曼率領唱衰行動，就像她之前對待我們私有化那樣。在發給「惠普企業全體員工」的電子郵件中，她稱此次合併「對惠普來說是好事，也是抓住際遇的機會」。

梅格聲稱，合併對惠普來說是好事，對戴爾來說是壞事：

> 戴爾與 EMC 合併後的新公司將背負五百億美元的債務，因此戴爾每年光是償還利息就要支付約二十五億美元。這二十五億美元將從研發和其他關鍵業務活動中提撥，導致他們無法為客戶提供更好的服務。

梅格似乎很瞭解我們如何分配資本！事實上，我們具有創造性和高效率的資本結構，已經為強勁的現金流和加速債務償還打好基礎。但是，她不只批評我們債築高台，兩間公司的合併問題也是她的目標。

> EMC 和戴爾的年營收總和超過七百五十億美元，員工接近二十萬人，要整合兩間公司絕非易事。這將是一項龐大的工程，而且會嚴重干擾員工及其管理團隊的注意力，因為兩間公司擁有截然不同的文化，領導團隊也要調整，需要制訂全新的戰略。

還沒完。梅格聲稱：

要把兩間公司的產品線整合起來，需要大量的產品合理化工作，這將破壞他們的業務，造成客戶混淆。客戶根本不知道他們今天從兩間公司購買的產品在十八個月後完成整併後能不能繼續獲得支持。

五十步笑百步？正如某位評論人士所言：「如果要說有誰最懂這種混亂，那就非惠普莫屬。」那次鉅額收購康柏電腦（當然是在梅格上任之前）除了解散一間曾經很重要的公司，以及提升我們在個人電腦市場的地位之外，並沒有帶來多大的意義。

然後惠普收購了軟體公司 Autonomy。我們一度考慮過收購這間公司，但一百一十億美元的價格實在高得離譜，所以我們就放棄了。惠普董事會顯然也有同感，因為他們解雇了有意收購該公司的里奧·艾波德克。結果，接替艾波德克職位一個月後，梅格·惠特曼繼續以先前商定的價格收購 Autonomy。後來他們發現 Autonomy 一直在做假帳，整起事件成了令惠普難堪的慘敗局面（而且認列八十億美元減記）。

我確實欣賞且尊敬梅格，但她現在所做的不過是散播 FUD 情緒，有點不計一切努力想彌補她犯下的另一個重大失誤，即放棄惠普對 EMC 的收購。雖然不是尖酸刻薄、卡爾·艾康等級的 FUD 情緒，但同樣都是 FUD 情緒。替她講點話，許多執行長偶爾也會這樣做，我自己可能也做過一兩次。她只是想操縱媒體，團結旗下部隊。但她拆分公司的那個時候，已經承認她實際上把資訊科技基礎設備業務的勝利拱手讓給我們了。

* * *

我們那年十月宣布合併，但審批過程曠日彌久：兩間公司執行業務所在地的主要政府都必須聲明，認定該合併沒有違反反壟斷法。合併直到十一個月後，即二〇一六年九月才正式生效。

講個故事。到二〇一六年八月，全球各地需要獲批准合併的國家（超過二十個）都已同意，除了一個國家：中國。中華人民共和國沒有在規定的一百八十天審批期內予以批准，所以又開放一百八十天的期限來進一步分析。再拖延六個月將對我們的業務和團隊造成損害，因此我吩咐我們的法務長瑞奇・羅斯伯格（Rich Rothberg）去北京，每週向我匯報，盡可能確保中國反壟斷機構商務部（MOFCOM）獲得所有資訊，盡快做出裁決。

一週後，瑞奇打電話告訴我，他沒有聽到任何關於當局何時決定的消息。第二週也是。等到第三週他再次打來回報同樣消息時，我告訴他，我們需要堅定立場，告訴商務部，在他們批准之前，他都不會離開中國，無論需要多久時間。瑞奇對我的指示沉默了約二十秒，毫無疑問是在考慮接下來幾個月要在北京與我們戴爾中國團隊成員共度感恩節、聖誕節及新年假期。他回說，他認為商務部或中國政府在花時間決定我們的命運時，不會在乎或受到他的去留影響。瑞奇不相信個人力量能有所作為，但我沒被這種想法勸退，我回他，我認為他向我們團隊宣布他決定直到獲得批准為止都留在中國，對我們管理團隊來說很有意義，也表明這對公司有多麼重要。

又是二十秒的沉默。後來瑞奇表示，他相信在中國所做的事情（大部分是在我們戴爾辦公室的會議室等待），在奧斯汀也能有效完成。這次換我沉默，過了二十幾秒（我確信瑞奇這段時間

是在思考老闆的「建議」是否明智），他突然插話，事實上，他的確認為留在北京是有意義的，並向中國政府發出強烈信號，表明我們將盡一切努力得到及時的決定。我不確定這個決定是不是一個因素，但對瑞奇（和公司）來說很幸運的是，商務部在接下來十天內予以批准，瑞奇九月初就返家，多的是時間度假。

在整個審批過程，我們知道競爭對手會試圖阻撓。我們知道他們會去司法部反壟斷部門說：「你知道，戴爾準備收購VMware，他們將剝奪所有競爭對手對 VMware 的存取權，所以需要對此進行調查。」所以我要做的第一件事，就是親自打電話給所有競爭對手的執行長，思科、IBM、NetApp、聯想及其他許多公司的負責人，當然也包含梅格・惠特曼，向他們保證VMware 將保持獨立。

然後我真的有得忙了。

以更積極的角度來看，漫長的審批過程給予我們更多時間以準備進行整併戴爾和 EMC 這項非常重大且重要的工作。梅格的第二個觀點確實說得沒錯，整併兩間擁有各自獨特企業文化的大公司是非常困難的事。但她用最消極的眼光看待這個挑戰，而我把它視為絕佳難得的機會。

首先，這是打造品牌的機會。

一開始碰到的大問題是，我們該怎麼稱呼新公司？

這不是一個可以簡單回答或憑直覺的問題。所以，我們採用成熟的戴爾流程，可以在三十天到四十天之內作出任何決策，無論是多麼複雜的問題。這個過程有兩個步驟：事實與備選方案，選擇與承諾。

公司經常糾結於重大、複雜的決定，這些決定不是永遠無法解決，就是需要四、五個月或十個月時間才能完成。我們的方法是：「找出真正的事實，不是觀點，而是事實。」同時，我們會問：「所有合法的備選方案是什麼？不是你永遠不會去做的瘋狂之舉，而是真正合法的備選方案是什麼？」然後不用花上過多的時間，而是幾個星期來仔細研究每個備選方案。

　　接下來是選擇與承諾，毫不意外，它指的是：「好，我們要做出選擇並予以承諾。」這種選擇不是基於個性或情緒，而是注重事實導向與資料導向的客觀過程。我們擁有追求真理的文化，很早以前就知道事實和資料才是朋友。

　　有了這個品牌的第一個問題是，有什麼選項？好，你可以直接稱它為戴爾公司，可以稱它為 EMC、Dell EMC、Dell-EMC-VMware。我們還有其他名稱：Dell Labs 或 Dell Laboratories（戴爾實驗室）。

　　另一個備選方案是創造全新的品牌。但我們得出的結論是，此做法將花費數億美元，並且需要很長時間，而我們已經有全球最知名的品牌之一：戴爾。EMC 在整個行業的知名度不算高，但對特定類型的客戶而言非常知名且備受重視。這些在辦公大樓有著自己商標的公司，都知道他們的資料中心有什麼。因此，針對基礎架構業務，我們建立 Dell EMC 這個品牌，然後以戴爾科技公司（Dell Technologies）作為母公司的品牌。

　　但比起命名新公司更重要的是要組織一個完全整合、順利運作的團隊。為了朝向這個目標邁進，我在二〇一五年的剩餘時間和一六年的前三季展開大規模的魅力攻勢，竭盡全力讓更多

EMC 不同層級的管理人員不只對合併感到滿意，而且對合併感到興奮。

首要挑戰之一是避免（實際上是杜絕）任何將合併定調為收購的敘述。

我總是喜歡從顧客和團隊成員（也就是員工）的角度看待這些事情。如果你是顧客，你不會想聽到收購的消息。卡爾·艾康從事收購。在這種類型的收購中，會剝奪整個董事會和執行團隊的權力，目的是為了迅速獲利而顛覆一家公司。「整併」聽起來比「收購」好。「合併」聽起來有點像「整併」。我們可以說「合併」。

不過，如果你是團隊成員（也許尤其如果你是團隊成員），在合併過程會有些奇怪的事。當你加入一間公司，你已經做出加入該公司的明確決定，而公司也做出讓你加入的明確決定。但在收購或合併過程中，情況就不是這樣。你的公司被另一間公司收購或合併，現在你為這間新公司工作。你沒有做出積極決定來為這個新組織工作，他們也沒有做出聘僱你的積極決定。這是完全不同的資方關係，很難讓人感覺舒服。

要是情況完全反過來會怎樣？我花了時間思考這個問題。我們坐在德州圓石城辦公室裡，安分做著自己的工作，然後某間公司收購了我們公司。首先，新的總部不會再是德州圓石城這裡，總部會在別的地方。也許我會去那裡，也許不會，也許有另一群人在那裡。情況肯定有所不同。

因此，我在那一年裡費盡心思盡量給予更多 EMC 員工想像得到的最大擁抱。當然，他們有留下來的經濟動機，但沒有情感

連結來得強大，那種情感是：「好，我認識參與領導這間公司的人，我信任他們，相信我們正在做的事情，相信我們正在做的事很重要。」

我做了各式各樣的努力。我找人去吃飯，我邀人來我家。我想建立關係，理解他們的觀點和見解。在我們之前的合作結盟中，我認識了 EMC 幾位高級主管，像是比爾·斯坎內斯（Bill Scannell，早於一九八六年加入 EMC）和霍華德·伊萊斯（Howard Elias），而過去一年我認識了更多的人。這是一支非常出色、相當有才幹的領導團隊。我上 LinkedIn 網站，聯繫所有在 EMC、VMware 和 Pivotal 擔任要職的人。沒人預料到：「您收到來自麥克·戴爾的 LinkedIn 請求。」不是我要吹捧我個人的重要性，但無論執行長是誰，大家都樂於直接收到他或她的訊息。有人回覆時，我會說：「歡迎加入團隊！我們都很興奮，聽說關於你的事蹟。」假設我聽過的話。還有「迫不及待想與你合作！」

我也盡量多拜訪 EMC 的辦公室，總是提前告知他們：「我希望能盡量與更多高層進行一對一的會面。」我不會虛情假意。如果沒聽說他們很優秀的話，就不會刻意講什麼聽說他們很棒之類的話，但我的魅力攻勢是有目的的。我意識到這些人沒有明確決定為我們公司工作，也許他們除了聽說之外就對我們公司一無所知。所以這就好像我重新聘僱他們每個人。我隔著桌子傾身說：「嘿，我聽說你的能力很好，我真的想讓你加入我們團隊。我想向你保證，你在公司裡扮演重要角色，我們合併的重要原因之一就是你所做的工作。」以及「這個新產品真的很棒，我想瞭

解更多關於這方面的資訊，請隨時與我聯繫，讓我知道如何提供協助。」我也想聽聽他們對於擺在我們面前的最佳機會有什麼想法。我給見面的每個人寫的紙條都是：「我們在同一條船上。」

但我的攻勢也有針對性。從一開始我們就知道合併會造成冗員，我們不想讓所有人都留下來。在某些情況下，職能重疊必須做出艱難的決定。這不是整併的重要環節，但這是必須完成的事。

該如何決定誰留下誰離開？我們從策略、結構和人員開始看起。策略是什麼？執行策略的最佳結構是什麼？然後，誰最適合執行該策略的結構？在觀察兩個組織的人員時，我們發現人才儲備難以置信的豐富，幾乎每個職位都有三到四個，有時甚至五個符合資格的人選。把兩大公司併在一起，優秀的人才難免會比優秀的工作還多。

一方面，這讓我們有機會真正提高整個組織的人才水準；但另一方面也帶來難以抉擇的時刻。

戴爾與 EMC 有一個重要的職位（我不會具體說是哪個），分別由兩位實力超群且積極上進的人負責。戴爾的人剛被任用，EMC 的人則是待很久了。任何一位都可以在未來工作中有出色的表現。但殘酷的現實是，新任用的戴爾員工所知道的一切都是合併後的新組織，可以為合併後的公司提供新的視角，而不會侷限於任一間公司的觀點。

我馬上告訴那位 EMC 員工，沒有適合他的職缺。我感謝他所做的偉大貢獻，並說我知道他會繼續協助合併的完成。我告訴他，我們會準備豐厚的遣散費給他。

他說：「好吧，我回去考慮看看。」

他回來後提出一個計畫，讓另一個人繼續負責 Dell EMC 的職位，而他負責戴爾科技公司的職位，意即讓他成為母公司在該職位的最高負責人。如果你想的話，可以稱他 uber-guy。

「嗯，」我說，「這不是我真正想要的。」我開了好幾次會才說服他，其實已經沒有適合他的工作。他真的是非常不錯的人，這個決定對我們倆來說都很困難，當然，對他來說更難。他雖然對結果失望，但遣散費沒讓他失望。

在這個時而顛簸的過程中，我們有了一支偉大的團隊，由整個公司最好的人才所組成。我們過去和現在都非常重視團隊的平衡，如此才能真正反映出我們作為一間公司的集體優勢。五年過去了，相互交流之多，幾乎沒有人會說「我是老戴爾人」或「老EMC 人」。如果有，我們也會溫和提醒他們：「不，不，現在都是同一間公司——我們是戴爾科技。」

我對於維持私人公司狀態非常滿意。或者更準確來說，由於追蹤股票的關係，它仍是一間私人控股的上市公司。企業合併起作用了，而且持續發揮作用。正如我們所預料，兩間公司結合有一加一大於二的效益。整合戴爾伺服器業務與 EMC 的儲存業務，發展出超級成功的新巨型架構業務。我們與 EMC 合併後，銷售額接近七百三十億美元；二〇一七年和一八年，我們增加了將近兩百億美元的新收入，遠超過包含我們在內任何人的預期。二〇一八年第一季，我們的全球伺服器營收成長超過百分之五十，取代了該領域長期領先的惠普，我們還重新奪回美國個人

電腦出貨量的領先地位。如果說個人電腦已死，那也是具相當活躍的活屍！

伴隨合併交易而來百分之八十一的 VMware 股權是個寶藏，在截至二○一八年年中的十二個月裡創造了八十一億美元的銷售額和三十三億美元的現金流，更不用說七月初我們從 VMware 一百一十億美元的特別股息中獲得額外的九十億美元。VMware 表現得非常非常出色，它的成功很大程度與戴爾技術提供完整的解決方案以及我們的伺服器、儲存和個人業務有關。至於追蹤股票，從我們發行以來已上漲百分之一百一十五，由此反映出這方面的成功。

到二○一八年中旬，我們已經償還了為合併所欠下的大量債務。現在是時候簡化我們的資本結構，增加我們在 VMware 的經濟利益，並調整所有股東的利益，包含私人持股（主要是銀湖資本和我）與公眾持股（追蹤股票持有者，追蹤股票又稱 V 類或 DVMT 股票）。現在是時候消滅追蹤股，召集所有股東了。

該怎麼進行呢？

我們董事會成立了一個特別委員會（有二○一二年的影子）來探討所有替代方案。我們應該買下整個 VMware 嗎？ VMware 不會喜歡這個主意，他們理所當然對自己作為獨立的軟體公司引以為豪，也不想失去這種獨立性。*

---

* 在本文撰寫時，戴爾科技公司已經宣布將其在 VMware 約百分之八十一的股權拆分給戴爾科技公司的股東。這個歷史背景是，二○一六年九月，我們完成與 EMC 合併時，VMware 與戴爾科技訂下一個目標，即為 VMware 實現十億美元的年化營收加乘效應。因為這部分將占 VMware 總營收的百分之十五，所以當時被認為是難以達成的目標。但事實證明，我們遠超過這個目標，在二○二○財年

最終，最好的出路似乎是以現金和母公司的普通股購回追蹤股，我們在這部分得到高盛投資銀行負責人葛雷格‧萊姆考（Gregg Lemkau）的明智建議。購回追蹤股可能是最好的簡化之舉，但為了正確補償 DVMT 股股東，委員會必須為戴爾科技建立一個價值。而且最後，追蹤股票持有人還需要投票贊成這項拆分交易。

實現近三十四億美元的年化營收加乘效應，這部分占 VMware 超過百分之三十一的營收和幾乎所有的成長。

解釋此舉的意義在於，戴爾科技目前每股受益於戴爾科技百分之八十一的 VMware 股權比例。根據拆分條款，每位股東將分別以一定比例的 VMware 股票形式獲得該公司的所有權權益。屆時，股東可以自由持有兩支股票，或者出售其中一支或兩支股票。

戴爾科技領導層認為，此次拆分將簡化兩家的資本結構，提高戰略靈活性，從而使戴爾科技和 VMware 的股東都受惠。之前公司的資本結構比較複雜：VMware 持股人明白戴爾科技公司實際上是 VMware 的多數股東。這點對於傾向單一業務公司的市場來說是不利的。此次拆分使戴爾科技和 VMware 成為單純的兩間公司，並同時保持我們一直享有的戰略和商業夥伴關係，此舉亦將使 VMware 在進行以股票為主的收購和採取其他舉措方面擁有更大的靈活性。

拆分交易結束後，VMware 將向包含戴爾科技在內的所有 VMware 股東派發總計一百一十五億至一百二十億美元的特別現金股息。持有 VMware 百分之八十‧六股權的戴爾科技將獲得約九十三億至九十七億美元進帳，其淨收益計畫用於償還債務，使公司的投資評級處於較有利的地位。

拆分交易預計於二〇二一年第四季完成，但需要滿足某些條件，包括收到美國國稅局的有利私信裁決（private letter ruling），以及關於該交易在美國聯邦徵收所得稅方面符合戴爾科技股東普遍免稅資格的意見。

憑藉更強大的資本結構，戴爾科技將進一步從基礎架構和個人電腦支出的反彈，推動即服務（aaS）的新雲端運算模式、運算走向邊緣以及客戶的長期數字轉型計畫。憑藉強大的商業協議，戴爾科技能夠繼續與 VMware 密切合作，推動創新並保持市場進入（GTM）的加乘效應，同時透過開放的生態系統產生新的成長機會。隨著科技成為全球從新冠疫情復甦的中心，戴爾科技專注於：

• 進一步鞏固公司在日益成長的科技基礎架構和顧客市場中的領導地位。

• 擴展到混合雲、邊緣、5G、電信和資料管理等新的成長領域。

• 在「任何地方都能作業」的經濟中提供現代化客戶體驗，包含在 APEX 計畫下迅速轉向雲端操作和消費模式。

財經媒體興致勃勃地記述我們前進的腳步，畢竟你不可能放過有史以來最大的科技整併消息。然後，這種關注迅速吸引到另一位非常感興趣的人的注意，一個以前被我當成小丑的傢伙。

二〇一八年七月二日，我們（銀湖資本和戴爾科技）宣布收購追蹤股的計畫。財經媒體表示過於複雜，但在我們看來似乎並不難：我們提議以戴爾科技公司的現金或 C 類普通股來購回 V 類股。回購之後，戴爾的 C 類普通股將在紐約證券交易所公開掛牌交易，這表示戴爾將再次成為上市公司。

根據該計畫，追蹤股票持有者每一 DVMT 股可得一〇九美元的現金，或換得一‧三六六五股戴爾 C 類普通股。在計畫宣布前的最後交易日，該支追蹤股的收盤價是八十四‧五八美元，因此，選擇現金方案的投資者將得百分之二十九的股票溢價，比追蹤股票首次發行時價格高出一倍多。對於選擇換 C 類普通股的人來說，收購價值將取決於該股開始交易後的股價。這是賭博嗎？當然，但是非常好的賭注。這種選擇由每位想下注的股東自行決定。

當然，這並沒有阻止卡爾‧艾康製造麻煩。

也許二〇一三年接管戴爾的戰役失利讓卡爾稍受打擊，但絲毫沒有使他從此喪失鬥志。他就像打不死的殭屍！只是不停在做他最出名的事：在嗅到血腥味的公司買進大量部位，試圖榨取那些公司價值，無論是否對他們有利。在這裡打贏一場，在那裡輸掉一場，細細品味投機遊戲和它帶來的所有媒體關注，他通常會領先，然後增加他的巨額財富，因為那是他全部的快樂，雖然似

乎不多。

　　在買回追蹤股部分，艾康又企圖跟我們作對嗎？如同我經常說的，我不喜歡進行臆測，尤其是涉及他人動機時。但卡爾靈魂內的撲克牌玩家，很可能看到另一個採取行動的機會。

　　二〇一八年下的第一步棋完全照搬他的老套劇本，與二〇一三年的第一步棋如出一轍：他再度開始大量買進我們的股票，從春天開始，雖然買得不多（而且很低調），但八月中旬透露持有部位時，他已累積百分之一・二 DVMT 股權。到十月，他已經成為追蹤股的第一大股東，持股比例為百分之九・三。他又想大鬧一場。和以前一樣，他假裝替可憐兮兮、受到壓迫的股東發聲，而（他指控）我們試圖以低得汙辱人的出價來欺騙他們。

　　在十月十五日遞交給美國證券交易委員會一份極其渲染的監管申報文件中（艾康沒別招了！），卡爾透過一封充滿憤怒、胡言亂語、不可理喻的信，稱杯子不僅半空，而且根本沒水，指控銀湖和我是有感戴爾公司嚴重不足才策劃與 EMC 的合併：

　　幾年前，我相信戴爾和銀湖已經意識到，戴爾科技（原文就是這麼寫）只是一間高度舉債的硬體公司，面臨巨大的長期挑戰，永遠享受不到蘋果和微軟的發展與成功。因此，他們大舉收購 EMC 公司，這是一間定位更好的軟硬體公司，最具價值的資產是其在 VMware 公司的百分之八十二股權。

　　在卡爾的世界觀裡，銀湖與我串通共謀（惡劣至極！）發行追蹤股票，以此搪塞 EMC 股東，意圖透過「恐嚇戰術」破壞其價值，「……讓人想起幾世紀前馬基維利建議波吉亞統治者使用

的戰術（！！）」然後再以極低價格購回。在卡爾看來，戴爾科技不只是想簡化資本結構，還想從我們的成功中獲得相稱利益；不，我們迫切需要拿回追蹤股票：

高度負債加上戴爾業務的週期性，意味著戴爾的現金流可能因業務下滑而嚴重損害，因此對他們來說，控制 VMware 更穩定的經常性現金流非常重要……為了繼續償還債務，我們認為戴爾對於 VMware 現金流的需求，比管理高層希望你相信的更加迫切。

按照目前價格，追蹤股票和公開發行的 VMW 股票之間的差額（折現）約為一百一十億美元。根據艾康的計算，我們向 DVMT 股東提出的報價，相當於試圖從談判桌上搶走一百一十億美元。他寫道：「毫無疑問，」

如果當前的「機會主義」交易成功，百分之百的折現，約一百一十億美元，將是麥克・戴爾和銀湖合作夥伴的意外之財。在我看來，戴爾和銀湖顯然是完全遵循馬基維利的建議行事：受人尊重總比受人愛戴好，但令人敬畏比受人尊重更好。

又提到馬基維利！卡爾喜歡把結尾寫得特別活潑，這次也不例外。最後，他寫道，

我堅信，戴爾和銀湖正試圖攫取理應屬於我們 DVMT 股東的一百一十億美元。因此，我打算盡我所能阻止這次提議的 DVMT 合併。對我來說，和平總比戰爭好，但請放心，我仍然

喜歡有正當理由的戰鬥，而且目前情況看來，我不認為和平即將到來！請繼續關注！

　　當然，這些事情完全不正確，但財經媒體就是喜歡。他們還合成我和艾康戴著拳擊手套對峙的照片！而這不只是戴爾與艾康之間的較量。其他追蹤股的主要持有者也與卡爾站在一起：P. Schoenfeld 資產管理公司（PSAM）、貝萊德公司、艾略特的保羅・辛格爾、峽谷資本夥伴（Canyon Partners）、美盛資金管理（Mason Capital）。這可以成為好幾個月的素材⋯⋯

　　然後，無疑令旁觀者、評論家和各路攪局者失望的是，整起事件就這樣平息下來。

　　事件只持續一個月。艾康對我們的攻擊最終只是二〇一三年的一個黯淡回聲。十一月一日，卡爾對我們提起訴訟，正如他的一貫做法，聲稱戴爾拒絕向 DVMT 股東提供有關我們擬收購追蹤股票的財務資訊。他指控我們用首次公開募股來威脅股東：如果我們不能獲得贊成收購的選票，就強迫他們把股票置換成我們新上市的股票。

　　我們考慮過讓戴爾科技公司進行首次公開募股，而非收購追蹤股票嗎？我們有想過，甚至與幾家向我們推薦該主意的銀行討論過可行性，但這是我們的備用方案。更簡單的選項是提高報價，正是我們於十一月十五日所做的，將報價提高到一百四十億美元，即每股一百二十美元。我們還同意進行其他更改，包含給予 C 類股股東選舉一名獨立董事的權利。

就這樣，追蹤股股東轉變心意。艾略特、峽谷資本夥伴、美盛資金管理和其他公司（總計持有百分之十七的 DVMT 股份）都決定接受我們的報價，把艾康晾在一邊。十一月十五日，他撤銷訴訟，先是把讓我們提高報價的功勞攬在自己身上，「主要由於我們的反對，今日戴爾為增加交易吸引力，把從 DVMT 股東那裡轉移的一百一十多億美元減到八十億美元」，接著以典型愛抱怨的口吻退出：

雖然我們相信本可達成條件好更多的交易，但很遺憾，如同你可能想像的那樣，戴爾或高盛（我們在交易中的投資銀行）都沒有邀請我們參與協商。關於修訂後的交易，占有百分之十七股份的股東已經決定轉變立場，改支持戴爾。由於這點，再加上戴爾已獲得支持，我們確定這場委託書爭奪戰不可能贏，所以決定撤銷我們在德拉瓦州的訴訟，終止我們的委託書爭奪戰。

就這樣，一心想當我勁敵的人溜走了。*Hasta la vista*（後會有期），卡爾，也許哪天我們會再次共進晚餐！讓戴爾科技公司變得更好的道路已經清除阻礙。正如科技公司執行長丹・塞爾皮科（Dan Serpico）當時所說的：「這將消除所有的 FUD 情緒和噪音，讓戴爾與合作夥伴社區能夠專注於最重要的事情，例如在客戶所在地用優秀的解決方案滿足客戶需求，建立良好的渠道，提供良好的激勵措施，投資未來的技術。」

阿們。

十二月十一日，在圓石城召開的特別會議上，百分之六十一

的 DVMT 股東投票贊成將他們的追蹤股換成戴爾科技的 C 類股。二〇一八年十二月二十八日，消息正式浮出檯面：我們再次成為上市公司，但是一間與以往截然不同的上市公司。

「經過這次投票，」我告訴媒體，「我們正在簡化戴爾科技的資本結構，調整我們投資者的利益。這樣能強化我們的戰略地位，因為我們將繼續提供創新、長期願景，以及從邊緣到核心再到雲端的整合性解決方案。我們創造戴爾科技，使其成為客戶在數位轉型中最值得信賴的夥伴。」

關於卡爾‧艾康還有一些臨別贈言：在我們私有化那天，二〇一三年十月二十九日，艾康企業股價為一〇〇‧五三美元；二〇一八年十二月二十八日，戴爾重新掛牌交易的當天，艾康的股價為五十七‧七三美元。相比之下，二〇一三年十月二十九日，標準普爾 500 指數價格為一千七百七十一‧九五美元；二〇一八年二月二十八日，已漲到兩千四百八十五‧九四美元；儘管卡爾虛張聲勢，但他的表現遠不如標普 500。

第十四章

大數據與登月目標

二〇一七年七月，也就是我們在《財星》科技腦力激盪會議首次見面的整整五年後，伊根和我坐在亞斯本舞台上接受該雜誌執行長艾倫·默瑞（Alan Murray）的訪談。伊根和我曾在二〇一二年那場會議上分別表示公開市場低估許多科技公司的價值，然後我們在後台見面，兩人想法一致，後來促成我們共同將戴爾私有化，接著合作完成 EMC 的合併。現在，我們兩人在舞台上解釋公司的轉型。

艾倫似乎很困惑。他是故意在唱反調？還是真的糊塗了？「我們都知道舊的戴爾是什麼公司，對吧？」他說，「我們拿到目錄，訂購電腦，電腦裝在紙箱裡寄來，我們就拿到電腦了。但新的戴爾讓人難以理解。我是說，你什麼都要做一點，你做硬體，也做軟體，又涉足物聯網、數據、網路、網絡。可以簡單和我們說明一下，戴爾的獨特市場定位是什麼嗎？」

「我們認為自己是不可或缺的基礎架構公司。」我這樣告訴他。我說，我們的客戶差不多面臨四個不同的轉型。數位轉型是

一大變革，地球上每一間公司都開始因應這個轉變。而這個直接與第二個轉型相關：智慧節點和連接節點、所有資料、物聯網、機器智慧和人工智慧數量的爆炸性成長。我告訴艾倫，這對許多公司來說是件大事。

「然後，你會經歷資訊科技轉型。」我說，「要怎麼實現自動化和現代化並擁有更類似雲端的模型？再來當然需要勞動力轉型，要怎麼讓你的所有員工都使用正確的工具？」

「然後最後，怎麼確保安全？」

艾倫看起來接受但仍感到困惑。

我告訴他，透過與 EMC、VMware 和 Pivotal 整合，我們得以創造出這間新公司——戴爾科技公司，現在已成為基礎架構資訊科技領域的領導者。我說，我們在許多行業發展的新管道上也占據非常有利的位置：軟體定義中心和超融合基礎架構，所有過去由硬體定義的資訊科技功能都被虛擬化。我們比全球任何一間公司儲存更多關鍵任務資料（mission-critical data），比全球任何一間公司製造更多伺服器，與 VMware 和 Pivotal 密切合作，以滿足我們客戶在大數據新世界中的所有需求。

艾倫反駁。「外界很多人說『全部一條龍』的做法有缺陷。」他說，「專注有它的優勢，優勢是指『我們將成為唯一在這個領域做到最好的公司』。你為什麼拒絕這種做法？」

「嗯，每個人都有權發表自己意見。」我說。「我可以告訴你的是，我們第一季度的營收比計畫多了十億美元。當我們跟客戶說：『你打算買十件東西，而你在我們這邊都買了六、七件了，為什麼不乾脆十件都在我們這裡買？』回答『好』的客戶比

例非常高。競爭對手都沒有我們具備的獨特能力或廣泛性。」

當我寫下這段話的時候，說「好」的客戶比例比以往更高，對我們來說是好事。在截至二〇二一年一月三十一日為止的財年中，即使全球疫情大流行，我們仍創下有史以來最高的營收、利潤和現金流紀錄。如果你仔細觀察的話，自宣布私有化以來的八年間，我們的股權價值增加了百分之六百二十五以上，企業價值（enterprise value）增加到逾一千億美元。對於一間在二〇一三年被認為已經倒閉的企業來說，算是不錯的成績。但與我們公司的成長和成功同樣令我興奮的是，科技令人目眩神迷的各種可能性：我稱之為大數據世界的寒武紀大爆發。

五億四千萬年前，在古生代的第一個地質時期，也就是寒武紀，地球原本只有單細胞生物，隨後突然出現驚人的生物多樣性。沒人知道它發生的確切原因。

我們更容易掌握的是一九五〇年代中期展開、由技術推動的資料大爆發，這種大爆發一直持續到今天，速度一直加快。二〇〇三年，加州大學柏克萊分校的一份報告估計，二〇〇二年大約創造出了 5EB（exabytes）的資料，即 5 乘以 1000 的 6 次方，也就是 500 京——大約是二〇〇〇年的兩倍。到了二〇一七年，也就是伊根和我試圖向艾倫・默瑞解釋新戴爾科技範疇的深度與廣度的那年，全球資料領域的規模（在任何特定年份創造、捕捉和複製的資料量）已經增加五千倍，來到 26ZB（zettabytes），等於 26 兆 GB 或者 260 垓 B。翌年，這個數字上升到 33ZB。到二〇二〇年，該數字來到 59ZB；預計到二〇

二四年將達到 149ZB。*

　　這些幾乎是令人難以理解的龐大數字。它們的真正涵義是什麼？

　　那天在亞斯本，我向艾倫・默瑞解釋它們對於我們業務的意義，在以廣泛多元模式滿足所有客戶的數據需求方面，我們具有多麼獨特的定位。但我發現自己一直在想的是，這次寒武紀大爆發如何引發第四次工業革命，以及這是多麼激動人心的事。第一次工業革命，水和蒸汽動力促使生產機械化；第二次工業革命，電力帶來大規模生產。自二十世紀中期開始的第三次工業革命，電子和資訊技術實現生產自動化。而我們正在經歷的第四次工業革命發展自第三次工業革命的基礎，隨著新技術大爆發，打破了物理、數字和生物間的界線。

　　第四次工業革命也將商業世界與科技世界融為一體。我在與商務人士交談時的說法是，技術領域不再只屬於資訊科技部門，而是整間公司都是技術。我指的是所有公司。如果你想製造汽車、醫療設備或任何產品，你想擁有新的客戶，技術就是你所

---

* 　譯註：電腦透過二進位數字（0、1）進行資料儲存和計算，最基本的資訊單位為 bit（位元），8bits 組成最基本的儲存單位，稱為 Byte（位元組），以下是位元組的十進位次方對照：

Byte(B)：位元組，10 的 1 次方（十）

Kilobyte(KB)：千位元組，10 的 3 次方（千）

Megabyte (MB)：百萬位元組，10 的 6 次方（百萬）

Gigabyte (GB)：十億位元組或稱吉位元組，10 的 9 次方（十億）

TeraBytes (TB)：兆位元組，10 的 12 次方（兆）

PetaByte (PB)：千兆位元組或稱拍位元組，10 的 15 次方（千兆）

Exabyte(EB)：艾位元組，10 的 18 次方（百京）

Zettabyte(ZB)：皆位元組，10 的 21 次方（十垓）

有努力進步的支點。現在的情況與二、三十年前完全不同，幾乎世界上每間公司都在絞盡腦汁弄明白。

過去一台電腦的價格非常昂貴，你必須穿著特殊外套才能踏進這個只允許特定人士進入的房間，而且它會發出很大的噪音。然後價格從極昂貴降到三千美元（我入手的價位），然後又降到三百美元，現在電腦只要一美分，而且無所不在。我們身邊隨時都有兩、三個或四個可攜式數據中心，這個數量還在上升中。

英國有間公司叫安謀國際科技（Arm Holdings），其設計的產品稱為 ARM 處理器。這是一款經它們授權的微處理器，幾乎使用在任何你想像得到的小裝置、小玩意或智慧型手機上。現今全球基於 ARM 架構的晶片已達一千八百億顆。計算一下：世界上有七十億人口，當然，七十億人口中可能只有四、五十億人有連上網絡（到目前為止）。一千八百億這個數字代表每個人擁有很多處理器。這些處理器變得越來越強大，更多處理器一直掛在網上，而且現在 5G 和人工智慧即將來臨，所有以前我們認為非常先進的技術都只是即將來臨的賽前表演。

5G 尤其令人興奮。從連接人與人到連接物與物（例如物聯網 IOT），這不是指打電話的速度更快，而是讓世界上的一切都智慧化並且串連起來。藉由使用者與機械設備之間互動的個人電腦，未來將繼續發揮重要作用，但未來更大一部分是機械設備之間的對話。物聯網內的一切，包含智慧型自動駕駛汽車、智慧型街道、建築、城市、工廠、醫院以及等等許多，將產生幾乎難以理解的海量數據。

所有組織都需要將這些數據轉化成競爭優勢，不斷改良目前所做的事情。但是，分析目前這種規模的數據是人類無法完成的，只能透過人工智慧和機器學習才能有效進行。人工智慧和機器學習的分析將創造新的見解，讓商業到醫療照護、教育以及金融、甚至政府等各個領域都獲得極大改善。

　　在人工智慧和大數據的催化下，未來十年的資訊革命將影響每個產業和我們生活的每個面向。雖然網路推動巨大的改變和進步，但這場人工智慧和數據的革命會更大，這些變化將來得比大多數人預期得還要快。

　　與此同時，人工智慧也必須反映我們的人性與價值觀。對於我們公司來說，雖然意味著利潤與目的，但並非不惜一切代價獲得利潤。這部分反映在我們二〇三〇年的目標上，我稍後會有更多說明。

　　運算世界正朝向物理世界延伸，它們交會的地方叫做「邊緣」（Edge）。現在邊緣運算領域正在發展，即將發生更多事情。

　　雖然目前全球百分之六十的人口以數位方式連接，但到了二〇三〇年，這個我們認為理所當然的驚人數字將達到百分之九十。5G 將成為建立智慧化新世界的平台：數位化的神經系統。5G 將由軟體定義，實現多雲世界（multicloud world），包含邊緣雲（Edge Clouds）、電信雲（Telco Clouds）、私有雲（Private Clouds）和公有雲（Public Clouds）。

　　大量的雲共同工作就是數位未來。因此，我們投入大量資源建立戴爾科技雲（Dell Technologies Cloud）。戴爾科技公司在上

述所有領域和更多領域都是創新的領導者，每年在研發方面投資超過四十億美元，我們現在有超過三萬兩千多項經批准和申請中的專利。

這一切讓我興奮到頭暈目眩。

不只是因為我喜歡科技，也因為我喜歡科技讓世界變得更美好。現在顯而易見，科技本身是中立的，可以用來做好事，也可以拿來幹壞事，但在我看來，大多數情況是好人想用來做好事。

也許你不同意。

也許你看過太多電影，什麼邪惡的電腦接管整個世界，還是手提箱炸彈摧毀整座城市，或者人類被植入晶片，被迫聽從惡勢力反派的命令。好萊塢在嚇唬人的特效創新方面總是做得特別好，但我們不要把所有責任推給好萊塢。講故事的人從一開始就設法讓人們恐懼新事物。或許人類發現火的時候，也有各種關於火會造成可怕事情的謠言流傳，但事實上，火從一開始就讓人類的生活變得更好。

科技就像火。它可以使我們溫暖，可以照亮道路。幾乎世界上的每個問題都有一個技術解決方案。看看醫療照護，大量例子顯示科技正推動藥物發現、醫療診斷以及治療的進步。近幾十年來，懷孕女性因為分娩死亡和死於瘧疾的人數急遽下降。同一時期，科技與世界識字率提高和貧困減少也有很大的關聯性。一九九九年，十七億人口生活在極端貧窮之中；今天這個數字約七億。過去二十年間，已有十億人擺脫極端貧困。獲得乾淨的飲用水和基本教育的機會大幅增加，發展中國家的國內生產總值也

是。在醫療照護和識字率進步的地方，經濟也跟著進步。

但現在出現一個麻煩的問題。隨著經濟發展，科技也變得越來越專業化。隨著專業化程度提高，收入不平等也越來越嚴重。由於科技在經濟發展中激增擴散，聰明的人會找到創新的方法。也許他們在思考人工智慧的演算法；也許在設法讓交通自動化、利用網路效應和數位化資訊改善某個產業，或者創造腦機界面（brain-machine interface）。不是每個人都辦得到。如果你真的很擅長，你可能會賺很多錢。例如貝佐斯、蓋茲、祖克柏、布林和佩吉等人，這些人都比別人更擅長做某件事，最終獲得巨大成就。沒錯，我也是。這是一個專業化的時代，未來可能會更加明顯，因為經濟將變得更加先進且專業化。

關於這個問題，我沒有絕佳的解決辦法。但我真心相信，科技將幫助我們開發出造福全人類的解決方案。

身為經常旅居世界各地的人，我不僅敏銳地察覺到各地正取得驚人的進展，也深知許多人仍生活在貧困與絕望之中。

就在我寫下這些評論的時候，我們身處於我們這一代最大的健康危機之中。二〇一九年新型冠狀病毒大流行加劇了不平等的現象，暴露出我們社會的斷層線。如果你進不了好學校、買不起健康保險、無法負擔營養食材、擔心人身安危，或者沒有做作業或參與經濟的寬頻連線或設備器材，即使是在賢能統治的社會，也幾乎沒有成功的機會。

我不是公共政策專家，也不會假裝自己是，但我確實認為可以並且必須做更多努力來平衡這個現象。我經常體認到自己像中樂透般出生在美國，上了德州休士頓一所公立學校，碰巧遇到很

棒的數學老師和認識電傳終端機。我可能出生在世界各地任何一個社會，出生在人民每天為基本生活所需掙扎奮鬥的社會。幸運的是，我的祖先從拉脫維亞和波蘭逃了出來。我一直表現得不錯，但如果一開始我沒有那麼幸運，這一切都不可能發生，所以我經常想盡自己所能去幫助別人。

從成立之初，我們的麥克與蘇珊戴爾基金會便致力於提升個人本身的措施，透過改善美國、印度以及南非城市貧窮兒童的教育、健康和家庭經濟穩定，來改變他們的生活。我們的目標是把機會擺在面前，讓他們能夠規劃自己的未來。孩子是我們的未來，蘇珊和我深信，明日的優秀領導人和世界公民就是我們今日可以幫助的孩子。

一開始，我透過出售戴爾公司的股份來支持基金會，最近我貢獻出我在 MSD 資本公司成功的投資。葛雷格‧萊姆考讓投資獲利更成功，他於二〇二一年初從高盛過來我們家族投資公司擔任執行長。目前該基金會擁有約十七億美元的捐款，用於投資並產生複利回報。基金會的資金流出總額超過十九億美元，主要以獎助學金形式，以技術援助項目和影響力投資（impact-investing）項目為輔。「影響力投資」是幫助新的營利性企業擴大向貧窮人群提供所需產品或服務的種子資金。有時虧損，有時回收成本，有時實現獲利，然後再用於其他慈善項目。這些年來，蘇珊和我已經捐贈給基金會二十五億美元，並計劃在有生之年將我創造的絕大多數財富用於慈善事業。

我也希望以蘇珊為榜樣，在未來的歲月裡把更多時間投入慈善事業。但有傑出的珍娜‧蒙特廷（Janet Mountain）領導優秀

的團隊，麥克與蘇珊戴爾基金會已經取得真正的進步。

幫助的意義不只是開張支票而已。幫助意味著從社會層面理解貧窮問題，這就是為什麼我們會在各區域據點建立在地團隊，從根源上解決這些問題。

例如，我們發現一個挑戰：很多低收入的高中生成績不錯，但不是班上的第一名，因而無法進入大學就讀並取得學位。我們最早的做法之一是在美國推出戴爾學者計畫（Dell Scholars program），以滿足這類學生的經濟和心理社會需求，其中許多人是他們家裡第一個上大學的人。

我們也相信要設定具有抱負的目標，因此，即使剛開始只有百分之十八的學生（真正成功進入大學就讀的一小部分人當中）能夠順利待到畢業，我們仍立下畢業率百分之八十五的目標，是全國平均的四倍多！我們十五年來的平均是百分之八十，現在美國各地有數千名戴爾學者計畫的受惠校友，他們拿到學位，也有很棒的工作。

還有改進的空間。滿意但永不滿足！

繼該計畫以後，我們在南非展開戴爾青年領袖計畫（Dell Young Leaders program），新計畫與之前的類似，但根據該國年輕人的具體需求進行調整，包含提供額外的支持以確保畢業生順利找到第一份工作。

過去二十年來，從這些計畫項目所汲取的經驗都發展成一系列對於許多不同非營利組織的廣泛支持，這些非營利組織支持低收入的大學生。因此，我們現階段的目標之一是，每年幫助全球超過三十五萬名低收入學生獲得大學學位。

另一項行動倡議始於我們在印度城市貧民窟家庭中看到的問題：窮人沒有可靠的金融服務，當他們現金短缺時，只能被迫以過高的利率向錢莊借款。一次經濟上的重大打擊（醫療費用、與天氣相關的失業等）就可能讓一個家庭陷入極度貧窮窘境。然而，南亞同時是世界上最大的小額信貸中心之一，即在農村地區，我們想把小額信貸帶到印度的城市。

　　起初我們嘗試提供捐款補助給企業家，但我們在印度各城市的基金會團隊很快就確定，將企業家帶入城市核心地帶、測試新模式的可行性，需要的是種子資本，而非資金支持。因此，我們展開了一段十五年的旅程，透過股權和債務投資，支持印度各大城市的小額信貸企業家，最終使數百萬個印度家庭得到可靠的小額貸款。基金會的努力不僅證明該模式的財務可行性，而且在城市小額信貸的發展上發揮至關重要的作用，如今城市小額信貸占印度小額信貸業務總額的百分之五十以上。然後，我們看到將這項工作擴展到為個人和小型企業家提供專門信貸的機會，今日我們繼續努力實現目標，透過提供可靠的金融服務，每年改善全球三百多萬低收入家庭的財務穩定性。

　　第三個例子：為了給家庭提供更好的教育選擇，我們在K-12學校支持了數千個項目。然而，我們很快就發現，教育工作者使用的工具跟不上企業使用的工具。最迫切的例子是，教師與管理人員被大量的學生資料淹沒，卻無法獲得對於個別學生最全面的即時觀察，無法迅速發現學生何時需要幫助。欲實現我們所謂全景式學習（full-picture learning）的第一步，便仰賴資料的相互操作性（interoperability）：教育工具與應用城市之間順暢、

安全、可控的資料交換。

　　二〇一一年，在與各區域合作應對這一挑戰五年後，我們推出 Ed-Fi 聯盟（Ed-Fi Alliance）和資料標準規範（Data Standard），以支持 K-12 學生的成績提升。Ed-Fi 聯盟是非營利性的輔助機構，致力於幫助美國各個學區實現資料的相互操作性。這個技術建立在 Ed-Fi 資料標準規範的基礎上，這是一套開源資料結構和工具集，以可控和安全的方式連接學校已經使用的教育資料應用程式。這套免費工具使教育工作者、學生和家長能夠全面、即時地瞭解學生的優勢強項，以及我們認為是成長機會而非劣勢的部分。

　　截至撰寫本書之際，美國有近兩百萬名教師和三千三百多萬名學生透過組織使用 Ed-Fi 工具套件。這些工具使各地區、各州和特許學校（charter-school）管理組織能夠因應各種挑戰，像是長期曠課、學生在特定內容領域的表現差距，以及家長與學生參與度落後。此外，我們能夠利用此經驗，並以此為基礎幫助南非政府開發一套學區儀表板工具，該工具現在協助南非幾乎所有的學生和學校。整體而言，這些行動倡議只是我們承諾的一部分，我們致力於每年為全球五十多萬間教室提供優質的工具、技術和資源。

　　同時，在城市的另一邊戴爾科技公司，我們繼續努力讓每個人都參與到未來幾十年的科技指數性成長行列，尤其是將 STEM 教育帶給全世界得不到服務的孩童，無論男女。例如，我們與衣索比亞教育部門合作，為一千多所學校安裝兩萬四千多台戴爾電腦；而我們的非營利合作夥伴卡麥拉教育機構（Camara Education）

則為學校領導人員和教師提供資訊與通訊技術訓練,示範如何使用電腦,而且不用懷疑,馬上就被上手特別快的學生比下去了!正如你可能想像的那樣,這個倡議特別深得我心,因為在德州休士頓的梅爾蘭社區,曾經有個孩子和他們很像。

無論是透過基金會還是公司的行動倡議,蘇珊和我仍對於所有回饋社會的機會感到興奮。這些孩子是我們的未來,他們注定會帶來各種有益的改變,他們可以讓我們看到打破不平等循環的成功新方法。我們最大的樂趣之一是與這些學生和他們家人見面交談,他們的力量具有感染力,鼓舞人心。沒錯,問題確實存在,挑戰確實巨大,還有很多事情需要努力。但這項工作是值得的。我們才剛剛開始。

我們也希望讓價值觀反映在公司裡。經營一間盈利企業對我來說一直是非常重要的事:利潤不僅代表我個人的成功,也代表許多與我共事的人的成功,沒有他們,我們過去三十七年間達成的驚人事蹟都不可能發生。在我看來,一間公司的成功不只是為了團隊成員和股東賺錢而已,我相信我們可以透過行善做到更好。

戴爾始終致力於為世界創造利益,在當前和未來的科技發展中成為一股強大的向善力量,以負擔得起的價格製造優質解決方案開始。我們從一開始便幫助技術實現大眾化,讓更多人掌握比以往更多的能力。這項使命和我說的其他新形態仍持續進行,我們不斷努力把我們生產的每一樣產品都做到最好,在這個過程中,我們將透過向四面八方廣泛傳播難以置信、令人激動的新興

技術推動全球的人類進步。

　　我們也不斷努力在如何製造產品方面做到最好。起初我心想，哇，我們生產這麼多的設備都有使用年限，壽命到了人們就會停止使用。然後呢？這些設備會被放進某人的地下室或車庫，或者堆在公司的衣櫃裡，最後被扔到某個垃圾桶裡。上面還都印有我的姓氏。這可不妙！所以我們一開始便考慮回收這些產品和回收產品裡頭的所有材料。我們要如何利用自己的產品創造最小的環境足跡呢？

　　這種想法似乎從奧斯汀自然而然萌生出來，那裡的大自然美景激發了人們的環保意識。自我們早期只有一百五十名員工而非十五萬人的時候，我會對團隊說：「來想個辦法，用更乾淨、更環保的材料，消耗更少的能源，讓包裝更友善環境。」

　　我告訴我的團隊，看看石綿。很久以前，在產品中添加石綿的公司並不是袖手旁觀說：「嘿，這玩意兒真的很糟糕，會殺死很多人，讓我們想看看怎麼大量使用它。」我想他們只是不知道石綿的危險性。所以我們從最開始總是在問：「我們會在不知情的狀況下做出什麼可能有害的產品嗎？」不是因為什麼規定，也不是因為監管機構的出現，而是因為覺得這樣做才正確。

　　我們在工程師身上發現一件事：當我們告訴他們，想把產品對環境的影響降到最低，但不想增加成本時，他們認為這是有史以來最酷的挑戰。他們完全臨危不亂，成功應對難題。

　　臨危不亂、隨機應變就是我們的宗旨。二〇一九年，我們發表《實現成長》（*Progress Made Real*）計畫書，這是一份四十頁的藍圖，旨在實現我們二〇三〇年的目標，包含四個方面：推動

永續經營、培養包容性、改變生活、謹守道德與隱私。「我們知道，當今世界正面臨複雜、多層次的挑戰，有時看似難以克服，」內容提到，「目前的現狀無法讓我們在二〇三〇年達到我們需要的那種世界。」

《實現成長》不只是精美的企業宣傳手冊，而是真實的編年史，記錄我們如何迎接挑戰和繼續應對挑戰，並立下志向宏偉的新目標。雖然目標崇高，但我們經常準時或提早達成目標、甚至超越目標。

我們推動永續經營的登月目標：到二〇三〇年，每一件客戶購買的產品，我們都將再利用或回收製造同等級產品。對於每一件我們製造的產品，我們都在思考如何拆解讓所有部分都可以重新再利用。我們甚至有一位珠寶設計師，專門利用印刷電路板的黃金製作成戒指、項鍊和耳環。到二〇三〇年，我們的目標是包裝完全採用回收或可再生材料製造，一半以上的產品將使用回收或可再生材料製造。

這就是所謂的循環經濟，並且是可以實現的。二〇一八年，我們提前兩年實現了二〇二〇年回收近十億公斤二手電子產品的目標；到二〇一九年世界地球日，我們已達成二〇二〇年目標，在產品中使用近五千萬公斤的永續材料，包含可回收塑膠。材料是創新的關鍵：將回收舊電腦的塑膠和其他材料製成新的零組件，並尋找機會利用二手廢棄材料（如海洋塑膠廢棄物）作為可以重新投入經濟的資源。加快轉向循環經濟的發展有利於我們、供應商、客戶以及全世界。

作為團隊，我們越能反映出現實世界的各種情況，就會越強

大，也會變得更加強大。發展多樣性永遠不嫌晚，事實上多樣性早已深植於戴爾公司的骨子裡。我最近收到一位剛退休女士的溫馨紙條，她為我們工作將近三十年。她保留了一份在九〇年代初吸引她回覆的徵才廣告影本，第二段寫著：你來自哪裡並不重要，長什麼模樣也不重要。這點吸引了她，這就是她應徵這項工作的原因。

我不喜歡自誇，但我認為當時沒有多少科技公司這樣經營。

我們在別人要求之前就先做到許多事情，從來沒有人在我們總部外面高舉標語抗議、告訴我們該做什麼。

時至今日，我們依然維持言行一致，但比以往更加努力追求多樣性、包容性和平等。我們二〇三〇年的登月目標是，全球工作團隊的女性占百分之五十，全球女性領導階層占百分之四十。我們亦計畫同年度，黑人和西班牙裔／拉丁裔等少數族群將在美國工作團隊成員中占百分之二十五，在美國領導階層中占百分之十五。我們所有團隊成員（包含全部的高階主管）將參加一年一度關於無意識偏見、種族歧視、職場騷擾、微冒犯（microaggression）和特權的基礎培訓。透過我們的社會和教育行動倡議強化自身能力的受惠者，有百分之五十將是女孩、女性和代表性不足的族群。

我們會實現這些目標。這不是為了讓公司形象良好，而是因為那些我們尚未見過的優秀人才必定會為我們公司帶來全新的視角與想法。

還有很多很多。

自二〇一〇年以來，我們已經將每年營運所產生的溫室氣體

排放減少了百分之三十八，並計劃未來十年將排放量減少至二〇一九年的一半。

到二〇三〇年，戴爾所有工廠百分之七十五的電力來自可再生能源；到二〇四〇年達到百分之百。

作為業務合作的條件，我們將繼續堅守道德規範、尊重並維護數十萬創造我們產品的每一個人的尊嚴。這表示我們不僅要滿足供應鏈中對於安全健康工作場所的期待，還要符合並推動責任商業聯盟（Responsible Business Alliance）中規定的行為準則，我們是該聯盟的創始成員之一。

我們將繼續宣揚我們的理念，科技能夠幫忙解決世界上最嚴重的社會問題。我們將繼續探索與公部門攜手解決這些問題的新方法：例如在印度，我們與印度衛生暨家庭福利部（Ministry of Health and Family Welfare）以及夥伴塔塔信託（Tata Trust）共同開發「數位生活照護」（Digital LifeCare），運用戴爾技術提供在全國範圍非傳染性疾病的預防性健康檢查。

在我有幸領導這家公司的三十七年間，過去一年是我從未經歷過的景況。我們在這波疫情面臨了一場沒有劇本的危機，但戴爾始終奉行樂觀主義，堅信科技可以放大人類潛力，人是我們工作的中心。

當新冠疫情爆發時，你見到不同類型的企業產生了不同的結果：具備數位能力的企業往往比那些沒有數位能力的企業表現來得更好。作為一間過去十五年來為數位轉型投入大量資金的公司，我們發現自己處於獨特的彈性位置。在戴爾科技公司，我們

三月就先告訴大家，如果可以，他們應該居家辦公。一個週末後，我們不得不讓十萬人在家工作，結果運作出奇得好。也許我們不該那麼驚訝，因為我們有工具、流程、自然允許員工遠端工作的業務類型，還有早在二〇〇九年就有的靈活工作文化。一切照常進行，事實上，我們的生產力還提升了。這是幸運的事，因為疫情碰巧增加市場對我們所有產品的需求，包含實體設備和數位產品。

雖然新冠疫情帶給人類巨大的悲劇和經濟破壞，但同時也發展出了其他情節。其一，全球溫室氣體減少，然後也確認了有多少工作可以全部透過網路進行。

我們經常遇到這樣的問題，如何將客戶的商業機會（他們想解決的特定問題）與合適的專家配對。以一個假想的澳洲客戶為例。過去，我們會在公司內部找位專家，讓他或她飛到那裡。沒錯，光是旅程就要四天，需投入大量的時間和金錢。反觀搭乘「Zoom」航空的效率非常高，我們發現所有客戶都樂意採用這種方式。我認為你可以把工作方式的巨大轉變看成未來的一個縮影。

我不認為我們可以回到以前的樣子。

當然仍有不少問題。例如，怎麼培訓新的團隊成員？遠端操作可以提高效率，也會有所損失。在影音工作的世界裡，如何再現人員在大廳或飲水機旁相遇後迸發出來的點子？我們一直努力尋找答案。

我們也發現正向的部分，線上會議比實體會議更能夠增加參與度。首先，會議可以容納更多人。假設有位客戶帶著八個人來

圓石城參加為期兩天的會議和晚宴等活動，如果改採取網路會議，這位客戶也許會帶上他們公司的三、四十人，而不是只有八個人得到同樣的會議參與度。我們在公司內部也注意到，當人不得不遠端工作時，會更渴望與外界聯繫。

疫情期間，戴爾科技公司投入大量技術資源，例如超級電腦，即大量伺服器連接在一起的設備，以瞭解病毒、加快治療藥物和治療方法的研發。我保證，當未來有人問：「你怎麼戰勝疫情？」科技將是解決方案的重要組成部分。我認為，儘管困難重重，但往後回顧這段時期時會發現，這是一個數位進步，沒錯，還有轉型變革都大規模加速的時代。

我不懂為什麼人不會越來越好奇，也不知道為什麼好奇心沒有被視為重要的領袖特質。

曾經有位記者問我小時候是否覺得無聊過。我只想了一秒就說：從來沒有，連一分鐘都沒有，因為我好奇心太旺盛。每天早上醒來，都為即將學習的新事物感到興奮不已。

我今日也有相同感受。改變，真正的轉變，是一場沒有終點的競賽。也就是說，還有更多事物等待著我、等待我們所有人去瞭解。

真是棒呆了！

一九六八年十一月，站在我長大的房子前面：德州休士頓葡萄街五六一九號。
我那麼自豪握在手心的是石頭嗎？

我與母親，一九六九年
光明節。

約一九七〇年。
休息一下，正愉快列個清單
什麼的。

一九七四年，我與父母和兄弟。

一九八六年，位於海德維環路一六一一號大樓。
我站在第一排中間，右邊數來第二個。

我拿 PC's Limited 最初的財務報表（涵蓋公司成立後的前三個月）來說服我的父母，我可以不回大學。

我們最早的廣告之一，在我們搬到北拉馬爾大道第一個辦公室之前。地址是我的住處，在三十二街上一棟複合式公寓，距離德州大學奧斯汀校區以北幾個街口。

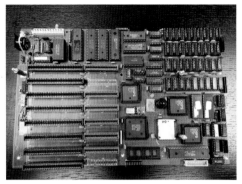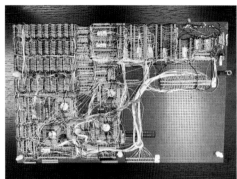

傑伊・貝爾手工焊接的主機板……正面和背面。
傑伊提出以一千美元價格來完成這項工作，我後來支付他兩千美元。

傑伊・貝爾與我。
傑伊講話很快、腦筋動得快、精力充沛，是公司早期的重要人物。

年輕執行長的形象照，一九八七年左右。
在我們位於奧斯汀的第一家工廠裡面。

一九八九年十月二十八日。
幸運的男人！

李·沃克是我婚禮上的伴郎。由左至右：蘇珊的兄弟藍迪·利柏曼（Randy Lieberman）、史蒂芬·戴爾、李、站在身高約兩百零六公分的李身邊顯得嬌小的我、亞當·戴爾、蘇珊的兄弟史帝夫·利柏曼（Steve Lieberman），以及安德魯·哈里斯（願他安息），他從一九八七年開始經營我們的英國市場。

格倫與沛琪亨利夫婦和我母親，在琪拉的寶寶命名活動。模糊的背景可以看到凱利‧蓋斯特。

一九八七年左右：我們公司最早的一批工程師，包含大衛‧倫斯福特，就在甘比（Gumby）的左邊。我的左手邊是凱伊‧班達，那幅畫是黑絲絨貓王肖像（嗯，沒為什麼），還有，沒錯，那支是戴爾商標的烙鐵，很靠近甘比的屁股。（拍攝這張照片過程中沒有任何電視卡通人物受到傷害。）

位於植物園大道九五○五號的大樓，一九九○年愚人節。你沒看錯，屋頂上有隻二十五英尺高的狂暴大猩猩。我們優秀的工程師團隊可以夜間進入大樓，因為他們經常工作到很晚，但通往屋頂的門是鎖的。不過這點小事難不倒破解工程師！他們把鎖鑽開，完成了任務。只是大樓管理人員不太開心。

我與凱文‧羅林斯。

我與史蒂芬、艾力克斯、亞當，二〇〇四年。

二〇〇六年，蘇珊在夏威夷完成「Journey 2 Lala Land」自行車競賽。
她至今仍是女子組紀錄保持人。

二〇〇七年與史帝夫・賈伯斯。

亞歷珊與我，二〇一六年。

琪拉、查克和茱麗葉，二〇一九年。

蘇珊與我慶祝我們結婚三十週年，
二〇一九年。

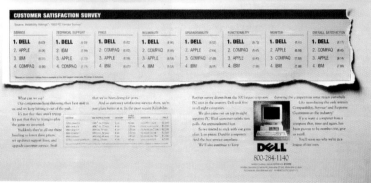

Chiat/Day 在一九九〇年代早期幫我們設計了一些很讚的廣告。

我們喜歡與康柏正面交鋒。

老兄，你該買台戴爾了！

說來奇怪，我們從來沒用過
這個版本。

《紐約時報》報導關於我
們股東投票決定私有化時
挑了張奇怪的照片。

伊根。

二〇一五年十月十二日，
喬·圖奇和我宣布合併的
那天。

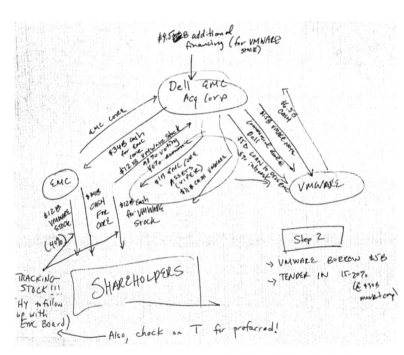

哈里‧尤和伊根在這張具有歷史意義的餐巾紙上畫出追蹤股票的初步計畫。

帕特・格爾辛格對傑夫・克拉克展示的多雲端未來表示欽佩。

二〇一九年十月，與戴爾的東京團隊，當時我們還可以出差！

致謝

ACKNOWLEGMENTS

我的人生起步快，經常遇到想從我這邊打聽些什麼的人，所以我很早就學會不要敞開心扉透露自己的事，我發現維持以公事為主會比較乾淨，也清楚許多。說也奇怪，這卻是我撰寫第二本關於生活和商業生涯回憶錄的動機之一。

　　第一本書是一九九八年出版的《Dell 的祕密》（*Direct from Dell*），這是本內容扎實的作品，但順應我當時的立場，我小心翼翼地壓抑自己內心深處的感受和想法。自從一九八四年我在德州大學宿舍創辦這間公司以來，我的生活和我有幸領導的公司都起了很大變化。在公司經歷重大轉變之後，包含私有化、併購 EMC 和 VMware、再度掛牌上市，許多朋友和同事都建議我是時候講述完整的故事了，或者更確切地說，是我個人的發展歷程和這間以我命名的公司演變過程，兩者緊密交織的完整故事。在這本新書裡面，我希望盡量開誠布公，講述自己在創辦公司的這場大冒險中歷經的許多起伏的想法與感受。完全坦誠相見令人害怕，也會讓人感到脆弱。我明白，但一九九八年時還沒準備好。在那之後幾年我學到，認清我們身為人類所共有的脆弱性亦是種優勢。我也學到，根據本書所詳述的內容，成功沒有捷徑，儘管有時表面上看起來輕而易舉。我想分享這一切，還有一路走來學到的許多商業與人生經驗。

　　從二〇一九年初開始大約兩年時間，吉姆・卡普蘭（Jim Kaplan）一直擔任我敬業且勤奮的協作者，嫻熟地將我在各種大小會議上的一系列採訪和評論編成文筆優美的故事。吉姆採訪了幾十人，他們都曾以自己的方式幫助戴爾成功，並為本書增色不少。他對細節有自己的堅持，不斷詢問他需要理解的複雜技術與

金融問題，以期盡量向讀者解釋清楚。最重要的是，始終用我的語氣，這非常重要。吉姆也持續鼓勵我敞開心胸，他知道我希望那樣。我擅長進行心理區隔化，這項能力在商場上惠我良多，但在生活上會不時阻礙著我。往記憶裡越挖越深，我經常（且以宣洩方式）挖掘出一大堆已經很久沒想過的事。

但發現自我本身只是附帶產物，並非目的。歸根究柢，本書是寫給我們所有的利益攸關者。寫給客戶，他們鼓舞我們在許多方面推動人類進步，與我們分享未來的挑戰，激勵我們為了他們利益進行更多創新。寫給商業夥伴，他們的幫助如虎添翼，擴大我們的影響力。寫給股東，他們委託我們好好管理他們的資本。寫給我們營運所在的社區，他們的支持與合作至關重要。三十七年來，我的個人故事與公司完全交織在一起。如同我自己的故事，這本書也是逾十五萬位現在與過去充滿熱情、才華、敬業同事的故事，我很榮幸能與他們一起工作，他們一路上給予我極大的幫助。單靠我自己做不了多少事，但我們團隊合作，勢不可擋。

公司有太多同事、董事會成員和顧問，無法一一列舉，但有些現任和前任同仁在公司的發展與成功中絕對不可或缺，甚至有舉足輕重的影響。我要特別感謝凱伊・班達、保羅・貝爾（Paul Bell）、馬克・班紐夫、吉姆・布雷爾（Jim Breyer）、傑瑞米・波頓（Jeremy Burton）、唐恩・卡蒂（Don Carty）、珍娜・克拉克、唐恩・柯林斯（Don Collis）、蘿拉・康尼吉利亞羅、傑米・戴蒙、戴夫・多曼（Dave Dorman）、肯・杜波斯坦、伊根・杜爾班、史帝夫・菲利斯（Steve Felice）、葛倫・富爾曼（Glenn

Fuhrman）、比爾・蓋茲、布萊恩・格萊登、比爾・格林、湯姆・格林（Tom Green）、凱利・蓋斯特、馬里斯・哈斯（Marius Haas）、艾瑞克・哈斯勒姆、格倫・亨利、保羅・赫希比爾（Paul Hirschbiel）、鮑比・英曼（Bobby Inman）、喬爾・柯切（Joel Kocher）、莎莉・克勞切克（Sallie Krawcheck）、艾倫・庫爾曼（Ellen Kullman）、麥克・蘭伯特（Mike Lambert）、蘇珊・拉森（Susan Larson）、湯姆・魯斯、凱特・露德曼（Kate Ludeman）、克勞斯・魯夫特（Klaus Luft）、曼尼・麥可達（Manny Maceda）、克勞汀・馬龍、亞歷克斯・曼德爾、喬・馬倫吉（Joe Marengi）、保羅・馬瑞茲、孟鼎銘（Bill McDermott）、保羅・麥金儂、湯姆・梅瑞迪斯、默特・梅耶森、山塔努・納拉延（Shantanu Narayan）、山姆・納恩（Sam Nunn）、羅・帕拉（Ro Parra）、西門・派特森（Simon Patterson）、小羅斯・佩羅（Ross Perot Jr.，羅斯・佩羅的兒子）、凱琳・金托斯（Karen Quintos）、羅里・里德（Rory Read）、凱文・羅林斯、史蒂芬・羅森布魯姆、茱莉・薩克特、瑞克・薩爾文（Rick Salwen）、約翰・斯文森（John Swainson）、瑪莉・艾莉絲・泰勒（Mary Alice Taylor）、默特・托佛、杜建善、喬・圖奇、蘇雷什・瓦斯瓦尼（Suresh Vaswani）、琳恩・沃伊沃迪奇（Lynn Vojvodich）、李・沃克、查克・惠特（Chuck Whitten）以及哈里・尤。

對於那些已經離開我們的人，我尤其感激萬分：已故的傑伊・貝爾、安迪・葛羅夫、安德魯・哈里斯、麥克・喬丹（Michael Jordan）、喬治・寇茲麥特斯、吉米・李（Jimmy Lee）、約翰・麥迪卡以及麥克・邁爾（Michael Miles）。

我也想感謝戴爾科技公司目前所有的領導者，包括傑夫‧布德羅（Jeff Boudreau）、凱文‧布朗（Kevin Brown）、山姆‧伯德（Sam Burd）、約翰‧伯恩（John Byrne）、麥克‧柯林斯（Michael Collins）、麥可‧柯特（Mike Cote）、史帝夫‧克洛（Steve Crowe）、蘿拉‧達格黑（Rola Dagher）、麥可‧德馬佐（Mike DeMarzo）、艾利森‧杜（Allison Dew）、史蒂芬妮‧杜蘭特、霍華德‧伊萊斯、珍‧費爾克（Jenn Felch）、薩姆‧葛羅柯特（Sam Grocott）、約翰‧海內斯（John Haynes）、安格斯‧哈格迪（Aongus Hegerty）、丹尼斯‧霍夫曼（Dennis Hoffman）、大衛‧甘迺迪（David Kennedy）、安德里安‧麥當勞（Adrian McDonald）、伊娃‧麥吉爾（Yvonne McGill）、瑪雅‧麥克雷諾斯（Maya McReynolds）、閔毅達、史帝夫‧普賴斯（Steve Price）、布萊恩‧李維（Brian Reaves）、瑞奇‧羅斯伯格、珍妮佛‧薩維德拉（Jennifer Saavedra）、比爾‧斯坎內斯、道格‧史密特（Doug Schmidt）、湯姆‧施威特、傑里‧敦奈爾（Gerri Tunnell）以及其他許多人。

特別值得一提的是，帕特‧格爾辛格對於 VMware 的發跡、戴爾與 EMC 合併的早期發展至關重要。而現在，世道循環，他又回到英特爾。

我必須單獨講講傑夫‧克拉克。傑夫於一九八七年加入公司，是我旗下地位與共同創辦人最接近的人。他是出色的工程師，也是高明的企業謀略家，自有一套獨門技巧；身為副總裁暨營運長，他一直以來到現在對公司的成功極為重要。傑夫不僅是位優秀的戰友，亦是位很好的朋友。

另外我也要感謝葛雷格‧萊姆考、Marc Lisker、John Phelan、Rob Platek 以及我在 MSD 資本和 MSD 顧問（MSD Partners）的所有合夥人，他們正在發展一間重要的另類資產投資公司。

　　但我最想感謝我的家人，尤其是我的母親。當我一成功說服她放棄最初希望我成為醫生的念頭後（抱歉了，媽！），她一路上陪伴著我，永遠保持正向，總是知道我需要什麼。父親將我的成就歸功於她，這點至少對一半！父母訓練我們幾個兄弟去做任何事，激發我們的好奇心與求知欲。他們亦教導我們明辨是非，最重要的是要尊重所有人，互相照顧。我很幸運擁有如此優秀的父母。

　　我一直希望成為好丈夫、好父親。第一次見到蘇珊就被她迷住了，娶她是我一生最棒的決定，我一天比一天更愛她。她使我成為更好的人，激勵我所做的一切。她是我最好的朋友、知己、夥伴。她也幾乎與我共同經歷了本書的每個時刻，並在潤稿方面功不可沒。我們彼此為我們的每個孩子感到非常驕傲，琪拉、亞歷珊、查克、茱麗葉，他們都為自己鋪設了成功之路。

　　我想感謝我的兩位兄弟，史蒂芬與亞當，他們總是支持我，很愛他們。

　　如我在書裡說的，我非常感謝自己出生在美國，有機會進入優秀的學校，而且非常幸運，我身處微處理器時代的黎明，懷抱強烈的好奇心期待接下來的一切事物。

　　我必須感謝優秀的珍娜‧蒙特廷和麥克與蘇珊戴爾基金會的傑出團隊，是他們實踐我們家族的慈善抱負並取得巨大成果。

　　我要向這些年我們所有的競爭對手致上深切的謝意。他們一

直是激勵和鼓舞我們（去打敗他們）的泉源，尤其是他們公開質疑我們的時候。我從他們的成功學到很多，也許從他們的失敗學到更多，讓我知道什麼不該做、為何不該做。

非常感謝我優秀的出版經紀人皮拉爾‧奎恩（Pilar Queen）、我出色的編輯阿德里安‧扎克赫姆（Adrian Zackheim）和崔西‧戴利（Trish Daly），以及 Portfolio 整個團隊。

最後同樣重要的是，我要感謝我們的讀者，也希望這個故事能在某程度上啟發了其他人。

附錄

APPENDIX

我所信仰的事

以下是幫助我和我們公司成功的原則、特質、想法以及經驗教訓，沒有特定排序：

1. 好奇心。我已經提過好奇心了嗎？因為太重要了，容我再說一遍：不斷學習。打開你的耳朵，去聆聽、去學習、始終保持好奇心。對歧義抱持開放態度。從客戶角度構思你的公司。

2. 根據事實與統計數據做決定。客觀、謙虛、願意依據事實與數據建議所需來改變你的想法。科學方法在商業上有效。

3. 承諾、動力、勇氣、決心、毅力、不屈不撓的意志，你必須具備的這些特質。

4. 試著永遠不要當房間裡最聰明的人。與那些挑戰你、教導你、激勵你、督促你做到最好的人在一起，學會認識和欣賞他人的不同才華。

5. 誠信、道德與正直最為重要。沒有這些價值觀，你不可能

逐漸獲得成功，它們長期適用於市場。如果我做出承諾卻沒有履行，或者提供劣質的產品或服務，就沒有人想再來向我購買。

6. 改變的速度只會越來越快，以後也不會慢下來。

7. 不改變就無法生存。不是生就是死。企業組織需要不斷重新想像自己，瞭解並預測所有未來可能影響的因素，尤其是技術。

8. 想法是商品，執行想法不是。提出宏大的想法或戰略固然必要，但不是成功的充分條件。你必須去執行，而這需要詳細的操作規則與理解。

9. 贏得冠軍的是團隊，不是隊員。永遠把團隊擺在隊員前面。

10. 生活就是挨了一拳，跌倒，爬起來，再戰！（參考第 3 條。）

11. 絕不要白白浪費掉一個好的危機。如果沒有危機，就創造一個（當作激勵改革與進步的方式），在危機中（或任何時候）關注你能控制的事情。危機往往會創造出新的機會，不要沉溺於問題之中，要找到機會。

12. 永遠不要當受害者，受害者情結是一種失敗的心態。自決需要專注於你能控制和推動的事情。

13. 自信，但不傲慢；謙虛，但不自卑。

14. 每個人都會生氣，但不要一直氣，憤怒會產生不良後果。反而要以幫助他人的渴望、愛、家庭、國家、同理心，以及優勢為動機來激勵自己。

15. （正如我們在戴爾經常講的）滿意但永不滿足，意指持續改進，日本人稱之為「kaizen」（かいぜん）。這意味著比賽沒有終點線。可以慶祝並讚賞成就，但永遠展望下一個目標或機會。

16. 成功是一位可怕的導師。（參考第 3 條和第 10 條。）如果你讓自己從挫折與失敗中學習，它們將使你日益強大。

17. 願意冒險、嘗試與檢驗事物。隨著改變速度加快，這些小嘗試將建立一條通往成功的道路。

18. （參考第 13 條）謙虛、開明、公平、真誠。

19. 尊重他人，待人如己。

20. 保持樂觀……這點不必多說！找到讓自己樂觀的方法會讓你更快樂。

21. 透過成為某種比自己更重要事物的一部分，找到你生活的目標與激情。

亞當斯密 018

享受挑戰，贏得漂亮：
戴爾電腦創辦人麥克‧戴爾的領導者生存之戰
Play Nice But Win: A CEO's Journey from Founder to Leader

作　　者　麥克‧戴爾（Michael Dell）
譯　　者　陳珮榆

堡壘文化有限公司
總 編 輯　簡欣彥
副總編輯　簡伯儒
責任編輯　張詠翔
行銷企劃　許凱棣、曾羽彤
封面設計　陳恩安
內頁排版　新鑫電腦排版工作室
內文校對　魏秋綢

讀書共和國出版集團
社　　長　郭重興
發行人兼出版總監　曾大福
業務平臺總經理　李雪麗
業務平臺副總經理　李復民
實體通路暨直營網路書店組　林詩富、陳志峰、郭文弘、賴佩瑜、王文賓
海外暨博客來組　張鑫峰、林裴瑤、范光杰
特販組　陳綺瑩、郭文龍
印務部　江域平、黃禮賢、李孟儒

出　　版　堡壘文化有限公司
發　　行　遠足文化事業股份有限公司
地　　址　23141 新北市新店區民權路 108-2 號 9 樓
電　　話　02-2218-1417
傳　　真　02-2218-8057
E m a i l　service@bookrep.com.tw
郵撥帳號　19504465 遠足文化事業股份有限公司
客服專線　0800-221-029
網　　址　http://www.bookrep.com.tw
法律顧問　華洋法律事務所　蘇文生律師
印　　製　韋懋實業有限公司
初版 1 刷　2022 年 9 月
定價　新臺幣 600 元
ISBN 978-626-7092-75-0
EISBN 9786267092736（EPUB）
　　　 9786267092743（PDF）

國家圖書館出版品預行編目資料

享受挑戰，贏得漂亮：戴爾電腦創辦人麥克‧戴爾的領導者生存
之戰 / 麥克‧戴爾 (Michael Dell) 作；陳珮榆 譯 . -- 初版 . -- 新北市：
堡壘文化有限公司出版：遠足文化事業股份有限公司發行, 2022.09
　面；　公分 . --（亞當斯密；18）
譯目：Play nice but win : a ceo's journey from founder to leader.
ISBN 978-626-7092-75-0(平裝)

1. CST: 戴爾 (Dell, Michael)　2.CST: 企業家
3. CST: 傳記‧4.CST: 美國
785.28　　　　　　　　　　　　　　　　　　111011628